ZEIT DER ENTSCHEIDUNGEN

Dieter Broers

Zeit der Entscheidungen

Erkenntnisse und Anleitungen zum Aufstieg

IMPRESSUM

ZEIT DER ENTSCHEIDUNGEN

Erkenntnisse und Anleitungen zum Aufstieg

Deutsche Erstausgabe, 2024

Dieter Broers
(verantwortlich für den Inhalt im Sinne des UrhG §7)

Redaktion: Rebecca Süess, Vera Brandes

Schlussredaktion und Lektrorat:
Vera Brandes und Doris Graf

Cover Art und Design: Stavroula Cheila,
HiDeer Graphic Designs, https://www.hideer.co.uk

Satz: Henrietta Sampson,
Book Design Services, https://bookdesignservices.com

Druck: Siblog GmbH Dresden

Verlag: Dieter Broers Verlag GmbH,
Postfach 20, 1182 Vienna, Austria

http://www.dieterbroers.com

ISBN: 978-3-200-08655-5

INHALTSVERZEICHNIS

ZEIT DER ENTSCHEIDUNGEN

WIE ERNST IST ES DIR?
ABSICHTEN UND VERHINDERER

„Die Menschheit wird sich aufteilen. Viele werden versuchen, festzuhalten an alten Strukturen, Leben oder Tod. Andere werden dem Rhythmus der Erde folgen.

Bleibt m Ende eigentlich nur eine Frage. Wenn wir heute schon ahnen, dass die Welt eine andere ist, als wir glauben, dass unser Bewusstsein mehr ist als unser Gehirn und alles miteinander in Verbindung steht. Warum sollten wir dann warten, bis uns ein kosmisches Ereignis Liebe und Harmonie bringt? Schließlich haben wir schon heute nicht nur die Fähigkeit, sondern auch die Verantwortung, diese Welt durch unser Denken und Handeln zu verändern. Jeder von uns. In jedem Augenblick."
(Zitat aus dem Film **SOLAR REVOLUTION**)
Wollen wir uns dieser Verantwortung stellen? Sind wir dazu nach den immensen Strapazen der letzten Jahre noch in der Lage? Oder haben wir die Kraft zu sagen: Jetzt erst recht!?

Der Titel ***„Zeit der Entscheidungen"*** wurde gewählt, um eine tiefgreifende Erkenntnis zu beschreiben, zu der viele von uns - mich eingeschlossen - in der jüngeren Vergangenheit gekommen sind: Trotz unserer festen Überzeugung und unserer innerer Entschlossenheit, den Übergang in die Wirklichkeit, die wir „Erde 2.0“ nennen, vollziehen zu können, mussten wir feststellen, dass dieser Prozess offenbar wesentlich mehr Zeit in Anspruch nimmt, als wir angenommen haben.

Wer oder was bremst uns aus? War unser Wunsch nicht stark genug? Kann es sein, dass das Maß unserer Überzeugung nicht groß genug war? Wir haben uns mit Vorfreude auf die neue Realität eingestellt, uns immer wieder dazu angehalten, diese freudvolle Welt zu manifestieren, und uns innerlich auf diesen Übergang vorbereitet. Doch was wir erkennen mussten, ist, dass der Vorsatz allein noch nicht ausreicht.

Bevor ich tiefer auf den Aspekt eingehe, welche individuellen Faktoren die Umsetzung bisher blockiert haben könnten, müssen wir uns die kollektive Perspektive vor Augen führen und uns die gesellschaftliche Spaltung vergegenwärtigen, die seit 2020 stattgefunden hat.

Krise als Chance

Zunächst war es eine kleine Minderheit von Menschen, die den offiziellen Verlautbarungen zu den Gefahren des Virus und den Maßnahmen der Regierungen misstrauten und den Mut hatten, sich den Anordnungen zu widersetzen. Bald wuchs diese kleine Minderheit zu einer großen Bewegung. Zu den Großdemonstrationen gegen die Corona-Maßnahmen kamen Hunderttausende – die Regierung reagierte mit einer beispiellosen Härte gegen die Andersdenkenden, erließ diktatorische Verbote und ließ die Kritiker ihres Vorgehens in den Leitmedien nicht zu Wort kommen.

Die Situation, die durch diese Vorgänge entstand, bot kritischen Geistern die Möglichkeit einer klaren Positionierung, die über die konkrete Corona-Problematik weit hinausging. Sie sahen (und sehen) in der Krise eine Chance für einen grundlegenden gesellschaftlichen Wandel. Was hat dazu geführt, dass diese Entwicklung sich bisher nicht durchsetzen konnte? War die „Plandemie" nur der Auftakt für einen viel größeren Plan?

Die normative Kraft des Faktischen

In den vergangenen Jahren haben sich mehrere tiefgreifende Entwicklungen in unserer Gesellschaft vollzogen, die auf alarmierende Weise miteinander verwoben sind. Ein entscheidender Faktor ist die zunehmende Macht der Pharmakonzerne, die dank der unscharfen Trennung zwischen Politik und Wirtschaft immer mehr Einfluss auf politische Entscheidungen gewinnen konnten. Gewählte Volksvertreter, deren Aufgabe es eigentlich sein sollte, das gesundheitliche Wohlergehen der Bevölkerung zu sichern, agierten in vielerlei Hinsicht als Handlanger der Pharmaindustrie. Ungeprüfte Impfstoffe wurden in Massen auf Staatskosten bestellt und unreflektiert an immer breitere Bevölkerungsgruppen verabreicht – einschließlich Kinder, deren Risiko durch die Pandemie nachweislich praktisch null war. Diese Entscheidungen wurden oft im Alleingang getroffen und trugen dazu bei, ein Narrativ der Alternativlosigkeit zu verfestigen.

Parallel dazu bereitete die Politik seit langer Hand ihren Zugriff auf die Medien vor. Was sich in der Berichterstattung der letzten Jahre offenbarte, war nichts weniger als eine orchestrierte Propagandakampagne, in der kritische, wissenschaftlich fundierte Stimmen weitgehend ignoriert wurden. Statt eines offenen Diskurses wurde eine medial inszenierte Einheitsmeinung verbreitet, die jede Form des Widerstands diskreditierte. Kritische Wissenschaftler und Intellektuelle fanden in den großen Medienhäusern kaum Gehör, während die Narrative der

Impfnotwendigkeit und des vermeintlichen kollektiven Nutzens unverhältnismäßig betont wurden.

Zusätzlich belastet wurde diese ohnehin schon fragile Lage durch den Einmarsch Russlands in die Ukraine. Mit den einhergehenden Flüchtlingsströmen und den massiven finanziellen Belastungen für die Staatskassen wuchs der Druck auf die Bevölkerung. In den zentraleuropäischen Ländern, besonders in Deutschland, entstand das Gefühl, dass den Bürgern alle humanitären und finanziellen Konsequenzen der politischen Versäumnisse der letzten Jahrzehnte aufgebürdet wurden. Die Zuwanderung aus Osteuropa, dem Nahen Osten und Afrika verstärkte diese innere Zerrissenheit weiter und führte in weiten Teilen der Bevölkerung zu einem tiefen Gefühl der Ohnmacht.

Besonders alarmierend ist, dass sich inmitten dieser Krise viele der kreativsten, intellektuellsten und unternehmerisch erfolgreichsten Köpfe von Deutschland abgewandt haben. Seit dem Beginn der Corona-Krise verließen zahlreiche Selbständige, Mittelständler und Intellektuelle das Land und sind nun weltweit verstreut. Diese Abwanderung von Denkern und Schöpfern könnte strategisch gewollt gewesen sein, um den Widerstand gegen die zunehmende staatliche Kontrolle zu schwächen. Eine Gesellschaft ohne kritische und unabhängige Stimmen wird anfälliger für Manipulation und Konformität.

Früher hätten wenige entschlossene Menschen ausgereicht, um eine politische Wende herbeizuführen. Doch in der gegenwärtigen politischen Landschaft scheint jeder Versuch des Widerstands im Keim erstickt zu werden – sei es durch gezielte Desinformation, die Marginalisierung kritischer Stimmen oder die gezielte Schwächung derjenigen, die das Potenzial hätten, den Wandel zu führen.

Geteilte Wirklichkeiten

Eine oft zitierte Schwelle ist die sogenannte 10-Prozent-Regel: Forschungen zeigen, dass, wenn etwa 10% einer Bevölkerung eine starke, fest verankerte Überzeugung vertreten, dies ausreichen kann, um die Mehrheit zu beeinflussen und einen signifikanten gesellschaftlichen Wandel herbeizuführen.

Studien, insbesondere aus der Netzwerk- und Komplexitätstheorie, haben gezeigt, dass eine kleine, aber entschlossene Minderheit, die sich nicht leicht von ihrer Überzeugung abbringen lässt, in der Lage sein kann, soziale Normen zu verändern. Sobald dieser kritische Punkt erreicht ist, können sich Ideen und Überzeugungen wie eine „soziale Epidemie" verbreiten.

Die sogenannte 10-Prozent-Regel wurde vor allem durch wissenschaftliche Studien in der Komplexitäts- und Netzwerkforschung bekannt. Eine der bekanntesten Arbeiten zu diesem Thema stammt von einem Forscherteam der Rensselaer Polytechnic Institute unter der Leitung von Professor Boleslaw Szymanski, einem Experten für soziale Netzwerke und komplexe Systeme.

In ihrer Studie von 2011 entdeckten die Forscher, dass, sobald 10 % der Bevölkerung fest von einer Idee oder Überzeugung überzeugt sind und diese auch hartnäckig vertreten, diese Überzeugung sich auf die Mehrheit der Gesellschaft ausbreiten kann. Sie nutzten dafür mathematische Modelle und Computermodellierungen, um die Dynamik sozialer Überzeugungen zu untersuchen.

In der Praxis zeigt die Studie, dass eine Minderheit von Überzeugungstätern ausreicht, um die Meinung einer Mehrheit zu ändern, vorausgesetzt, dass diese Minderheit konsistent und geschlossen agiert.

Für den Erfolg spielen jedoch auch andere Faktoren eine Rolle:

1. Soziale Dynamiken: Wie vernetzt ist die Minderheit, und wie interagiert sie mit der Mehrheit?

2. Medien und Kommunikation: Welche Rolle spielen Massenmedien und soziale Netzwerke bei der Verbreitung der Überzeugung?

3. Kulturelle und historische Kontexte: Bestimmte Gesellschaften oder historische Zeiträume sind empfänglicher für Veränderung als andere.

Auf die Wirklichkeit der vergangenen fünf Jahre angewendet, lässt sich feststellen, dass der Prozentsatz der Deutschen, die eine kritische Aufarbeitung der Corona-Krise fordert, laut aktuellen Umfragen bei etwa 40 Prozent der Bevölkerung liegt. Sie sprechen sich explizit für eine solche Aufarbeitung aus, um politische Entscheidungen und mögliche Fehlentscheidungen während der Pandemie zu überprüfen. Ein erheblicher Teil dieser Gruppe fordert auch, dass die Verantwortlichen für mögliche Fehlentscheidungen zur Rechenschaft gezogen werden.

Der Rest der Bevölkerung ist nach dieser Umfrage der Meinung, dass das Kapitel Corona abgeschlossen werden sollte und dass es wichtiger sei, sich auf aktuelle und zukünftige Herausforderungen zu konzentrieren. Diese Aufteilung zeigt, dass die Debatte über die Aufarbeitung der Pandemie nach wie vor polarisiert, und es bestehen unterschiedliche Meinungen darüber, wie weit diese Aufarbeitung gehen sollte und ob rechtliche Konsequenzen für Verantwortliche erforderlich sind.

Wenn also 40 Prozent der Bevölkerung überzeugt sind, ist dies nach dem anerkannten Modell von Szymanski vier Mal so viel wie das erforderliche Minimum und müsste damit eigentlich zu einem Mehrheitsdenken führen – vorausgesetzt, die Bedingungen sind förderlich und die Minderheit agiert kohärent und aktiv. Es stellt sich die Frage:

Warum ist das allem Anschein nach nicht der Fall?

In seinem Buch „Das indoktrinierte Gehirn“ liefert Michael Nehls eine Erklärung dazu. Er thematisiert eindrücklich, welche neurobiologischen Mechanismen eine Veränderung im menschlichen Gehirn bewirken können. Diese Veränderungen können dazu führen, dass Menschen weniger kritisch denken und sich leichter manipulieren lassen. Laut Nehls ist das Gehirn anfällig für solche Manipulationen, besonders wenn Menschen unter Angst stehen, wie es während der Pandemie der Fall war.

Er argumentiert, dass die gezielte Indoktrination durch Medien und politische Maßnahmen dazu führt, dass ein großer Teil der Bevölkerung gar nicht mehr in der Lage ist, die Situation kritisch zu hinterfragen. Diese Menschen akzeptieren die vorgegebenen Narrative, ohne sie zu überprüfen. Dadurch können selbst bedeutende Minderheiten, wie die 40 %, die eine Aufarbeitung fordern, Schwierigkeiten haben, einen breiten gesellschaftlichen Wandel herbeizuführen, weil die Mehrheit passiv bleibt oder sich an den vorherrschenden Überzeugungen orientiert.

Durch gezielte Manipulation und Angst-induzierte Anpassung der Mehrheit wird die kritische Minderheit daran gehindert, einen echten Wandel zu bewirken.

Die gute Nachricht ist die, dass es trotz allem immer noch eine große Menge von Menschen gibt, die sich nicht manipulieren lassen. Untersuchungen haben gezeigt, dass Menschen, die z.B. regelmäßig meditieren oder andere Mentaltechniken praktizieren in einem ausreichenden Maß Kontrolle über ihre Gedanken haben und gegen die Indoktrination durch mediale Manipulation immun sind. Da Du dieses Buch in Händen hältst und liest, ist davon auszugehen, dass Du einer dieser Menschen bist und genau für Dich sind die nun folgenden Informationen von großem Wert, denn der entscheidende Punkt ist, wie tief Deine Entscheidung, Miturheber einer neuen Wirklichkeit zu sein, tatsächlich in Dir verankert ist.

Einerseits können wir davon ausgehen, dass alles, was wir erleben, das Ergebnis dessen ist, was auf unserer individuellen „Erfahrungsagenda" aufgeführt und unserer persönlichen Entwicklung dienlich ist. Dabei haben wir uns mit hoher Wahrscheinlichkeit als Teil einer größeren Gruppe verabredet, gleichzeitig in eine Realität zu inkarnieren, die uns das Spielfeld für unsere individuelle und kollektive Evolution bietet, das wir brauchen, um unsere persönlichen Ziele für unsere geistig-seelische Entwicklung verwirklichen zu können.

Die Diskrepanz zwischen Entscheidung und Verwirklichung

Es gibt eine Differenz zwischen der bewussten Entscheidung und der inneren Verwirklichung. Dies ist ein Prozess, bei dem man sich immer wieder fragen muss: „Wo stehe ich wirklich?" Es ist leicht, sich auf der mentalen Ebene für etwas zu entscheiden, aber es stellt sich die Frage, ob diese Entscheidung auch tatsächlich im täglichen Leben manifestiert wird. Viele von uns befinden sich in einer Art „Wartemodus" – wir meditieren, besuchen Seminare und hoffen, dass der Aufstieg bald kommen wird. Doch oft bleiben wir gefangen in Routinen und mentalen Blockaden, die verhindern, dass wir auf dem eingeschlagenen Weg bleiben.

Verhinderer und innere Saboteure

Diese Blockaden zeigen sich in Form subtiler Muster, die uns vom Fortsetzen unseres Weges abhalten. In der Psychologie wird dies oft als

„innerer Saboteur“ bezeichnet – unbewusste Programme und Glaubenssätze, die tief in uns verankert sind. Diese Strukturen, die häufig bis in die Kindheit zurückreichen, fordern ihre Berechtigung ein, wenn wir uns in eine neue Richtung bewegen. Die Herausforderung besteht darin, diese Saboteure zu erkennen und zu transformieren, anstatt gegen sie anzukämpfen. Es geht darum, sie anzunehmen und gleichzeitig neue, konstruktive Strukturen zu schaffen.

Das bewusste Schaffen der Realität

Unsere Gedanken erschaffen unsere Realität. Dieses Wissen ist entscheidend, wenn wir den Prozess der Manifestation verstehen wollen. Bereits in den 1990er Jahren, als ich mich intensiv mit dem Übergang von „Erde 1.0“ zu „Erde 2.0“ beschäftigte, wurde mir klar, dass wir in eine Phase des „Time Splitting“ eintreten. In einer Gruppe von Gleichgesinnten führten wir regelmäßig Übungen zur Aktivierung des Lichtkörpers durch. Doch was auffiel, war, dass die Teilnehmerzahl von Mal zu Mal schrumpfte, bis ich am Ende alleine übrig blieb. Dies zeigt, wie stark die Verhinderer wirken können, wenn man sich einem tiefen Wandel nähert.

Die Ernsthaftigkeit der Entscheidung

Eine der größten Herausforderungen auf diesem Weg ist es, die eigene Ernsthaftigkeit zu hinterfragen. Bin ich wirklich bereit, den Weg konsequent zu gehen, oder lasse ich mich immer wieder ablenken? In Momenten der Angst, der Aggression oder der Frustration zeigt sich, dass wir noch nicht vollständig auf „Erde 2.0“ angekommen sind.

Diese Emotionen sind klare Indikatoren dafür, dass wir noch an alten Mustern festhalten und uns nicht vollständig für den neuen Weg entschieden haben. Es ist eine ständige Reflexion erforderlich, um diese Muster zu erkennen und zu transformieren.

Die Zeit der Endscheidung: Alte Lasten und Karma

Der Übergang nach „Erde 2.0“ erfordert auch, dass wir alte Lasten – unser Karma – loslassen. Oft treten in dieser Phase alte, unbewusste Muster und Blockaden ins Bewusstsein, die wir als „Leichen im Keller“ bezeichnen können. Diese Schatten wollen angeschaut und transformiert werden, denn wir können diese Altlasten nicht mit in die neue Welt nehmen. Es ist an der Zeit, diese Muster aufzulösen und zu heilen, damit wir frei und unbelastet in die neue Realität eintreten können.

Das Beispiel aus der Onkologie

Ein Beispiel aus meiner Zeit in der Krebsforschung zeigt eindrücklich, wie wichtig es ist, diese Altlasten zu erkennen und aufzulösen. Viele Patienten, die mit elektromagnetischen Feldern behandelt wurden, erkannten durch die Therapie die Ursachen ihrer Krankheit. Doch obwohl sie diese Erkenntnis erlangten, schafften es einige nicht, ihre Altlasten zu transformieren. Sie fielen in alte Strukturen zurück und konnten ihre Krankheit nicht überwinden. Dies zeigt, wie entscheidend es ist, nicht nur die Ursache eines Problems zu erkennen, sondern auch die notwendige innere Arbeit zu leisten, um die Heilung zu vollziehen.

Gemeinschaft und Unterstützung

Dieser Prozess der Transformation erfordert Unterstützung. Es ist wichtig, sich mit Gleichgesinnten zu umgeben, die uns auf diesem Weg begleiten und stärken. Der Austausch mit anderen, das gegenseitige Reflektieren und Unterstützen, ist ein zentraler Bestandteil dieses Prozesses. Es gibt inzwischen viele Gemeinschaften weltweit, die diesen Weg gemeinsam gehen und sich gegenseitig tragen. In solchen Gemeinschaften finden wir die notwendige Unterstützung, um auch schwierige Herausforderungen zu bewältigen.

Die Kraft der Manifestation

Ein entscheidender Schritt in diesem Prozess ist das bewusste Manifestieren unserer Realität. Gedanken erschaffen Realität. Diese Erkenntnis ist nicht neu, aber sie muss tief verinnerlicht werden. Es reicht nicht aus, theoretisch zu wissen, dass unsere Gedanken die Realität formen – wir müssen diese Wahrheit in jeder Facette unseres Lebens leben. Indem wir lernen, nicht nur kleine Manifestationen wie das Finden eines Parkplatzes zu erschaffen, sondern auch größere, tiefere Veränderungen in unserem Leben zu bewirken, treten wir in unsere volle Schöpferkraft ein.

Das Fazit: Die Entscheidung festigen

Der Weg nach „Erde 2.0“ erfordert eine klare, kategorische Entscheidung. Es ist ein Weg ohne Plan B, ein Weg, bei dem es keine Halbherzigkeit geben darf. Die Maxime, nach der wir leben, muss absolut sein, wie Immanuel Kant es mit seinem kategorischen Imperativ formulierte. Diese Entscheidung muss nicht nur theoretisch, sondern praktisch in jedem Moment unseres Lebens gelebt werden. Es ist an der Zeit, diese Entscheidung zu treffen und die alte Welt hinter uns zu lassen.

Warum ich fest an „Erde 2.0" glaube

Ich möchte mit euch meine persönliche Erfahrung und Überzeugung zur Existenz von „Erde 2.0" teilen. Diese Überzeugung gründet sich auf Erlebnisse, die ich bereits im Alter von drei Jahren hatte und die mich seitdem tiefgreifend geprägt haben.

Eine der frühesten Erinnerungen, die sich mir eingeprägt hat, ist das Gefühl, dass mein Name „Dieter" nicht zu mir passt. Mit großem Nachdruck versuchte ich meinen Eltern zu erklären, dass dieser Name nicht meine wahre Identität widerspiegele. Interessanterweise hatte ich keinen alternativen Namen im Sinn – es ging vielmehr um ein tiefes Empfinden, dass dieser Name nicht mit meinem Wesen übereinstimmte. Diese Anekdote, die auch meine Mutter oft erzählte, war der erste Hinweis darauf, dass ich mich auf eine schwer erklärbare Weise entfremdet fühlte – nicht nur von meinem Namen, sondern auch von der Welt um mich herum.

Zwischen meinem dritten und sechsten Lebensjahr war ich in ständigem Kontakt mit mir vertrauten Wesen, deren Kommunikation mir natürlicher erschien als die alltägliche Realität, in der ich mich befand. Gleichzeitig irritierte mich die Größe meiner Eltern – ihre scheinbare Überlegenheit in Größe und Präsenz fühlte sich für mich befremdlich an. Diese Phase meines Lebens, in der ich mich nicht vollständig in diese Realität eingebettet fühlte, verstehe ich heute als Ausdruck einer tieferen Verbindung zu einer anderen Existenzebene, einer Welt, die mir vertrauter war.

Es war auch in dieser Zeit, dass ich den Eindruck hatte, das Leben auf der Erde sei ein Zustand des „Halbschlafs". Immer wieder versuchte ich, meine Eltern und andere Erwachsene davon zu überzeugen, dass die Realität, wie wir sie hier auf der Erde erleben, nur eine Art begrenzter Wahrnehmung sei. Meine Versuche, den Menschen zu erklären, woher sie wirklich kämen, stießen jedoch auf Unverständnis. Als ich einmal im Kindergarten meinen Spielkameraden von meiner Wahrnehmung der Welt erzählte, reagierten die Erwachsenen alarmiert, und meine Mutter holte mich besorgt ab. Sogar ärztliche Hilfe wurde in Betracht gezogen, da mein Verhalten als außergewöhnlich und beunruhigend empfunden wurde.

Diese frühen Erlebnisse haben mir eine tiefe Gewissheit darüber gegeben, dass es mehr gibt als die Welt, die wir mit unseren Sinnen wahrnehmen. „Erde 2.0" ist für mich keine bloße Vision oder ein Traum, sondern eine reale Ebene der Existenz, zu der ich immer eine Verbindung spürte. obwohl mir schon als Kind bewusst war, dass meine Wahrnehmung der Realität stark von der meiner Mitmenschen abwich.

Warum ich all dies erwähne? Weil ich schon damals das Gefühl hatte, dass unser Leben auf dieser Erde nicht unser natürlicher Zustand ist. Diese Überzeugung wurde viele Jahre später durch eine beeindruckende Begegnung verstärkt: Im Jahr 1992 hörte ich von einem jungen Mann namens Ananda Bosman, der nach einem langen Koma als völlig veränderter Mensch erwacht war. Zuvor war er schlecht in der Schule gewesen, doch nach dem Unfall entwickelte er außergewöhnliche Fähigkeiten und tiefes Wissen. Besonders beeindruckend war, dass Ananda es schaffte, sich vor den Augen zahlreicher Zeugen unsichtbar zu machen, indem er seinen Körper in einen Zustand versetzte, der dem der Merkaba ähnelt – eine Technik, die den Mikro- und Makrokosmos auf der Herzensebene verbindet.

Diese Begegnung war für mich wegweisend. Ananda und ich wurden Freunde, und er zog sogar für einige Wochen zu mir nach Griechenland. Durch ihn lernte ich vieles über Erde 2.0 und den kommenden Übergang. Ananda erzählte, dass er während seines Komas mit Entitäten kommuniziert habe, die ihm erklärten, dass die Welt, wie wir sie kennen, einem Wandel unterliegt. Es wird eine neue Erde geben, eine Welt, die bereits existiert – das, was ich später als „Erde 2.0" bezeichnete.

Diese „neue Welt" sollte in bestimmten Momenten, die durch spezielle Zeitfenster gekennzeichnet sind, in unsere Realität eindringen. Während dieser besonderen Tage könnte man bewusst durch Visualisierung und positive Gedanken Dinge in diese neue Welt hineinprojizieren, die dort schon existieren würden, wenn wir schließlich dort ankommen. Solche Ereignisse wiederholten sich etwa sieben- bis achtmal in einem Zeitraum von zwei Jahren. Jedes Mal erlebte ich, wie meine Visionen und Wünsche in dieser neuen Realität Gestalt annahmen, was meine Überzeugung von der Existenz dieser neuen Welt nur stärkte.

Eines der beeindruckendsten Rituale, das wir während dieser Zeit durchführten, bestand darin, Bäume als sogenannte „Realitätsverstärker" zu nutzen. Ananda erklärte, dass Bäume als Skalarantennen fungieren und hyperdimensionale Schwingungen verstärken können. Obwohl ich damals schon in der Biophysik tätig war, verstand ich die Bedeutung von Skalarantennen erst viel später. Aber diese Rituale hinterließen einen tiefen Eindruck und bestärkten mich weiter in dem Glauben, dass Erde 2.0 real ist.

Eine weitere Schlüsselerfahrung in meinem Leben, die meine Überzeugung von Erde 2.0 festigte, ereignete sich 1995 in Griechenland. Es war ein tiefgreifendes Erlebnis der „Entrückung", das mir zeigte, wie sich die Zeitlinien trennten und ein Übergang zu Erde 2.0 stattfand. Ich befand mich mitten in einer Menschenmenge in einer Großstadt, als plötzlich alle Bewegungen erstarrten –

es schien, als ob die Welt den Atem anhielt. Die Menschen um mich herum, die ich nicht kannte, waren wie versteinert. In diesem Moment war mir klar, dass ich den Übergang von Erde 1.0 zu Erde 2.0 erlebte.

Das war keine Vision, es war eine reale Erfahrung, die auch meine beiden Freunde teilten, die bei mir waren. Wir konnten uns nicht bewegen, keine Geräusche von uns geben – es war, als ob die Zeit selbst zum Stillstand gekommen wäre. Eine Stimme in mir sagte: „Einatmen. Ausatmen.“ Und mit jeder bewussten Atembewegung kehrte das Leben langsam in uns zurück.

Diese Geschichte möchte ich euch erzählen, weil sie zeigt, wie wichtig es ist, in sich selbst eine stabile innere Verankerung zu finden. Es reicht nicht, nur von spirituellen Konzepten zu hören oder darüber zu lesen – es ist entscheidend, ein tiefes Vertrauen in die eigene Verbindung zur höheren Realität zu entwickeln.

Es geht nicht nur darum, den Übergang zu verstehen, sondern ihn zu leben. Jeder von uns hat die Fähigkeit, diesen Wandel bewusst zu erleben, aber es erfordert einen festen Glauben an die eigene geistige Kraft und die Verbundenheit mit etwas Größerem als dem eigenen irdischen Selbst.

Ich hoffe, dass diese Geschichten euch inspirieren und dass ihr erkennt, wie entscheidend es ist, nicht nur auf der intellektuellen Ebene, sondern auch tief in eurem Inneren an die Realität von Erde 2.0 zu glauben.

BEFREIE DEINEN GEIST

«Was wir in all diesen Diskussionen und Gesprächen hier versuchen, ist zu sehen, ob wir nicht eine radikale Transformation des Geistes herbeiführen

können. Die Dinge nicht so hinnehmen, wie sie sind, sondern sie zu verstehen, ihnen nachzugehen, sie zu untersuchen, Dein Herz und Deinen Verstand einzusetzen mit allem, was Du hast, um einen Weg zu finden, anders zu leben. Aber das hängt von Dir ab und nicht von jemand anderem. Denn hier gibt es keinen Lehrer, keinen Schüler, keinen Führer, keinen Guru, keinen Meister, keinen Erlöser. Du selbst bist der Lehrer und der Schüler, Du bist der Meister, Du bist der Guru, Du bist der Führer, Du bist ALLES!!! Und… zu verstehen bedeutet, zu transformieren WAS IST.»
Jiddu Krishnamurti (1895-1986)

Im Folgenden möchten wir uns intensiver mit dem Thema der finalen Entscheidung befassen – einem Moment, an dem es keinen „Plan B" mehr gibt. Doch statt uns nur auf den spirituellen und geistigen Aspekt zu fokussieren, möchten wir tiefer gehen und klären, wer wir wirklich sind, auch auf einer viel grundlegenderen Ebene. Die spirituelle Dimension wurde schon oft besprochen, und die meisten von uns haben sich damit ausführlich befasst, wie etwa mit der Bedeutung der Aktivierung der Zirbeldrüse. Solltet ihr diesbezüglich noch Fragen haben, verweise ich euch auf mein Buch *„Verschlusssache Zirbeldrüse"*, in dem ich viele essenzielle Informationen zu diesem Thema liefere. Aber es gibt einen Punkt, den ich für noch bedeutsamer halte und der mir persönlich enorm geholfen hat: Das Verständnis des vollständigen Konzepts dessen, was es wirklich bedeutet, Mensch zu sein – nicht nur auf geistiger, seelischer oder schöpferischer Ebene, sondern auch darüber hinaus.

Es ist entscheidend, die Grundstrukturen zu verstehen, auf denen unser Sein beruht. Diese Strukturen, die uns in unserem alltäglichen Leben oft verborgen bleiben, sind die Grundlage unserer Existenz. Dabei haben leider weder die Physik noch die Naturwissenschaften bisher ein stabiles Fundament geschaffen, das uns wirklich zeigt, wer wir sind und was uns ausmacht. Aber wenn wir uns die Frage stellen, ob wirklich „aus Nichts etwas entstehen kann“, stoßen wir unweigerlich auf die Weisheit von Max Planck, der sagte: „Aus Nichts lässt sich nichts herleiten, auch nicht mit den besten naturwissenschaftlichen Methoden.“ Diese Aussage verdeutlicht, dass es da etwas gibt – etwas Grundlegendes, das existiert, aber bisher weitgehend unberührt geblieben ist. Dieses Fundament existiert und ich halte es für entscheidend, es endlich zu erkennen.

In den folgenden Abschnitten werden wir dieses Fundament Schritt für Schritt aufbauen. Ich spreche hier aus eigener Erfahrung: Als ich erkannte, was es wirklich bedeutet, ein Geschöpf Gottes zu sein – was uns unbegrenzte Möglichkeiten eröffnet –, erweiterte sich nicht nur mein Bewusstsein, sondern ich bekam die innere Stabilität, um auch die Dinge zu manifestieren, die schon als Kind aus der Freude in mir entstanden sind. Diese Erkenntnis ist nicht aus dem Nichts entstanden; sie ist Teil eines kosmischen Evolutionsplans, der jetzt seine Entfaltung findet. Es ist ein außergewöhnlicher Schritt in der menschlichen Entwicklung, und ich hoffe, dass auch ihr ihn erkennen und nachvollziehen werdet.

Die Module, die wir in den kommenden Abschnitten vorstellen, dienen dazu, uns auf eine höhere Schwingungsebene zu bringen. Diese Strukturierung und der Aufbau dieser Module haben schon in der Vergangenheit viele Menschen, auch überzeugte Atheisten, in Kontakt mit einer höheren Ordnung gebracht. Es geht darum, eine tiefe, fundierte Einsicht zu erlangen, die unser Bewusstsein und unsere Schwingung so weit anhebt, dass die Entscheidung für den nächsten Schritt – die „Endscheidung“ – klar wird.

Für viele von uns ist es wichtig, den Verstand anzusprechen, bevor wir den nächsten Schritt gehen können. Daher werden wir in diesen Modulen auch die elementarsten wissenschaftlichen und philosophischen Grundprinzipien erläutern. Werner Heisenbergs berühmtes

Zitat „Wer aus dem Becher der Naturwissenschaft trinkt, wird zum Atheisten, aber am Boden des Bechers wartet Gott" passt hier perfekt. Es verdeutlicht, dass die Naturwissenschaft, wenn sie tiefer geht, den Raum für die spirituelle Ebene öffnet. Genau das ist unser Ziel: eine solide Basis zu schaffen, auf der ihr verstehen könnt, welche Entscheidung euch bevorsteht.

Ich möchte, dass ihr dieses Gefühl der kosmischen Ordnung, dieses fast ehrfurchtgebietende Empfinden, das sich einstellt, wenn man einen Blick hinter den Vorhang werfen darf, in euch selbst erfahrt. Diese Erkenntnis ist nicht bloß intellektuell – sie ist tiefgreifend und spirituell zugleich. Es geht nicht darum, intellektuelle Überflieger zu sein, sondern sich selbst in dieser Ordnung wiederzufinden.

Das Wort „Entscheidung" spielt in diesem Zusammenhang eine besondere Rolle. Es geht nicht nur darum, zwischen zwei Optionen zu wählen, sondern um eine Endscheidung – das Ende einer Phase und der bewusste Beginn einer neuen. Es ist der Moment, in dem wir uns entscheiden, den alten Weg zu verlassen und uns voll und ganz auf den neuen Pfad zu begeben. Diese Endscheidung ist ein Wendepunkt, der nicht mehr rückgängig gemacht werden kann.

Ein anschauliches Beispiel: Stellt euch vor, ihr müsst einen Flug nehmen, der euer letzter ist. Ihr kennt die Uhrzeit, ihr habt alles organisiert, um rechtzeitig dort zu sein. An einem bestimmten Punkt wisst ihr, dass es Zeit ist, das Haus zu verlassen, sonst werdet ihr den Flug verpassen. Mit dieser Dringlichkeit sollten wir auch die Entscheidung für Erde 2.0 angehen. Es geht darum, den Ernst der Lage zu erkennen und alle notwendigen Schritte zu unternehmen, um dieses Ziel zu erreichen.

In der Analogie zum Film „*The Matrix*"gibt es den Moment, in dem Neo sich für die rote Pille entscheidet. Auch wir stehen vor einer solchen Entscheidung. Morpheus bietet Neo die Wahl zwischen der alten Welt und der neuen, der Illusion und der Befreiung. Dieses Bild ist nicht nur filmisch faszinierend, sondern spiegelt auch die Situation wider, in der wir uns jetzt befinden. Es geht darum, die nötigen Werkzeuge zu nutzen, um diese Endscheidung zu treffen und den Weg in die neue Welt bewusst zu gehen.

Ein weiteres wichtiges Bild aus "*The Matrix*" ist Neos „Sprungprogramm". Morpheus gibt ihm die Aufgabe, von einem Hochhaus zum nächsten zu springen, um zu zeigen, dass es keine realen Grenzen gibt – außer denen, die wir uns selbst setzen. Neo fällt beim ersten Versuch, weil er noch nicht wirklich überzeugt ist, dass sein Geist frei ist. Genau an diesem Punkt wollen wir ansetzen: Es reicht nicht, etwas zu wissen; es geht darum, es wirklich zu verinnerlichen und zu *leben*.

Diese Überzeugung macht letztlich den Unterschied – und genau darum geht es in den kommenden Kapiteln. Der Unterschied zwischen bloßer Kenntnisnahme und tiefem Verstehen ist enorm. Wir müssen nicht nur die Fakten und Konzepte verstehen, sondern sie auch in ihrer Tiefe erfassen und verinnerlichen. Wir bieten in diesen Modulen eine fundierte und zugleich spirituell tiefgehende Basis, damit ihr die Entscheidung für Erde 2.0 voll und ganz treffen könnt.

DIE ESSENZ DES VERSTEHENS

Verstehen als Fundament unserer Existenz

Verstehen ist mehr als nur das Erlangen theoretischer Erkenntnisse. Es ist eine tiefere, unmittelbare Form der Einbindung in die Welt, eine Erfahrung, die uns als fühlende, handelnde und denkende Wesen berührt. Verstehen bedeutet, Bedeutsamkeiten zu erschließen, die unsere Existenz als Individuen, unsere Selbstentwürfe, unsere Ziele und unsere Handlungen beeinflussen. Es ermöglicht uns, die Welt als einen kohärenten Zusammenhang zu begreifen, in dem wir nicht bloß passive Beobachter sind, sondern aktive Gestalter, die von den Herausforderungen der Welt angesprochen werden.

Ein zentrales Prinzip, das dieses tiefere Verständnis prägt, ist die Erkenntnis, dass alles im Universum schwingt. Dies gilt besonders für unsere eigene Existenz, da auch unser Gehirn einem fortwährenden Schwingungsprozess unterliegt. Die Intensität dieser Schwingungen und ihre Frequenzen spiegeln unsere emotionalen Zustände wider und formen unsere Realität. Je höher unsere Schwingung, desto intensiver ist unsere Fähigkeit zur Manifestation – eine Tatsache, die wir bereits in früheren Kapiteln erläutert haben.

Hier beginnt der Schlüsselprozess: Die Frage, ob wir lediglich glauben, etwas zu verstehen, oder ob wir tatsächlich über fundierte, gefestigte Erkenntnisse verfügen, lässt sich anhand der Intensität und Klarheit unserer Schwingungen ablesen. Die Kohärenz dieser Schwingungen, also die Wiederholung und Klarheit der elektromagnetischen Impulse, entscheidet darüber, wie schnell und stabil sich unsere Gedanken und Bilder in der Realität manifestieren. Denn, wie wir wissen, erschaffen Gedanken Wirklichkeit.

Im Einklang mit dieser Erkenntnis müssen wir uns bewusstwerden, dass jeder Gedanke, ob bewusst oder unbewusst, ob gewollt oder ungeplant, elektromagnetische Signale aussendet, die unsere Realität formen. Dies führt uns zu einem zentralen Punkt: Wie können wir diese Schwingungen so beeinflussen, dass sie unseren Zielen und Wünschen entsprechen? Ein Beispiel hierfür ist das „Sprungprogramm", wie es im Film „Matrix" dargestellt wird. Neo, der Protagonist, musste zunächst scheitern, um durch Erfahrung und die Unterstützung seines Mentors Morpheus seine Schwingung zu erhöhen und schließlich den entscheidenden Sprung erfolgreich zu meistern. Dieses Beispiel verdeutlicht, dass es unsere Erfahrungen und die Art und Weise, wie wir sie interpretieren, sind, die unsere Schwingung und damit unsere Fähigkeit zur Manifestation beeinflussen.

Die universelle Natur dieses Prinzips, dass alles schwingt, lässt uns erkennen, dass es keine naturgegebenen Grenzen gibt. Es sind die von uns selbst auferlegten Grenzen, die durch Konditionierung und Zweifel entstanden sind, die uns in unserer Entwicklung hemmen. Diese selbstgeschaffenen Begrenzungen, die wir als innere Saboteure oder Verhinderer wahrnehmen, können jedoch überwunden werden, wenn wir uns bewusst dafür entscheiden, aus ihnen herauszuwachsen. So wie wir einmal das Fahrradfahren gelernt haben und dieses Wissen nie wieder verlieren, so können wir auch die Kunst der Manifestation erlernen und verinnerlichen.

Es war Heraklit, der bereits im antiken Griechenland erkannte, dass alles in Bewegung ist. Diese Erkenntnis ist bis heute von grundlegender Bedeutung, besonders wenn es um die Frage geht, wie unser Geist unsere Wirklichkeit formt. Der menschliche Geist schwingt nicht nur, er interagiert aktiv mit den Schwingungen des Universums. Diese Wechselwirkung entscheidet darüber, welche Realität wir erleben.

Das Geistige und das Schwingende: Die Verbindung zur Seele

Ein zentrales Prinzip des Verstehens ist also, dass alles im Universum aus Schwingungen besteht. Jedes Lebewesen besitzt eine einzigartige Schwingungssignatur, die auf seine individuelle Seele und sein Bewusstsein zurückzuführen ist. Durch das Prinzip der Resonanz ziehen wir Erfahrungen und Ereignisse in unser Leben, die unserer eigenen Schwingung entsprechen. Die Qualität unserer Schwingung bestimmt daher, welche Menschen und Situationen wir in unser Leben ziehen und wie wir mit ihnen interagieren.

Das Verständnis dieser Schwingungsprozesse führt uns zu einer tiefen Einsicht: Wir sind nicht bloß passive Empfänger von Erfahrungen, sondern aktiv an ihrer Schaffung beteiligt. Dies bedeutet auch, dass wir die Verantwortung für unsere Realität nicht an äußere Umstände abgeben dürfen. Indem wir uns unserer inneren Schwingungssignatur bewusst werden, können wir gezielt Einfluss darauf nehmen, welche Erfahrungen wir anziehen und welche wir vermeiden möchten.

In diesem Zusammenhang wird klar, dass es nicht ausreicht, einfach nur weitere Informationen oder Wissen von außen zu sammeln. Es geht vielmehr darum, innere Konzepte und Blockaden loszulassen, die uns daran hindern, das volle Potenzial unserer Seele zu entfalten. Dies ist der eigentliche Kern der Esoterik, ein Begriff, der oft missverstanden und negativ konnotiert wird. Doch in seiner ursprünglichen Bedeutung, abgeleitet vom griechischen „eso“ (innen), verweist Esoterik auf die inneren Prozesse, die nur wir selbst erleben und begreifen können.

Der Sprung vom Opfer zur Selbstermächtigung

Indem wir unsere eigenen Gedanken und Überzeugungen hinterfragen, können wir uns von der Vorstellung befreien, dass äußere Umstände oder andere Menschen Macht über unser Leben haben. Viele von uns fühlen sich oft als Opfer der Umstände, doch diese Wahrnehmung ist ein Zeichen dafür, dass wir unsere eigenen geistigen Spielregeln noch nicht vollständig verstanden haben. Sobald wir erkennen, dass wir die Schöpfer unserer Realität sind, können wir diese Rolle aktiv übernehmen und bewusst gestalten.

Es gibt bestimmte Programme und Strukturen, die uns daran hindern, unser volles Potenzial zu entfalten. Diese Strukturen sind oft tief in unserem Unterbewusstsein verwurzelt und basieren auf Erfahrungen und Glaubenssätzen, die wir im Laufe unseres Lebens angesammelt haben. Doch wie Neo im Sprungprogramm von „Matrix" lernen musste, dass er seinen Geist befreien muss, um die physikalischen Grenzen zu überwinden, so müssen auch wir lernen, unsere inneren Grenzen zu durchbrechen. Nur so können wir die Realität schaffen, die wirklich unserem höchsten Potenzial entspricht.

SCHWINGUNG, FREQUENZ UND KOHÄRENZ: DER SCHLÜSSEL ZUR MANIFESTATION

Wenn wir über Schwingung sprechen, dann beziehen wir uns sowohl auf Frequenzen als auch auf Amplituden – die Intensität der Schwingungen, die unsere emotionalen Zustände widerspiegeln. Diese Schwingungsprozesse sind in der Tat von zentraler Bedeutung, um zu verstehen, wie Gedanken Realität erzeugen. Es sind nicht nur die Frequenzen an sich, sondern auch die Phasen dieser Wellen, die für die Klarheit und die Kohärenz unserer Manifestationen verantwortlich sind.

Die Phasenlage beschreibt den Versatzwinkel zwischen zwei Wellen, und wenn diese Wellen synchron schwingen – also in Phase sind – entsteht eine qualitativ höhere Kohärenz. Diese Kohärenz wiederum erhöht die Stärke der Schwingung und damit die Wirksamkeit dessen, was wir manifestieren. Im Gegensatz dazu führt eine Phasenverschiebung zu einer Schwächung der Wirkung, da die Wellen sich gegenseitig auslöschen. Wenn es darum geht, klare Wünsche zu manifestieren, ist es also entscheidend, dass der Gedanke mit der Überzeugung übereinstimmt, und zwar in Klarheit und Intensität.

Eine Synchronisation unserer Schwingungen – sowohl in Frequenz als auch in der Zeit – verstärkt die Interferenz, also die Überlagerung dieser Schwingungen, was zu einer Potenzierung der Manifestationskraft führt. Dies gilt insbesondere, wenn mehrere Menschen gleichzeitig in Übereinstimmung agieren und die gleiche Absicht aussenden. Der Effekt ist dabei deutlich stärker, als wenn jede Person isoliert agieren würde.

DER BEOBACHTEREFFEKT UND DIE SCHAFFUNG DER REALITÄT

Die Quantenphysik lehrt uns bereits seit etwa einem Jahrhundert, dass der Beobachtereffekt eine entscheidende Rolle in der Wirklichkeitsbildung spielt. Unsere Haltung, unsere Erwartungen und unser Bewusstsein selbst beeinflussen maßgeblich, wie sich die Realität zeigt. Mit anderen Worten: Es ist unser Bewusstsein, das die Realität „schaltet" und ihre Dichte – also ihre Festigkeit und Substanz – bestimmt. Die Klarheit der Absicht, die Ernsthaftigkeit der Haltung und die Entschlossenheit, mit der wir an unsere Wünsche herangehen, sind ausschlaggebend für die Geschwindigkeit und die Stärke, mit der sich diese Wünsche manifestieren.

In meiner Arbeit in der Experimentalphysik vor etwa 40 Jahren konnte ich diesen Effekt aus erster Hand beobachten. Uns wurde eindringlich geraten, möglichst keine Erwartungen an das Ergebnis zu haben, um die Objektivität der Resultate nicht zu verfälschen. In einigen Experimenten überließen wir die Steuerung einem Zufallsgenerator, der entschied, ob beispielsweise ein elektromagnetisches Feld aktiviert wurde oder nicht, um sicherzustellen, dass unsere Haltung die Messungen nicht beeinflusste. Dies verdeutlichte bereits damals, wie sehr unsere Einstellung und unsere Überzeugungen die Realität formen können.

Dieser Effekt ist besonders gut im Alltag zu beobachten, wenn wir bewusst versuchen, etwas so Banales wie einen freien Parkplatz zu manifestieren. Oftmals gelingt dies nicht, wenn wir zweifeln oder zu sehr darüber nachdenken. Sobald wir jedoch unsere Absicht loslassen und den Gedanken „fließen" lassen, stellen wir fest, dass der Parkplatz wie von selbst frei wird. Diese Dynamik der Loslösung gilt in gleichem Maße für größere und bedeutendere Prozesse, wie den Shift zu Erde 2.0. Die Prinzipien bleiben die gleichen – nur die Bedeutung dessen, was wir manifestieren, ist anders.

DER SHIFT ZU ERDE 2.0: MATERIE UND GEIST IM EINKLANG

Während unsere Existenz zu einem großen Teil aus Geist besteht, sind wir ebenso aus Materie geformt – oder vielmehr, Materie ist eine verdichtete Form von Geist. Diese Wechselwirkung zwischen Geist und Materie folgt eigenen Gesetzen, die jedoch denselben fundamentalen Prinzipien der Schwingung und Resonanz unterliegen. Die Materie, aus der die Welt und unser Körper bestehen, ist kein starres Konstrukt, sondern eine Ausdrucksform von Schwingungen und Frequenzen.

Die Frage, die sich hierbei stellt, ist: Wie passt das alles zusammen? Welche Modelle helfen uns, diese Phänomene zu verstehen? Die Wissenschaft bietet uns eine Reihe von Erklärungsmodellen, von der Quantenmechanik bis zur Theorie der Parallelwelten. Ein besonders faszinierendes

Modell ist das des holographischen Universums, in dem jedes Teil des Ganzen das Ganze selbst widerspiegelt – ähnlich wie ein Hologramm.

Das Konzept des Hologramms bietet eine tiefere Einsicht in die Natur der Realität. Unser Geist fungiert als der Projektionsstrahl, der das Bild der Realität formt. Unsere Gedanken und Überzeugungen werden zu den Projektionen, die das Hologramm dieser Realität gestalten. Je klarer und kohärenter unser Bewusstsein ist, desto schärfer und stabiler wird das Bild dieser Realität. Das Universum selbst könnte als eine Matrix gesehen werden, eine Projektionsfläche für unsere kollektiven und individuellen Erfahrungen. Und hinter dieser Matrix verbirgt sich die wahre, transzendente Wirklichkeit.

KOHÄRENZ UND SCHÄRFE DER MANIFESTATION

Eine der Schlüsselerkenntnisse der modernen Physik ist die Bedeutung von Kohärenz, insbesondere im Zusammenhang mit Laserstrahlen. Laserkohärenz beschreibt die Eigenschaft, dass elektromagnetische Wellen sowohl zeitlich als auch räumlich synchronisiert sind, was zu einer fokussierten und intensiven Energie führt. In Analogie dazu können wir unsere Gedanken und Überzeugungen ebenfalls „fokussieren", um eine schärfere und stärkere Realität zu schaffen.

Unser Gehirn, mit seinen Milliarden von Neuronen, ist wie ein komplexes Netzwerk, das kohärent wirken kann, um eine bestimmte Realität zu manifestieren. Wenn diese neuronalen Signale in Phase und synchronisiert sind, verstärkt sich ihre Wirkung enorm. Eine Inkohärenz hingegen – also eine Verschiebung der Phasenlage – schwächt die Wirkung ab. Dies erklärt, warum es so wichtig ist, nicht nur eine klare

Absicht zu haben, sondern diese auch mit einer festen Überzeugung und Entschlossenheit zu verankern.

Das Modell des holographischen Universums, in dem jedes Teil das Ganze widerspiegelt, zeigt uns, dass die Realität, die wir erleben, das Ergebnis der Schwingungen unseres Geistes ist. Und je kohärenter diese Schwingungen sind, desto deutlicher und stabiler wird die Realität.

Ein Hologramm ist eine spezielle Art der Bilddarstellung, bei der Lichtwellen so manipuliert werden, dass sie ein dreidimensionales Abbild eines Objekts erzeugen. Dabei wird ein Laserstrahl geteilt: Ein Teil des Strahls beleuchtet das Objekt, während der andere Teil als Referenzstrahl dient. Diese beiden Strahlen überlagern sich auf einer fotografischen Platte und speichern so die Interferenzmuster, die bei der Beleuchtung des Hologramms ein 3D-Bild projizieren. Bemerkenswert an einem Hologramm ist, dass jede kleinste Teilfläche des Hologramms das gesamte Bild enthält. Dies bedeutet, dass ein Hologramm, selbst wenn es in Teile geschnitten wird, immer noch das gesamte Abbild darstellen kann – allerdings mit abnehmender Klarheit.

Das holographische Weltbild überträgt diese Idee auf das gesamte Universum. Es besagt, dass das Universum ähnlich wie ein Hologramm funktioniert, wobei jedes einzelne Teil den gesamten Kosmos in sich trägt. Diese Theorie deutet darauf hin, dass das gesamte Universum nicht lokal in einzelnen Teilen existiert, sondern eine tiefe, miteinander verknüpfte Struktur besitzt, bei der das Ganze in jedem Teil widergespiegelt wird.

Im Jahr 2017 nutzte der französische Präsidentschaftskandidat Jean-Luc Mélenchon moderne Hologrammtechnologie im Wahlkampf, um an mehreren Orten gleichzeitig aufzutreten. Während er physisch in Lyon anwesend war, wurde sein Hologramm zeitgleich nach Paris und später in insgesamt sieben Städte übertragen. Diese innovative Technik ermöglichte es ihm, viele Menschen gleichzeitig anzusprechen, was in der politischen Landschaft Frankreichs für Aufsehen sorgte.

In diesem Zusammenhang sei auch das bereits mehrmals beschriebene Multiweltenmodell erwähnt. Es besagt, dass jedes Mal, wenn eine Quantenmessung durchgeführt und beobachtet wird und sich das Quantensystem in einen von mehreren möglichen Zuständen entwickeln könnte, **alle** diese möglichen Zustände tatsächlich realisiert werden – jedoch in verschiedenen, parallelen Welten oder Universen. Mit anderen Worten: Anstatt dass ein Quantensystem zufällig einen Zustand „wählt", spaltet sich das Universum in mehrere Parallelwelten auf, von denen jede einen der möglichen Zustände repräsentiert. Ein oft verwendetes Beispiel zur Veranschaulichung ist das berühmte Gedankenexperiment „Schrödingers Katze". In der traditionellen Kopenhagener Interpretation der Quantenmechanik ist die Katze in einem Überlagerungszustand – sie ist gleichzeitig tot und lebendig, bis eine Messung durchgeführt und diese auch beobachtet wird. Im Multiweltenmodell passiert bei der Messung jedoch Folgendes: Das Universum spaltet sich auf. In einem Universum ist die Katze tot, in einem anderen Universum ist sie lebendig. Beide Ergebnisse treten auf, aber in unterschiedlichen Realitäten.

Als Hologramm ist das Universum auch fraktal und wir beleuchten Teile davon in Übereinstimmung mit unserer emotionalen Natur, unseren Gedanken und unserer Absicht.Fraktale sind geometrische Muster, die auf Selbstähnlichkeit beruhen, das bedeutet, dass ihre Struktur in allen Maßstäben wiederkehrt. Egal, wie weit man in ein Fraktal hineinzoomt, man findet stets ähnliche oder identische Muster, die das Ganze widerspiegeln. Sie entstehen durch mathematische Iterationen, das heißt, eine einfache Regel wird wiederholt angewendet, um komplexe Strukturen zu erzeugen. Fraktale finden sich sowohl in der Natur (z.B. in Schneeflocken, Bäumen oder Küstenlinien) als auch in der Kunst und Wissenschaft, besonders in der Chaosforschung.

Die Zirbeldrüse, die im geometrischen Zentrum des Gehirns liegt, weist eine Form auf, die sich an der Fibonacci-Sequenz und dem Goldenen Schnitt orientiert, was sie zu einer fraktalen Antenne macht. Als solche ist sie in der Lage, Schwingungen zu senden und zu empfangen, basierend auf dem Prinzip der Resonanz. Fraktale Antennen sind besondere Strukturen, die durch ihre fraktale Geometrie eine breite Bandbreite von Frequenzen sowohl empfangen als auch aussenden können, wodurch sie besonders effizient in ihrer Funktion sind.

Wenn man auf ein holografisches Objekt zugeht, würde man normalerweise bemerken, dass es sich nicht physisch anfühlt, da es lediglich eine Projektion ist. Allerdings gibt es neuere Technologien, die haptisches Feedback ermöglichen. Laut einem Artikel in einer Fachzeitschrift[1] können Plasmastrahlen Schockwellen erzeugen, die sich auf den Nutzer übertragen, sodass es sich anfühlt, als hätte das Licht eine physische Substanz.

Im klassischen Sinne wird ein Hologramm durch einen Projektionsstrahl erzeugt, der die Informationen projiziert. Diese Funktion ist analog zu unserem Geist und Gehirn, die über Gedanken und Überzeugungen Realitäten manifestieren. Je stärker die Überzeugung, desto stärker die erzeugte Realität. Quantenphysiker argumentieren, dass diese wahrgenommenen Realitäten letztlich Illusionen unseres Geistes sind, was das holografische Weltbild unterstützt.

KOHÄRENZ

Der Begriff *Kohärenz* stammt ursprünglich aus der Physik und Philosophie, doch seine Verwendung und Auslegung haben sich in verschiedenen Fachbereichen weiterentwickelt.

1. Erster Gebrauch in der Physik:
   Das Konzept der *Kohärenz* wurde erstmals im Zusammenhang mit der Optik und der Wellentheorie eingeführt. Kohärenz beschreibt die Phasenbeziehung zwischen Wellen an verschiedenen Punkten im Raum oder in der Zeit. Im 19. Jahrhundert verwendete der englische Wissenschaftler Thomas Young das Konzept der Kohärenz bei der Durchführung seines berühmten Doppelspaltexperiments (1801), um die durch Licht erzeugten Interferenzmuster zu erklären. Youngs Arbeit zeigte, dass sich Licht wie eine Welle verhält, wobei die Interferenzeffekte von der *Kohärenz* der Lichtwellen abhängen.

2. Bedeutung von *Kohärenz* in der Physik:
   In der Wellentheorie bezieht sich *Kohärenz* darauf, wie gut zwei Wellen eine konstante Phasenbeziehung aufrechterhalten. Wenn zwei Wellen kohärent sind, interferieren sie auf vorhersehbare und stabile Weise konstruktiv oder destruktiv. Kohärenz ist für das Verständnis des Verhaltens von Lasern, Lichtquellen und Radiowellen von wesentlicher Bedeutung.

   Es gibt zwei Arten von *Kohärenz:*
   - *Zeitliche Kohärenz*: Bezieht sich auf die Korrelation zwischen den Phasen einer Welle zu verschiedenen Zeiten.
   - Räu*mliche Kohärenz*: Bezieht sich auf die Korrelation zwischen den Phasen einer Welle an verschiedenen Punkten im Raum.

3. Philosophie und Kognitionswissenschaft:
   - In einem allgemeineren Kontext wurde der Begriff *Kohärenz* in der Philosophie und Kognitionswissenschaft verwendet, um sich auf die logische und konsistente Ausrichtung von Überzeugungen oder Aussagen zu beziehen. Die Idee ist, dass eine

Reihe von Aussagen oder Überzeugungen kohärent ist, wenn sie sich nicht widersprechen und ein konsistentes System bilden.
- Philosophisch wurde der Begriff der *Kohärenz* unter anderem von Persönlichkeiten wie Immanuel Kant und William James untersucht, die zu erklären versuchten, wie Wissen und Erfahrung strukturiert sind.

Der Begriff *Kohärenz* wurde erstmals im Zusammenhang mit Wellenphänomenen in der Physik verwendet, insbesondere von Thomas Young in seiner Arbeit über Lichtinterferenz. Seitdem hat er sich weiterentwickelt und umfasst nun verschiedene Bedeutungen, die oft mit Konsistenz und logischer Ausrichtung in verschiedenen Bereichen zusammenhängen.

In der Erkenntnistheorie wird ***Kohärenz* oft als Kriterium für Wahrheit** verwendet: Ein System von Überzeugungen gilt als wahr, wenn seine Bestandteile in einem stimmigen Verhältnis zueinanderstehen und sich nicht widersprechen.

Kohärenz beschreibt die innere Zusammengehörigkeit und logische Konsistenz eines Systems von Überzeugungen, Ideen oder Theorien. Im philosophischen Kontext bedeutet *Kohärenz,* dass die verschiedenen Elemente eines Gedankengebäudes oder einer Weltanschauung auf harmonische Weise miteinander verbunden sind, sodass sie sich gegenseitig stützen und eine geschlossene, widerspruchsfreie Gesamtheit bilden.

Laser als Projektionsstrahl

Bei Laserlicht handelt es sich um elektromagnetische Wellen, die sowohl zeitlich als auch räumlich kohärent sind. Kohärenz (von lat. Cohaerere = zusammenhängen) bezeichnet bei einem ausgedehnten physikalischen

Wellenfeld die Eigenschaft, dass sich die momentanen Auslenkungen an verschiedenen Orten zeitlich bis auf eine konstant bleibende Phasenverschiebung auf dieselbe Weise ändern. Der Unterschied zwischen einem schwachen und einem scharfen Laserstrahl wird in seiner Kohärenz deutlich, das heißt in der Synchronisation der elektromagnetischen Wellen. Laserlicht besteht aus Wellen, die sowohl zeitlich als auch räumlich kohärent sind, was bedeutet, dass sich ihre Auslenkungen an verschiedenen Orten gleichmäßig verändern. Ähnlich wie das Bündeln von Licht mehrerer Kerzen im Vergleich zu einer einzelnen, zeigt dies, wie wichtig es ist, Gedanken und Energie kohärent zu bündeln, um eine stabile und klare Realität zu erschaffen. Das Universum, das auf holografischen Prinzipien beruht, funktioniert wie eine Matrix, die durch unseren Geist projiziert wird. Die Intensität dieser Projektion hängt von der Kohärenz und der Phase unserer Überzeugungen ab.

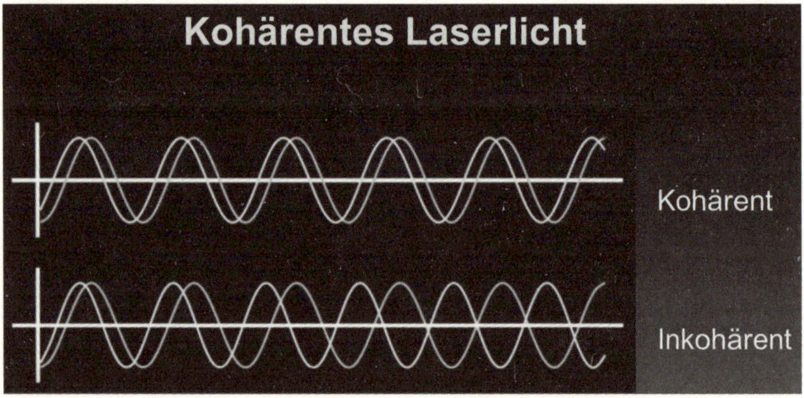

Unser Geist und unser Gehirn agieren als Projektionsstrahlen, die die Realität erschaffen. Je kohärenter die Schwingungen unserer Gedanken und Neuronen sind, desto dichter und stabiler wird die Realität, die wir erschaffen. Dieses Konzept basiert auf den Prinzipien der Quantenphysik, die zeigen, dass unser Bewusstsein die Realität direkt beeinflusst. Entscheidend ist, dass unser Gehirn und Herz kohärent zusammenarbeiten, da das elektromagnetische Feld des Herzens das stärkste ist und eine wesentliche Rolle bei der Manifestation unserer Realität spielt.

Zum besseren Verständnis übertragen wir das Konzept der kohärenten Laserstrahlen auch auf unser inneres Selbst und unser geistiges Wesen. Dabei ist nicht nur unser Gehirn in der Lage, solche kohärenten Signale auszusenden, sondern unser Herz spielt eine noch größere Rolle. Die Schwingungen des Herzens sind kraftvolle elektromagnetische Impulse, die in besonderem Maße kohärent sind. Untersuchungen des HeartMath[2] Instituts, unter der Leitung von Rollin McCraty, zeigen deutlich, dass Herz und Gehirn eng miteinander interagieren. Diese Wechselwirkungen betreffen nicht nur unsere Emotionen, sondern haben auch Einfluss auf das elektromagnetische Feld, das wir ausstrahlen.

Bemerkenswert ist, dass das Herz nicht nur als körperliches Organ fungiert, sondern auch tief in unser psychisches Wohlbefinden eingebunden ist. Wenn wir unter Stress stehen, betrifft dies sowohl das Herz als auch das Gehirn. McCraty konnte nachweisen, dass das elektromagnetische Feld des Herzens – das viel stärker als das des Gehirns ist – auch die Schwingungen anderer Menschen in unserer Umgebung beeinflussen kann, besonders wenn sie in einem ähnlichen Schwingungsbereich agieren.

Dieses Wissen zeigt, wie bedeutend es ist, sowohl auf die Herz- als auch die Gehirn-Kohärenz zu achten, um sowohl innere als auch äußere Harmonie zu erreichen.

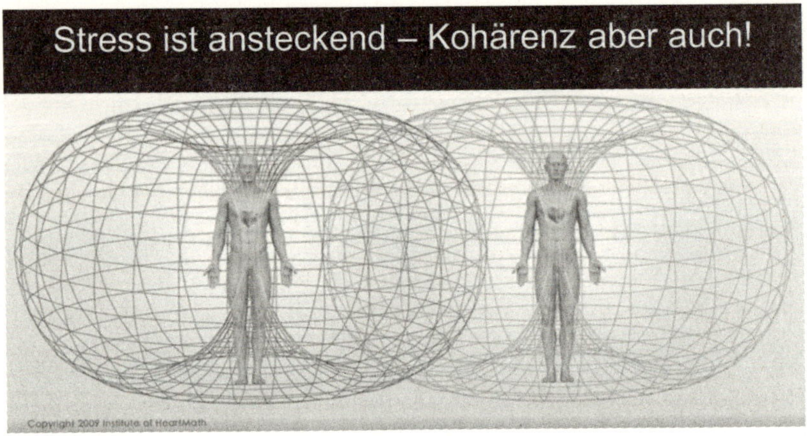

Das HeartMath Institut hat in Studien gezeigt, dass die Herzratenvariabilität[3](HRV) bei Menschen und auch zwischen Menschen und Tieren synchronisiert werden kann, wenn sie in einer positiven Verbindung stehen. Ein Beispiel ist die Angleichung der HRV eines Jungen und seines Hundes innerhalb von sieben Minuten, als sie entspannt nebeneinander lagen. Dies verdeutlicht, dass das elektromagnetische Feld des Herzens erheblich stärker ist als das des Gehirns. Das Herz besitzt ein mächtiges elektromagnetisches Feld, das für Manifestationen genutzt werden kann, indem man positive, emotionale Bilder verstärkt und fokussiert.

Ein persönliches Beispiel dazu: Ich habe durch Visualisierung und emotionale Konzentration innerhalb weniger Minuten die Werte meiner Herzfrequenzvariabilität deutlich verbessert. Dies zeigt, wie kraftvoll solche Praktiken auf körperlicher und emotionaler Ebene wirken können.

UND TÄGLICH GRÜSST DAS MURMELTIER...

„Das Geheimnis von Veränderung besteht darin, alle Energien darauf zu konzentrieren, Neues aufzubauen, statt Altes zu bekämpfen“ - Sokrates kannte den Unterschied zwischen Glauben und Überzeugung. Er war so überzeugt von der Existenz der Seele, dass er bereit war, für diese Überzeugung zu sterben. Diese Ernsthaftigkeit ist auch in unserer Zeit entscheidend, da der Weg auf Erde 2.0 einen tiefen Entschluss erfordert – ohne Plan B oder Kompromisse. Der bevorstehende Übergang erfordert Klarheit, Hingabe und die bewusste Entscheidung, frei zu leben, anstatt vom konditionierten Ego geleitet zu werden.

Wie real ist unsere Wirklichkeit? Wem überlassen wir die Gestaltung unserer neuen Welt? Diese Fragen richte ich ganz bewusst an jeden Einzelnen von Euch: Habt Ihr bereits eine klare Entscheidung für diese neue Welt getroffen? Und vor allem, wie ernst ist Euch diese Entscheidung? Denn ob wir die Regisseure unseres eigenen Lebens sind, hängt maßgeblich von der Klarheit und Festigkeit unserer Ziele ab. Die zentrale Frage lautet: Wie erreichen wir diese Entschlossenheit, diese tief verwurzelte Maxime, um unsere Wünsche Wirklichkeit werden zu lassen?

In den folgenden Abschnitten werde ich Euch praktische Werkzeuge an die Hand geben. Es geht darum, über individuelle Übungen—sozusagen als „Hausaufgaben“—nicht nur eine kritische Reflexion anzustoßen, sondern auch konkrete Schritte zur Umsetzung zu erarbeiten. Denn eine Entscheidung, die von Klarheit und Entschlossenheit getragen wird, muss auch mit Konsequenz vollzogen werden.

Ich möchte betonen, dass wir uns Übungen widmen werden. Der Begriff „Übungen“ mag Erinnerungen an alte Schulsysteme wecken, die uns nicht immer Freude bereiten, aber hier liegt der Schlüssel. Nehmen wir als Beispiel das Erlernen eines Musikinstruments. Auch wenn der Wunsch da ist, z. B. Klavier zu spielen, so werden die ersten Versuche nicht gleich zu einem Meisterwerk führen. Ohne wiederholte Übung bleibt es bei unzusammenhängenden Tönen. Wiederholung ist also von größter Bedeutung.

Manche von Euch mögen einwenden: „Ja, Dieter, wir folgen Dir schon lange und hören Deine Botschaften. Doch was Du sagst, ist nichts Neues." Genau das ist der Punkt. Wenn wir ständig nach Neuem suchen, verlieren wir die Tiefe. Wahrheit bleibt unverändert—heute wie morgen. Gerade deshalb betone ich die Wiederholung als essenziellen Teil des Prozesses. Ich werde zentrale Konzepte erneut ansprechen, vielleicht aus neuen Perspektiven, um den Ernst der Lage klarer zu verdeutlichen.

Insbesondere für jene unter Euch, die, wie ich, über viele Jahrzehnte zurückblicken können, wird eine bemerkenswerte Wiederholung im Weltgeschehen spürbar. Das Phänomen ähnelt der immer wiederkehrenden Schleife, wie es der Film „Und täglich grüßt das Murmeltier" veranschaulicht. Ereignisse scheinen sich auf subtile Weise, wenn auch leicht modifiziert, ständig zu wiederholen. Es ist, als ob die Schallplatte des Lebens immer wieder denselben Abschnitt spielt. Phil Connors, der Hauptcharakter, durchlebt denselben Tag immer wieder. Anfangs irritiert, nutzt er später die Gelegenheit, um sich zu entfalten und zu wachsen, da es keinen „nächsten Tag" gibt. Er durchläuft denselben Tag, bis er die Lektionen dieses Tages vollkommen verinnerlicht hat.

Alles deutet darauf hin, dass wir kollektiv noch nicht weit genug fortgeschritten sind. Ich bin überzeugt, dass dies eng mit unserem Seelenplan verknüpft ist. Viele von uns haben die Ernsthaftigkeit der Entscheidung noch nicht vollständig erkannt.

Analog dazu wiederholt sich auch für uns das Leben. Das liegt daran, dass viele von uns sich noch nicht final für den nächsten evolutionären

Schritt entschieden haben. Einige haben jedoch diesen Sprung bereits vollzogen, während andere weiterhin zögern. Diese Weckrufe, die uns als unangenehme äußere Ereignisse erscheinen, dienen dazu, uns wachzurütteln und uns daran zu erinnern, wer wir wirklich sind.

An dieser Stelle möchte ich den aktuellen Stand der Neurowissenschaften in Bezug auf den freien Willen beleuchten. Dr. Wolf Singer, ein renommierter Neurowissenschaftler aus Frankfurt, hat eine herausfordernde Perspektive auf den freien Willen entwickelt. Er argumentiert, dass unser Verhalten in hohem Maße durch unbewusste neuronale Prozesse bestimmt wird und dass viele unserer Entscheidungen nicht auf einem bewussten, willentlichen Handeln beruhen. Laut Singer sind unsere Gehirnaktivitäten durch vorhergehende Erfahrungen und biologische Mechanismen geprägt, und der freie Wille sei eine Illusion, ebenso wie die Vorstellung einer objektiven Realität. Unser Gehirn wählt nur einen kleinen Teil des verfügbaren Spektrums der Wahrnehmung aus und konstruiert daraus eine subjektive Realität. Laut Singer sind viele unserer kognitiven Prozesse unbewusst und basieren auf kreativen Interpretationen, die wir für objektive Wahrnehmung halten. Wir definieren selbst die Objekte und ihre Beziehungen zueinander, was bedeutet, dass unsere Wahrnehmung der Welt konstruiert ist, nicht absolut objektiv.

Es ist klar geworden, dass wir, wenn wir uns intensiv mit unserer Realität auseinandersetzen – mit dem, was wir als unsere Wirklichkeit wahrnehmen – erkennen, dass es jenseits der Matrix, die uns fremdbestimmt und durch externe Einflüsse gestaltet ist, eine tiefere Wahrheit gibt. Unsere Wahrnehmung ist noch nicht vollständig erwacht. Der Prozess des Erwachens ist nicht nur ein individueller Schritt, sondern ein evolutionärer Sprung, der den Übergang von Erde 1.0, der Welt, wie wir sie kennen, zu Erde 2.0 darstellt. In dieser neuen Welt haben wir das Spiel der Illusion durchschaut und erkennen unser wahres Wesen.

Dieser Shift, dieser Bewusstseinswandel, ist nicht einfach eine intellektuelle Entscheidung, sondern erfordert eine tiefere, unverrückbare Überzeugung. Der Unterschied zwischen Glauben und echter Verinnerlichung ist entscheidend. Eine Verinnerlichung bedeutet, dass kein Zweifel mehr besteht. Es ist vergleichbar mit der Gewissheit, ein Badezimmer in einem Hotel zu finden: Zu wissen, dass es existiert, weil wir es erlebt haben, ist anders als es nur zu vermuten. Sobald wir diesen Zustand der Überzeugung erreicht haben, lösen wir uns aus den Strukturen der Matrix und betreten die neue Realität, in der die Erfahrungen von Leid, wie wir sie kennen, nicht mehr existieren.

Dieser Übergang erfordert ein tiefes Verständnis der fundamentalen Prinzipien, auf denen unser Sein beruht. Es ist nicht nur eine philosophische Aussage, dass „der Geist das Fundament unseres Seins ist"; es ist eine essenzielle Wahrheit. Sobald wir diese Überzeugung in uns verankern, erreichen wir die Klarheit und Festigkeit, die für diesen evolutionären Schritt notwendig sind. Wie ein Märchen klingt diese neue Welt vielleicht, aber die Aufgabe besteht darin, diese Vision zu verinnerlichen und nicht als bloße Fiktion abzutun.

Eine Verinnerlichung entspricht einer Überzeugung ohne einen geringsten Zweifel.

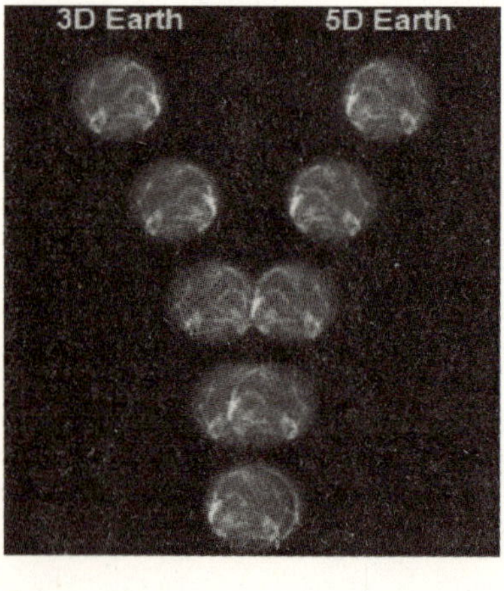

Das Maß deiner Entscheidung bestimmt deine Zukunft, die Spaltung der Timeline beginnt mit Deiner finalen Entscheidung.

Abb: Die Abbildung, die eine Art kosmischen Übergangsprozess zeigt, sehen wir die Erde in ihrem jetzigen Zustand, wie wir sie kennen. Die Erde durchläuft, ähnlich wie bei einer Zellteilung

(Mitose), eine Phase der Aufspaltung. An einem bestimmten Punkt zeigt das Bild zwei getrennte Erden, was den Zustand des Shifts oder des „Timesplittings“ symbolisiert: Die Erde 1.0 bleibt in der alten Realität, während die Erde 2.0 die neue Welt darstellt. Wo wir letztlich landen, wird maßgeblich durch unsere Entscheidungen bestimmt. Dieses Bild verdeutlicht den individuellen Einfluss auf unsere zukünftige Realität.

Erwin Schrödinger, österreichischer Nobelpreisträger und einer der Begründer der Quantenmechanik, vertrat die Auffassung, dass Materie nicht aus festen, dauerhaften Substanzen besteht, sondern eher durch Wahrscheinlichkeiten und Wellenfunktionen beschrieben wird. In der Quantenmechanik, wie Schrödinger sie prägte, erscheint Materie so, als ob sie kontinuierlich und substantiell wäre, dies ist jedoch eine Illusion. Tatsächlich basiert ihre Existenz auf einer komplexen Wechselwirkung von Wahrscheinlichkeitswellen. In einem Tondokument fasst er zusammen: „Materie ist kondensierter Geist. Sie verhält sich so, als ob sie substantielle Dauerwesen wären.

John Archibald Wheeler, ein führender Physiker des 20. Jahrhunderts, prägte das Konzept des „Teilnehmer-Universums“ und entwickelte eine bekannte Darstellung, die oft als „U“ symbolisiert wird. Diese Grafik beschreibt das Universum als ein Selbst-erschaffenes System, in dem das Bewusstsein eine zentrale Rolle spielt. In dieser Darstellung interagiert der Beobachter mit dem Universum und beeinflusst durch das Beobachten die Realität selbst. Das „U“ stellt den Prozess dar, bei dem das Universum durch die Beobachtungen der Teilnehmer, also durch Bewusstsein, beeinflusst und geformt wird.[4]

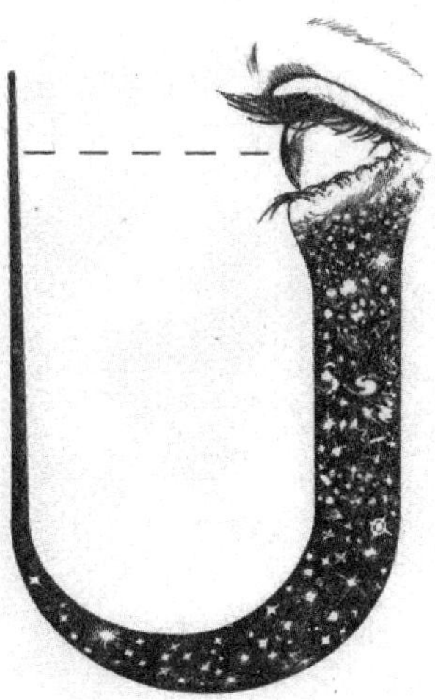

REALIITÄTSBILDUNG ENTSTEHT DURCH UNSERE BEOBACHTUNGEN, WAHRNEHMUNGEN, GEDANKEN UND INNEREN BILDER.

Die Realität, die wir erleben, wird also maßgeblich von unseren Gedanken, Wahrnehmungen und inneren Bildern geprägt. Unser Zustand des Bewusstseins bestimmt die Dichte und Stabilität dieser Realität. Im Kontext des Erwachens geht es darum, alte Muster und Überzeugungen aufzulösen, die uns in den immer gleichen, sich wiederholenden Mustern gefangen halten. Solange wir diese nicht erkennen und durchbrechen, bleiben wir in einem Loop gefangen. Die Stabilität unserer zukünftigen Realität, wie beispielsweise in der neuen Welt „Erde 2.0", wird davon abhängen, wie klar und konsequent wir uns für diese Veränderung entscheiden. Es geht nicht nur darum, dass wir erkennen, dass wir Schöpfer unserer eigenen Realität sind, sondern auch, diese bewusst zu formen. Der Unterschied zwischen Realitätsdichte und -stabilität wird durch unsere Klarheit, Überzeugung und Ausrichtung entschieden. Dies bedeutet, dass wir nicht nur verstandesmäßig, sondern vor allem aus dem Herzen heraus handeln müssen, um eine neue Realität zu manifestieren.

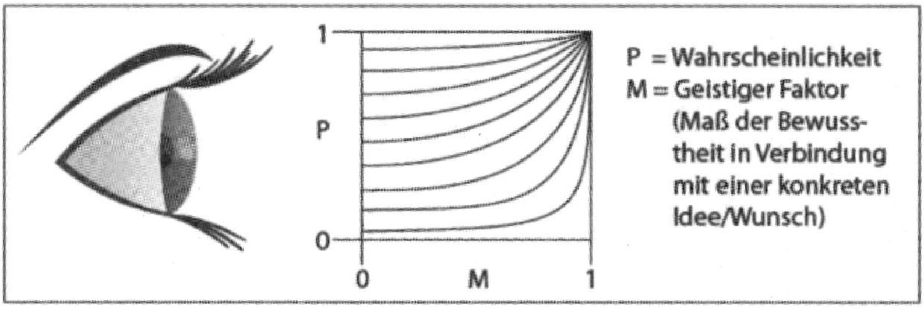

Die Auswirkungen des Geistes auf die Wahrscheinlichkeit und einer damit verbundenen Manifestation – Wie die Stärke des Willens die Realität verändert

Die Grafik verdeutlicht den sogenannten geistigen Faktor, der darüber entscheidet, wie stark unser Wille ist, etwas zu erreichen. Dieser Faktor zeigt, dass es einen Unterschied gibt zwischen einem halbherzigen Vorhaben und einer klaren, entschlossenen Handlung. Ein Experiment, bei dem Probanden mit ihrer geistigen Ausrichtung die Verteilung von Sandkörnern beeinflussen sollten, zeigte signifikante Unterschiede: Jene, die ihren Willen fokussierten, konnten die Materie beeinflussen. Dies bestätigt, dass unsere Gedanken Realitäten erschaffen können, wobei Klarheit und Überzeugung entscheidende Rollen spielen. Zweifel hingegen begrenzen unsere Schöpferkraft.

VORSTELLUNG/IMAGINATION

Um ein bewusster Schöpfer unserer Realität zu werden, müssen wir die alten, überflüssigen Muster, die uns in einer Endlosschleife der Routine und des „ewig grüßt das Murmeltier“ festhalten, auflösen. Diese Muster, oft emotional unangenehme Ereignisse, dienen als kosmische Weckrufe, die uns daran erinnern, endlich eine klare Entscheidung zu treffen. Ohne eine endgültige Entscheidung werden diese Weckrufe immer intensiver.

Ein entscheidender Schritt in diesem Prozess ist die Praxis des „atypischen Handelns", bei der wir bewusst alltägliche, automatische Reaktionen durchbrechen. Diese Übung stärkt unsere Fähigkeit, das Bewusstsein in die gewünschte Richtung zu lenken. Gleichzeitig spielt die „Gedankenhygiene" eine essenzielle Rolle. Da unsere Gedanken Realitäten erschaffen, sollten wir auf die Qualität und Ausrichtung unserer inneren Bilder achten.

In meiner eigenen Praxis habe ich festgestellt, dass es enorm hilft, sich regelmäßig von negativen, belastenden Informationen zu distanzieren und die Achtsamkeit auf die eigene innere Welt zu richten – etwa durch erfreuliche Bilder oder herzenserweiternde Musik. Dieses bewusste Umlenken des eigenen Denkens unterstützt uns, unsere Vorstellungskraft auf die neue Welt – die Erde 2.0 – auszurichten und die energetischen Defizite zu heilen.

Burkhard Heim hat darüber hinaus die Theorie aufgestellt, dass wir Menschen evolutionär bereits alles in uns tragen, um diesen Schritt in eine höhere Bewusstseinsstufe zu gehen. Allerdings werden wir immer noch von unseren primitiven Trieben geleitet, was unsere evolutionäre Entwicklung verzögert. Der nächste Schritt erfordert also, dass wir uns über diese Instinkte erheben und bewusste Entscheidungen treffen, um als erwachter Mensch auf Erde 2.0 zu leben.

ERLEBNISVERARBEITUNG UND TRIEBMOTIVATION

Die Verarbeitung von Erlebnissen im psychischen Bereich bezieht sich auf die Art und Weise, wie Menschen Erfahrungen und Erlebnisse innerlich verarbeiten. Dies kann kognitiv, emotional und unbewusst geschehen. **Triebmotivationen** sind hingegen die inneren Antriebe, die das Verhalten steuern Diese Motivationen bilden die Basis aller Lebensprozesse:

1. Selbsterhaltung – die Sicherstellung des eigenen Überlebens.

2. Arterhaltung– der Fortbestand der Spezies durch Fortpflanzung.

3. Kaptative Triebe – der Wunsch, etwas zu besitzen.

4. Selbstentfaltung– das Streben nach persönlichem Wachstum und Entfaltung des wahren Selbst.

Während die ersten drei Motive überlebensnotwendig sind, markiert die Selbstentfaltung den Übergang zu einer neuen Bewusstseinsstufe. Hier beginnt das Streben nach der Entfaltung des Selbst, die nicht mit einer reinen Entfaltung des Egos verwechselt werden darf.

Genau in dieser Phase befinden wir uns aktuell, ein Prozess, den Burkhard Heim und andere Forscher als evolutionäre Entwicklung beschrieben haben. Es ist bemerkenswert, dass trotz dieser angelegten Potenziale der Mensch oft noch triebgesteuert agiert. Diesen Zustand zu durchbrechen und die latenten Fähigkeiten zu aktivieren, ist entscheidend für den nächsten Evolutionsschritt.

Jedoch ist es nicht nur die kosmische Orchestrierung, die diesen Schritt vorantreibt. Mindestens genauso wichtig ist unsere Bereitschaft, uns bewusst und klar zu definieren. Was wollen wir wirklich? Wo liegen unsere Zweifel? Gibt es immer noch die Versuchung, einen „Plan B“ offenzuhalten?

Diese Fragen sind entscheidend, da die Bereitschaft, uns für den evolutionären Sprung zu entscheiden, unsere Zukunft maßgeblich beeinflusst.

DER GEDANKENAPPARAT ALS WERKZEUG DES KÜNSTLICHEN SELBST

Das Denken ist eine grundlegende Fähigkeit des Menschen, um Erkenntnisse zu gewinnen und Urteile zu fällen. Doch oft fehlt den Gedanken die Einsicht über das wahre Selbst, was dazu führt, dass der Verstand weiterhin Kontrolle behält. Solange diese Einsicht fehlt, werden wir von Programmen und Automatismen geleitet.

Wie Sokrates schon vor über zweitausend Jahren feststellte, kennt die Menschheit zwei Bewusstseinszustände: den des Schlafes und den des Tagesbewusstseins. Der dritte Zustand, das Erwachen, führt zum Aufstieg in eine neue, erwachte Welt. Der Verstand ist zwar ein wertvolles Werkzeug, aber die Führung unseres Lebens sollte aus einer tieferen Quelle kommen, der Klarheit des Herzens.

Die Manifestationsgesetze kümmern sich nicht um die Quelle der Gedanken – sie erschaffen Realität aus jedem Bild. Wenn wir jedoch aus der Freude und Liebe heraus handeln, schaffen wir eine Welt, die in Harmonie mit dem Ganzen steht.

In diesem Prozess des Erwachens geht es nicht mehr darum, Gedanken zu bewerten oder zu analysieren. Gedanken sind nützlich, aber sollten nicht die Hauptregie übernehmen. Nur wenn wir diesen Mechanismen entkommen, können wir das volle Potenzial unseres Bewusstseins entfalten.

DIE KINDER UND DIE LIEBSTEN

Liebe Freunde, eine Frage, die mir immer wieder gestellt wird, betrifft das Schicksal unserer Liebsten – Kinder, Haustiere oder nahestehende

Personen – im Kontext des Übergangs zu Erde 2.0. Werden sie auf Erde 1 zurückbleiben, während wir uns in diese neue Realität bewegen? Diese Sorge ist verständlich, doch wahre Liebe, die bedingungslos ist, kennt keine Furcht oder Unsicherheit. In dem Moment, in dem wir diese Sorgen hegen, verstärken wir sie und tragen ungewollt zur Manifestation negativer Szenarien bei.

Wahre Liebe ist der natürliche Zustand unseres Seins und steht jenseits der Kontrolle des Verstandes, der oft mit logischen Argumenten versucht, Liebe zu definieren. Liebe, im spirituellen Sinne, entspringt nicht den Gedankenkonstrukten des Verstandes, sondern der Herzensebene, und genau dort liegt die Antwort auf diese Frage: Solange wir in bedingungsloser Liebe sind, müssen wir uns keine Sorgen machen. Wenn diese Liebe rein ist, wird das, was wir aus tiefstem Herzen lieben, sei es ein Mensch oder ein Tier, automatisch Teil unserer neuen Realität auf Erde 2.0 sein.

Der Verstand kann die Dimensionen dieser spirituellen Liebe nicht vollständig erfassen, weil er an seine begrenzten Denkmodelle gebunden ist. Sorgen und Ängste entstehen aus diesen Modellen und führen zu Blockaden. Doch wenn wir in den Zustand bedingungsloser Liebe eintreten, entfaltet sich die wahre Kraft der Manifestation. Das, was wir aus Liebe erschaffen, manifestiert sich in der neuen Welt. Die Frage, ob unsere Liebsten uns begleiten, erübrigt sich, denn sie sind Teil dieser Liebe und somit auch Teil unseres Übergangs.

Es ist wichtig zu verstehen, dass jeder Mensch seinen eigenen Seelenweg und seine eigenen Erfahrungen hat, die er machen muss. Doch wenn wir uns auf die Energie der Liebe konzentrieren und uns darin üben, bedingungslos zu lieben, tragen wir aktiv zur Gestaltung unserer neuen Realität bei. Alles, was im Herzen getragen wird, wird Teil dieser neuen Welt – und das umfasst auch unsere geliebten Menschen, Tiere oder Gegenstände.

Ich lade Euch ein, darüber nachzudenken und in Euch hineinzuspüren. Ihr werdet feststellen, dass die Antwort bereits in Euch liegt: Bedingungslose Liebe verbindet alles, was wirklich zählt, mit Erde 2.0.

MANIFESTIEREN ... ABER BEWUSST

Gleich zu Beginn dieses Kapitels möchte ich Euch einladen, die folgenden Fragen sorgfältig zu lesen – vielleicht eine nach der anderen – und danach die Augen zu schließen. Atmet dann dreimal tief ein und aus, und versetzt Euch in einen Zustand der Ruhe und Achtsamkeit.

- Worauf wartest Du noch?
- Bist Du immer noch auf der Suche?
- Wonach genau suchst Du?
- Kann es sein, dass Du immer noch im Außen nach Antworten suchst?
- Was genau wäre für Dich eine Erlösung oder ein Aufstieg?
- Was bedeutet Erwachen für Dich?
- Warum bist Du noch nicht wach?
- Hältst Du es für möglich, dass nur Du selbst dieses Erwachen herbeiführen kannst?

Lass Dir Zeit, um in Ruhe über jede dieser Fragen nachzudenken, ohne dabei sofort nach einer Antwort zu greifen.

Fühlt tief in Euch hinein und achtet darauf, was in Euch aufsteigt. Welche Resonanz, welche Antwort kehrt zu Euch zurück? Wie fühlt es sich an? Nur dort, wo die Freude präsent ist, kommen die Antworten von der Ebene des höheren Selbst. In diesem Sinne möchte ich Euch ermutigen, immer wieder Selbstgespräche zu führen – nicht sofort, sondern später und so oft wie möglich. Selbstgespräche, die im wahrsten Sinne des Wortes geführt werden, nämlich als Dialoge mit Eurem eigenen höheren Selbst.

Was geschieht, wenn Du solche Gespräche führst? Keine Selbstgespräche im herkömmlichen Sinne, in denen man einfach vor sich hinredet, sondern vielmehr Gespräche, die in die Tiefe gehen, mit der klaren Ausrichtung, Dich mit Deinem ganz intimen, persönlichen höheren Selbst zu verbinden. Achte darauf, wer mit wem spricht und welche Antworten aus Deinem höheren Selbst kommen. Denn nur Dein höheres Selbst ist mit der Quelle verbunden und hat unmittelbaren Zugang zu ihr.

Denke stets daran: Liebe muss nicht erschaffen werden. Liebe ist der Grundzustand, das Fundament des ewigen Seins. Ebenso wie die Liebe ist auch Dein höheres Selbst immer da. Es sind lediglich Deine inneren Filter, Deine Konzepte, die den Zugang behindern. Deshalb rate ich Euch, diese Übung so oft wie möglich zu wiederholen, insbesondere vor dem Schlafengehen. Führt Selbstgespräche, die Euren tiefsten Herzensanliegen entsprechen. Ich versichere Euch, dass dies eine spürbare Nachwirkung haben wird. Achtet am nächsten Morgen auf Eure Träume und auf den Zustand, in dem Ihr Euch befindet, nachdem Ihr Euch diese Fragen gestellt und die Augen geöffnet habt. Wo steht Ihr jetzt? Wer seid Ihr jetzt? Wie fühlt Ihr Euch jetzt?

In diesem Zusammenhang möchte ich Euch auch einen Ratschlag mitgeben, inspiriert von dem Konzept des sogenannten „Set und Settings“. Es war Timothy Leary, ein Harvard-Professor, der in den 1970er Jahren entdeckte, dass die Vorbereitung entscheidender ist, oder zumindest genauso wichtig wie das eigentliche Ritual. Wenn es beispielsweise um Meditation geht, so ist die Meditation selbst von einer bestimmten Ausrichtung geprägt. Doch wenn man sich vorher im richtigen Sinne vorbereitet – also das Set sozusagen in die richtige Stimmung bringt –, ist die Wirkung ungleich stärker und kraftvoller.

Mit anderen Worten: Unsere geistige Verfassung, unsere Stimmung, unsere Bereitschaft, unsere Haltung, Klarheit und Ausrichtung haben eine viel größere Auswirkung als die eigentliche Übung oder Meditation. Dies sollten wir uns zunutze machen, indem wir uns vor jeder Praxis bewusst darauf einstimmen. Bereitet Euch also auf all diese Übungen und Werkzeuge vor, insbesondere auf die Selbstgespräche mit Eurem höheren Selbst. Es geht dabei nicht darum, lediglich fünf Minuten übrig zu haben und das dann mal schnell zu tun, sondern sich tatsächlich darauf einzustellen und innerlich vorzubereiten.

Interessanterweise haben auch Anwender von technologischen Geräten, die ich seit fast 40 Jahren auf den Markt bringe, mir immer wieder die Frage gestellt, ob die innere Haltung der Person, die das Gerät bedient, Einfluss auf die Heilwirkung hat. Die Antwort ist: Ja, das ist tatsächlich der Fall. Ich habe explizit und wiederholt festgestellt, dass die innere Ausrichtung einen erheblichen Einfluss auf den Heilungsprozess hat. Wenn jemand ein Gerät einfach nur einschaltet, ohne eine bewusste innere Haltung, zeigt das Gerät eine geringere therapeutische Wirkung. Wenn jedoch die Person das Gerät mit einer positiven Grundausrichtung – dem Wunsch, dass der Patient gesund wird – bedient, ist die Wirkung wesentlich stärker.

Es geht hierbei nicht darum, Therapien durchzuführen. Es ist vielmehr entscheidend, dass wir unsere innere Haltung klar ausrichten, bevor wir eine Übung durchführen. Diese Haltung bestimmt auch, wie wir auf die Frage reagieren: Wohin möchte ich wirklich gehen? Warum bin ich noch hier, auf dieser Erde? Warum gibt es noch Leid? Unsere klare Ausrichtung und Wertschätzung für diese Übungen und Rituale sind von zentraler Bedeutung.

Ich möchte Euch auch daran erinnern, wie der Kosmos, unsere Welt, entstanden ist. Diese Frage mag trivial erscheinen, doch das ist sie keineswegs. Wie stellt Ihr Euch vor, wie das Universum, die Welt, der Kosmos entstanden sind? Niemand hat wohl handwerklich an unserer Welt herumgebastelt. Es war der Geist – der Ursprung aller Dinge. Die Trennung, die wir zwischen Innen und Außen vornehmen, ist willkürlich. Wichtig ist, dass wir uns daran erinnern: Es ist immer der Geist, der Welten erschafft – in diesem Fall unser eigener Geist. Vielleicht ist es noch nicht im großen Stil sichtbar, dass wir gerade eine neue Welt erschaffen, aber das liegt nur daran, dass in uns selbst noch nicht die kritische Masse erreicht ist.

Dieser Schaffensprozess wird durch die Schwingungsenergie beeinflusst, die sich über viele Zyklen, vielleicht sogar über viele Inkarnationen, aufgebaut hat. Mit steigender Reife wird es uns immer leichter fallen, auch große Dinge zu manifestieren. Der Unterschied zwischen dem einfachen Wunsch, einen freien Parkplatz zu finden, und der Manifestation einer neuen Welt – der Erde 2.0 – liegt oft in unserem mangelnden Vorstellungsvermögen oder in den Zweifeln, die wir haben. Diese Zweifel begrenzen uns, und deshalb frage ich: Warum sind wir immer noch hier auf der Erde 1.0? Warum haben wir es noch nicht geschafft?

Liebe Freunde, der gleiche Geist, der das Universum erschaffen hat, wirkt weiterhin in uns, wenn auch in abgeschwächter Form, aufgrund unserer inneren Blockaden und Glaubenssätze. Aber viele von uns haben bereits erfahren, dass Manifestation funktioniert – etwa wenn wir uns einen freien Parkplatz wünschen. Stellt Euch nun vor, dass es keine zeitliche Verzögerung mehr gäbe und dass sich etwas in dem Moment manifestiert, in dem wir es visualisieren. Dies setzt jedoch eine gewisse Reife voraus. Denn wenn alle unsere Gedanken sofort Realität würden, wäre das Chaos unausweichlich.

Es ist daher entscheidend, dass wir uns auf die Schwingungserhöhung und die Stabilisierung unserer inneren Ruhe konzentrieren. Nur so können wir den Übergang von Erde 1.0 zu Erde 2.0 vollziehen.

Wenn wir uns daran erinnern, dass es Situationen gab, in denen wir uns einst etwas gewünscht haben – wie wir es alle schon mehrfach erfahren haben – und dieser Wunsch dann erst viel später in Erfüllung ging, möglicherweise so spät, dass wir uns kaum noch daran erinnern konnten, so erleben wir heute, dass sich dieser Prozess grundlegend verändert. Diese zeitliche Verschiebung, die in Bezug auf unsere Wünsche und Manifestationen früher vorhanden war, ist eng mit dem Erwachensprozess verbunden. Dieser Prozess erfordert einen Reifegrad, der es verhindert, dass unerwünschte oder unbedachte Gedanken sich sofort manifestieren und möglicherweise Schaden anrichten. Denn letztlich sind wir selbst verantwortlich für das, was wir in die Welt setzen.

Diese Reifung ist ein wesentlicher Bestandteil des Grundes, warum wir es noch nicht geschafft haben, vollständig zu erwachen oder auf Erde 2.0 zu gelangen. Mit der Erhöhung unserer persönlichen Schwingung wird sich das Verhältnis zwischen Wunsch und Manifestation zunehmend verändern. Dabei unterstützt uns eine kosmische Ordnung, indem sie uns die Substanz bereitstellt, aus der sich unsere Gedanken manifestieren können.

Stellt Euch eine Druckerpatrone vor: Diese Patrone enthält die Tinte, um Worte oder Bilder auf Papier zu bringen. Ohne Inhalt in der Patrone kann das Druckerprogramm, egal wie ausgefeilt, kein Ergebnis hervorbringen. In ähnlicher Weise gibt es eine analoge Struktur in unserem Bewusstsein. Die neutrale Substanz, die unser Geist nutzt, um Gedanken in die Realität zu übertragen, ist vergleichbar mit den elementaren Neutrinos, die uns zunehmend beeinflussen. Diese Elementarteilchen sind das Rohmaterial, um dreidimensionale Strukturen in die Welt zu tragen – ähnlich wie es moderne 3D-Drucker tun.

Es ist von entscheidender Bedeutung, dass dies kosmisch orchestriert wird und im Einklang mit der höheren Ordnung geschieht, damit es nicht zu einem chaotischen Ausbruch unkontrollierter Manifestationen kommt. Wenn unsere Gedanken unzensiert und sofort Realität würden, ohne dass wir eine klare Ausrichtung und Kontrolle über sie haben, würde dies in Chaos enden. Daher ist der Reifeprozess, in dem wir uns befinden, so wichtig, und dieser Prozess hängt direkt mit unserer inneren Klarheit und Ausrichtung zusammen. Es geht nicht darum, was wir nicht wollen, sondern was wir wirklich wollen.

Ein weiterer Aspekt, den es zu betrachten gilt, ist unser soziales Handeln und unsere Verantwortung gegenüber anderen. Burkhard Heim hat einmal gesagt, dass die Handlungen, die wir im Laufe unseres Lebens vollbringen, darüber entscheiden, was nach unserem körperlichen Tod mit uns geschieht. Damit meinte er nicht nur das individuelle Schicksal, sondern auch den Einfluss unseres sozialen Handelns auf das große Ganze. Diese Handlungen beeinflussen, ob wir erneut inkarnieren und unsere Lektionen wiederholen müssen oder ob wir in höhere Dimensionen aufsteigen können.

Es ist essenziell, dass diese Handlungen aus dem Herzen kommen. Soziale Handlungen müssen echt und authentisch sein, nicht nur oberflächlich oder eigennützig. Nur dann sind sie wirklich sozial und tragen zum Wohle aller bei. Platon äußerte sich bereits vor 2.500 Jahren über die Herausforderungen der Demokratie, die daran scheiterte, weil die soziale Ordnung nicht vorhanden war. Egoismus und übertriebene Selbstliebe dominierten, und so versagte das System.

Dieses Scheitern der sozialen Ordnung ist auch eng mit dem Erwachensprozess verbunden. Das, was wir als Ethik und wahre soziale Verantwortung bezeichnen, ist nichts anderes als der natürliche Zustand des Seins. Jedes Lebewesen, sei es eine Pflanze, ein Tier oder der Mensch, besteht aus einzelnen Zellen, die ohne Hierarchie zusammenarbeiten.

Diese Zellen sind alle gleichwertig und nur durch ihre perfekte Zusammenarbeit kann Leben überhaupt existieren. Genau diese Ordnung sollten wir uns als Vorbild nehmen, anstatt ständig zu taktieren und Vorteile zu suchen. Wahre Herzensdienste, getragen von Liebe, sind das, was zählt.

Liebe ist die Bereitschaft, sich zu öffnen, zu erkennen, dass wir alle Teil eines größeren Ganzen sind – einer Welt, in der alles belebt ist, in der Tiere und Pflanzen genauso Teil von uns sind wie unsere Mitmenschen. Wenn wir das wirklich verinnerlichen, wenn wir uns nicht nur intellektuell bewusst sind, dass alles eins ist, sondern uns auch entsprechend verhalten, dann übernehmen wir Verantwortung. Diese Verantwortung ist entscheidend für den Zeitpunkt und die Art und Weise, wie unsere Zeitlinien sich teilen, hin zu Erde 2.0 oder weiter auf Erde 1.0.

Was können wir jetzt tun? Wie können wir unsere Schwingung so weit erhöhen, dass wir eine innere Stabilität und Unerschütterlichkeit erreichen? Diese Fragen sind zentral für unseren Fortschritt. Ihr habt die Antworten bereits in Euch, und durch diese Reflexion aktivieren wir sie nur wieder.

Warum haben wir noch nicht den Übergang zur Erde 2.0 geschafft? Warum befinden wir uns immer noch hier? Es ist an der Zeit, uns daran zu erinnern, wie mächtig unsere Gedanken und unser Bewusstsein wirklich sind. Die Techniken der Transzendentalen Meditation (TM), die seit den 1950er Jahren praktiziert werden, zeigen eindrucksvoll, wie kraftvoll Meditation und geistige Ausrichtung sein können. Die großen Meditationen, die in Mexiko durchgeführt wurden und zu einer drastischen Reduktion der Kriminalität führten, sind ein Beweis dafür, dass kollektive Meditation und gezielte Manifestation tatsächlich Wirkung zeigen.

Die Forschung zur Transzendentalen Meditation hat über Jahrzehnte hinweg bestätigt, dass unser kollektives Bewusstsein eine immense Kraft hat. Der sogenannte „Maharishi-Effekt“ zeigt, dass durch das kollektive meditative Handeln eine Selbstgenügsamkeit und Unbesiegbarkeit entsteht, die negative äußere Einflüsse abwehrt. Diese wissenschaftlichen Erkenntnisse sind beeindruckend und lassen die Frage aufkommen: Warum sind wir noch nicht weiter?

Die Antwort könnte darin liegen, dass die Macht des menschlichen Bewusstseins lange Zeit unterdrückt wurde. Es gibt Berichte darüber, dass wissenschaftliche Erkenntnisse über die Fähigkeiten des Bewusstseins absichtlich zurückgehalten wurden. Dennoch haben wir es geschafft, unser Bewusstsein zu entwickeln, und die Ergebnisse dieser Entwicklung sind offensichtlich.

In kleinen Gruppen, wenn wir uns auf ein gemeinsames Bild einigen und uns im Zustand der Freude darauf konzentrieren, können wir die gewünschte Realität manifestieren. Diese kollektive Meditation und Manifestation ist der größte Dienst, den wir uns selbst und der Welt erweisen können. Denn in dem Moment, in dem wir unsere eigene Schwingung erhöhen, erhöht sich das Schwingungsniveau der gesamten Welt.

Obwohl es immer noch Hindernisse gibt, die unsere Überzeugung herausfordern, zeigt sich deutlich, dass wir mit unseren Bemühungen zunehmend Erfolg haben. Die Schwingungserhöhung vollzieht sich trotz aller Gegenmaßnahmen, und das ist an den konkreten Ergebnissen zu erkennen, wie zum Beispiel an den Schumannfrequenzen, die die Resonanzfrequenz der Erde darstellen und eine fundamentale Bedeutung für unsere Schwingung haben.

Die Grundfrequenz unserer Erde liegt bei 8 Hertz (Hz), einer elektromagnetischen Frequenz, die als Schumann-Resonanz-Frequenz bekannt ist, benannt nach dem Physiker Winfried Otto Schumann, der diese Schwingung entdeckte. Diese Frequenz stellt die natürliche Erdschwingung dar – unsere Erde pulsiert demnach 8-mal pro

Sekunde. Im Einklang mit dieser Frequenz zu schwingen, bedeutet, in Resonanz mit unserem Heimatplaneten zu stehen. Dies äußert sich in Wohlbefinden und Gesundheit. Das Sprichwort „man ist verstimmt“ beschreibt dagegen treffend den Zustand, wenn der Mensch nicht mehr harmonisch mit dieser natürlichen Schwingung verbunden ist.

Die Frequenz von 8 Hz und ihre Vielfachen besitzen nachweislich eine heilende Wirkung auf unseren biologischen Körper. Wir wissen heute, dass insbesondere diese Erdfrequenz eine regulative Wirkung auf unsere Gehirnchemie ausübt. Sie beeinflusst die Zirbeldrüse und den Hippocampus, zwei Bereiche des Gehirns, die entscheidend für unsere Stimmungslagen und unser Bewusstsein sind. Neben elektromagnetischen Wellen spielen auch Schallwellen eine wesentliche Rolle in biologischen Prozessen. Wie elektromagnetische Wellen haben auch sie die Fähigkeit, Resonanzen zu erzeugen und Informationen zu übertragen.

Die Schumann-Resonanz ist für uns von großer Bedeutung, da sie exakt der Frequenz unserer Zirbeldrüse sowie der des Hippocampus entspricht, der eine wesentliche Rolle beim Visualisieren und Manifestieren spielt. Obwohl dies vielleicht keine neue Erkenntnis ist, möchte ich dennoch daran erinnern, dass es über die Zirbeldrüse möglich ist, eine Verbindung zu unserem höheren Selbst herzustellen. Diese wichtige Schumann-Frequenz wird jedoch immer wieder durch künstlich induzierte Signale gestört – und das geschieht heute sehr offen und offensichtlich. Während früher die Art und Weise, wie diese Störungen entstanden, weniger klar erkennbar war, wird heute unverblümt an dieser Frequenz „herumgedreht“, um unser Erwachen zu verhindern.

Doch ich kann Euch versichern, liebe Freunde: Wir haben mittlerweile eine Schwingungsebene erreicht, die es den „Verhinderern“ nicht mehr erlaubt, uns hinabzuziehen. Wenn es überhaupt etwas gibt, das uns zurückhält, dann sind wir es selbst – unsere eigene Verantwortung und unsere Bereitschaft, sich auf dieses Spiel einzulassen. Deshalb ist es jetzt so entscheidend, dass wir uns unserer eigenen Bewusstheit bewusst werden.

Wenn wir nicht beständig in unserer eigenen Mitte ruhen und im Vertrauen auf uns selbst und auf das Göttliche bleiben, sind wir anfällig für Einflüsse von außen, die uns unbemerkt manipulieren. Doch sobald wir in unserer Energie sind und diese bewusst halten – wie ein Lagerfeuer, das beständig genährt wird, idealerweise durch tägliche Übungen – verstärkt sich unsere Schwingung. In diesem Zustand summiert sich die Schwingung jedes Einzelnen zu einer gemeinsamen, stärkeren Energie, die den Prozess des Timesplittings, die Aufspaltung der Zeitlinien, entscheidend vorantreibt.

Ich bin zutiefst überzeugt, dass wir unmittelbar vor diesem entscheidenden Moment stehen. Lasst uns daher innehalten und gemeinsam reflektieren:

- Fühlen wir uns bereit, die Erde 2.0 zu betreten, zu beleben und zu beseelen?
- Oder gibt es noch etwas, das wir klären oder abschließen müssen?

Ich lade Euch ein, Euch diese Fragen in Ruhe zu stellen und die Antworten auf Euch wirken zu lassen. Was muss noch getan werden? Was ist für Dich, ganz persönlich, noch zu vollenden? Öffnet danach langsam wieder die Augen und lasst die Reflexion nachwirken. Seid sicher, dass dieser Prozess nachhaltige Auswirkungen haben wird – etwas, das Euch auch in den kommenden Tagen und Nächten begleiten und weiter nähren wird. Wie ein Lagerfeuer, das beständig Wärme und Licht spendet, sollten wir auch unsere innere Flamme am Brennen halten, bis die endgültige Trennung zwischen Erde 1.0 und Erde 2.0 vollzogen ist.

Um das eben Beschriebene zu verdeutlichen, möchte ich eine persönliche Geschichte erzählen, die zeigt, wie wir durch innere Klarheit und feste Ausrichtung auch das scheinbar Unmögliche möglich machen können. Diese Geschichte liegt etwa 15 Jahre zurück, in einer Zeit, in der es mir gesundheitlich und emotional nicht gut ging. Ich litt unter Depressionen und einem Burnout, zumindest hatten das die Ärzte diagnostiziert. Um mich abzulenken, machte ich eines Tages eine Autofahrt und landete zufällig in einem kleinen Dorf in Österreich, in einer Gegend, die ich vorher nie besucht hatte. Ich stieg aus dem Auto, ging spazieren und stand plötzlich vor einem Haus am Waldrand. Doch nicht das Haus erregte zunächst meine Aufmerksamkeit, sondern der Garten: ein wunderschöner Naturgarten mit einem Seerosenteich und moosbedeckten Felsen. In diesem Moment war all meine Traurigkeit wie weggeblasen. Ich fühlte nur noch Freude.

An der Haustür hing ein Schild mit der Aufschrift „Zu verkaufen" und einem Preis. Obwohl ich keine Absicht hatte, ein Haus zu kaufen, verliebte ich mich sofort in dieses Anwesen und den Garten. Ich ging in den angrenzenden Wald, atmete tief durch und sprach laut mit den Bäumen und dem Wald um mich herum: „Wie schön Ihr seid, wie schön dieser Ort ist!" Voller Freude sprach ich diese Worte aus, ohne Rücksicht darauf, ob mich jemand hören könnte. Ich ging zu einem besonders großen Baum, stellte mich davor und sagte erneut laut, wie sehr ich diesen Ort liebte und wie glücklich ich wäre, wenn ich hier leben könnte.

In diesem Moment, ohne zu wissen, wie es möglich sein sollte, hörte ich mich selbst sagen: „Würdet Ihr mir dabei helfen?" Ich fühlte eine tiefe Gewissheit, dass dies geschehen würde. Ich stellte mir detailliert vor, wie ich Weihnachten in diesem Haus verbringen würde – als wäre es bereits Realität.

Kurz darauf erfuhr ich jedoch, dass das Haus bereits verkauft sei. Dennoch hielt ich fest an meinem inneren Bild: „Es ist unmöglich, dass jemand anderes dieses Haus kauft. Ich werde an Weihnachten darin leben." Und so kam es, dass der Kauf doch noch zustande kam, auf eine Weise, die für mich und die Beteiligten überraschend war. Schließlich, kurz vor Weihnachten, konnte ich tatsächlich in das Haus einziehen – genau wie ich es mir vorgestellt hatte. Es war ein Wunder, das durch meine unerschütterliche innere Haltung möglich wurde.

Liebe Freunde, möge diese Geschichte Euch inspirieren, Euren eigenen Träumen zu vertrauen. Stellt Euch immer wieder vor, wie Ihr bereits in dem Zustand lebt, den Ihr Euch wünscht. Fühlt die Freude und Dankbarkeit, als wäre es schon geschehen – denn das ist der Schlüssel, der das Unmögliche möglich macht.

EVOLUTIONÄRES WACHSTUM AUF SEELENEBENE

Ein Gespräch mit Vera Brandes

Dieter: *Liebe Freunde, stehen wir tatsächlich am Vorabend einer Teilung der Welten, einer Spaltung, die eine neue Erde aus der alten hervorgehen lässt? Diesem Thema möchten wir uns heute intensiv widmen. Ich freue mich besonders, dass Vera Brandes heute bei uns ist und sich ganz bewusst in den Vordergrund stellt, obwohl sie sonst eher im Hintergrund gewirkt hat. Vera, vielleicht magst Du uns kurz erzählen: Als Du zum ersten Mal von Zeitlinien gehört hast, hieltst Du das für etwas völlig Abwegiges oder konntest Du damit direkt etwas anfangen?*

Vera: *Der Begriff der Zeitlinien fiel das erste Mal bei einem Gespräch mit Barnet Bain, als wir in einem Café in Santa Monica saßen. Irgendwie sagte er halb schelmisch lachend: „Ich weiß gar nicht, warum Du Dir Sorgen machst. Auf einer anderen Zeitlinie steht hier schon alles unter Wasser." Das erinnerte mich sofort an eine Zeit, etwa 30 Jahre zuvor, als ich in Los Angeles in Kontakt mit einer Gruppe war, die Landkarten der zukünftigen Welten und Umrisse der Kontinente verschickte. Das war noch vor dem Internetzeitalter, und wir bekamen alle paar Monate einen braunen Umschlag mit neuen Weltkarten. Damals hatte ich das allerdings nicht direkt mit dem Konzept der Zeitlinien in Verbindung gebracht.*

Kurz nach dem Gespräch mit Barnet hatte ich eine außergewöhnliche Begegnung mit einem Wesen, von dem ich bis heute nicht weiß, ob es ein realer physischer Mensch oder eine Art Hologramm war. Es war eine sehr sorgfältig orchestrierte Begegnung, die nicht von mir initiiert wurde. Es schien, als hätten andere beschlossen, mir diese Informationen auf diese Weise mitzuteilen.

In diesem Gespräch erhielt ich viele wertvolle Informationen, darunter die, dass es zu unseren Lebzeiten einen sogenannten Timeline Split geben würde – eine Teilung der Zeitlinien. Man erklärte mir, dass wir noch eine Zeit lang beobachten könnten, was auf der anderen Zeitlinie passiert. Es wäre sogar möglich, für eine Weile zwischen den Zeitlinien zu wechseln. Doch irgendwann würden sie sich so weit voneinander entfernen, dass ein gegenseitiges Wahrnehmen nicht mehr möglich sei – wir würden sie nicht mehr sehen können, und sie uns ebenso wenig.

Lange Zeit wusste ich jedoch nicht, wie ich mir das konkret vorstellen sollte. In meiner kindlichen Naivität dachte ich an eine buchstäbliche Spaltung, vielleicht eine Schlucht, die sich auftut und immer größer wird, bis die andere Seite irgendwann außer Sicht gerät. Natürlich war mir klar, dass es nicht so simpel ist. Aber je mehr man sich mit den Ideen der Quantenphysik und den Konzepten von Multiwelten und holografischen Universen auseinandersetzt, desto deutlicher wird, dass jeder von uns seine eigene Realität erschafft. Die entscheidende Frage bleibt, wie viel Schnittmenge wir mit anderen Realitäten haben und wie diese Schnittmengen beschaffen sind.

Du, Dieter, hast kürzlich in Deinem Archiv Texte entdeckt, die von einer anderen Zivilisation stammen und unglaublich wertvolle Informationen zu diesem Thema enthalten. Erzähl doch einmal, wie Du auf diese Entdeckungen gestoßen bist.

Dieter: *Es war Anfang der 90er Jahre, als Professor Karl Hecht mich nach Moskau mitnahm. Dort traf ich führende Wissenschaftler, unter anderem aus dem renommierten Pawlow-Institut. In einem dieser Gespräche kam das Thema Zeitlinien auf, ein Konzept, das für diese Wissenschaftler offensichtlich ganz normal war – anders als für mich, der ich bis dahin nichts davon gehört hatte. Es war überraschend, denn diese Universitätsprofessoren waren keine Philosophen, sondern Vertreter der Naturwissenschaften, und dennoch sprachen sie ganz selbstverständlich darüber, dass seit den 1960er Jahren bis in die 1990er Jahre bereits mehrere Zeitlinien auf der Erde existierten. Das war damals für mich schwer nachvollziehbar, aber es markierte den Beginn meiner Auseinandersetzung mit diesem Thema.*

Besonders prägend war die Entdeckung, dass es in Moskau eine Arbeitsgruppe gab, die offenbar unter militärischer Überwachung stand und Kontakt zu außerirdischen Wesen hatte, mit denen sie kommunizierte. Das überraschte mich nicht nur, es öffnete mir auch eine neue Perspektive auf das, was tatsächlich hinter den Kulissen ablief. Ich begann nachzuforschen und stieß auf alte Archive und Texte, die ich nun wiederentdeckt und aktualisiert habe.

Rückblickend auf die letzten 30 Jahre, in denen ich mich intensiv mit diesem Thema befasst habe, muss ich sagen, dass das, was mir jetzt vorliegt, das bisher Fantastischste ist. Es beschreibt präzise den gegenwärtigen Zustand und den bevorstehenden „finalen Finalzustand". Wir leben in einer Zeit, in der sich, meiner Überzeugung nach, die Zeitlinien auf natürliche Weise teilen müssen. Diese Teilung lässt sich sogar biologisch erklären. Illia Prigogine erhielt 1977 den Nobelpreis für die Entdeckung, dass in einem Zustand maximaler Unordnung immer eine neue Ordnung entsteht – ein neues System, eine neue Zivilisation. Dieser Prozess wird durch das Chaos katalysiert, und genau das erleben wir heute.

Das Material, das ich gefunden habe, stammt aus den Archiven einer Gruppe, die sich „Nexus Sieben" nannte. Diese Gruppe existierte bereits vor über 30 Jahren und agierte offenbar unter paramilitärischen Bedingungen. Man findet kaum Informationen über sie, da sie sich gut verborgen hielten. Ich stieß auf sie durch ein Forum auf einem portugiesischen Server, wo auf Spanisch über sie diskutiert wurde. Dort habe ich umfangreiches Material gesammelt, das über 30 Jahre Forschung umfasst. Was mich besonders faszinierte, war die Kommunikation dieser Gruppe mit Entitäten aus dem Sternbild Cassiopeia. Diese Wesen beantworteten ihnen Fragen, die kein Sterblicher zu jener Zeit wissen konnte, insbesondere im Hinblick auf die Entwicklungen, die heute von zentraler Bedeutung sind.

Die Aussagen dieser Entitäten, die vor über 30 Jahren gemacht wurden, sind gerade heute von außergewöhnlicher Bedeutung. Sie decken sich erstaunlich genau mit den Themen, die wir in jüngster Zeit diskutiert haben. Es ist, als wären diese Informationen speziell für die heutige Zeit gedacht gewesen. Meiner Überzeugung nach gehören die Aussagen des Cassiopeia-Projekts, wie die „Nexus Sieben" Arbeitsgruppe es bezeichnet hat, zu den tiefgründigsten und bedeutendsten Beiträgen zur Aufklärung in dieser Zeit des Erwachens. Das Material stammt nicht von uns, sondern von dieser Arbeitsgruppe, die es mit großer Sorgfalt und kritischer Prüfung analysiert hat. Sie haben die Informationen umfassend auf ihre Validität untersucht und uns so ein Werk hinterlassen, das von großer Bedeutung für das Verständnis unserer aktuellen Zeit ist.

Nun werden wir uns den Höhepunkten dieses umfangreichen Materials widmen, das mehrere Hundert Seiten umfasst.

„Eine neue Zeitlinie ist eine Wahrscheinlichkeit, die in eine aktivierte physische Existenz mündet."

Dieter: *Ich interpretiere dies als das Ergebnis unserer zielgerichteten Vision. Genau deshalb habe ich immer wieder betont, wie wichtig es ist, sich in die Vorstellung dessen zu begeben, was wir anstreben – und das so oft wie möglich, begleitet von den freudigsten Emotionen, die wir uns vorstellen können. Das spiegelt sich auch hier wider, wenn von einer neuen Zeitlinie gesprochen wird, also von etwas Neuem. Die Erde 2.0, wie wir sie nennen, stellt eine Wahrscheinlichkeit dar, die sich durch unsere Ausrichtung und Konzentration auf das Ziel überhaupt erst in eine manifestierte physische Realität verwandeln kann. Das ist die Grundlage dafür, dass wir uns bewusst ausrichten und fokussieren, wohin unser Weg führen soll.*

Vera: Oder anders: Was wir uns nicht vorstellen können, wird sich nicht ereignen können.

„Die alte Zeitlinie ist eine einst investierte Aktualität, die zur bloßen Wahrscheinlichkeit der Existenz zurückkehrt."

Dieter: *Genau das spiegelt unsere aktuelle Welt wider. Die gegenwärtige Zeitlinie existiert, weil wir sie durch unsere früheren Emotionen und Visionen erschaffen haben. All das, was wir heute als Erde 1.0 bezeichnen, ist das Ergebnis dieser vergangenen Prozesse. Unsere gegenwärtige Realität ist also der Ausdruck dessen, was wir einst gefühlt und uns vorgestellt haben. Doch die Möglichkeit einer Rückkehr, einer Umkehr, wie sie in den kommenden Texten angedeutet wird, ist nun gegeben. Letztlich liegt es an uns, an jedem Einzelnen, ob wir diesen Weg der Rückkehr wählen und welche Zukunft wir für uns gestalten. Die folgenden Texte werden dies noch präziser erläutern.*

Vera: *Oder anders: Alle möglichen Welten schwimmen sozusagen im Ozean der Wahrscheinlichkeiten. Jede hat so eine eigene Welle und wir entscheiden, auf welche Welle wir springen und weiter surfen.*

„Von der bloßen Möglichkeit zur Wahrscheinlichkeit zur Wirklichkeit und wieder zurück zu Möglichkeit."

Dieter: *Das sind also Zyklen im Sinne des Bildes von dem Ozean und der Welle, die wieder im Meer verschwindet.*

„Dies entspricht einer Seelenwanderung von weniger entwickelten Zeitlinien zu höher entwickelten Zeitlinien."

Dieter: Das würde also bedeuten, dass sämtliche Entwicklungsstufen in entsprechenden Zeitlinien oder Parallelwelten bereits existieren. Ich habe oft betont, dass dieses Multiweltenmodell nicht nur eine Möglichkeit ist, sondern mit absoluter Sicherheit unsere Realität umfasst. Wir leben in einer von vielen Welten, die simultan existieren und auch zeitlich kohärent miteinander verbunden sind. Jede Entwicklungsstufe spiegelt sich in einer entsprechenden Zeitlinie oder Parallelwelt wider.

Interessant ist, dass Welten sich offenbar auflösen können, wenn das Bewusstsein, oder vielmehr die Unbewusstheit, in eine Art maximale Abwärtsspirale mündet. Dies lässt sich auch in unserer jetzigen Zeit erkennen, wo sich die Welten spürbar zu teilen beginnen. Es wird immer offensichtlicher, dass es eine Gruppe von Menschen gibt, die an der alten Realität festhalten und sich gegen jegliche Veränderung sträuben, während die andere Gruppe bewusst den Weg des Aufstiegs und der Transformation wählt. Dieser Aufspaltungsprozess spiegelt das Spannungsfeld wider, in dem wir uns derzeit befinden, und verdeutlicht die duale Entwicklung, die unsere Realität gerade durchläuft.

Das würde also bedeuten, dass sämtliche Entwicklungsstufen in entsprechenden Zeitlinien oder Parallelwelten bereits existieren. Ich habe oft betont, dass dieses Multiweltenmodell nicht nur eine Möglichkeit ist, sondern mit absoluter Sicherheit unsere Realität umfasst. Wir leben in einer von vielen Welten, die simultan existieren und auch zeitlich kohärent miteinander verbunden sind. Jede Entwicklungsstufe spiegelt sich in einer entsprechenden Zeitlinie oder Parallelwelt wider.

Interessant ist, dass Welten sich offenbar auflösen können, wenn das Bewusstsein, oder vielmehr die Unbewusstheit, in eine Art maximale Abwärtsspirale mündet. Dies lässt sich auch in unserer jetzigen Zeit erkennen, wo sich die Welten spürbar zu teilen beginnen. Es wird immer offensichtlicher, dass es eine Gruppe von Menschen gibt, die an der alten Realität festhalten und sich gegen jegliche Veränderung sträuben, während die andere Gruppe bewusst den Weg des Aufstiegs und der Transformation wählt. Dieser Aufspaltungsprozess spiegelt das Spannungsfeld *wider, in dem wir uns derzeit befinden, und verdeutlicht die duale Entwicklung, die unsere Realität gerade durchläuft.*

Vera: *Das Bild des Surfers auf einer tosenden Welle ist eine wunderbare Metapher für die Situation, in der wir uns aktuell befinden, insbesondere im Kontext des Aufstiegs und der Entscheidungen, die wir in dieser komplexen Realität treffen müssen. Die Vorstellung eines Ozeans von Wahrscheinlichkeiten, in dem jede Welle eine mögliche Zukunft oder Realität repräsentiert, verdeutlicht sehr gut, dass wir stets die Wahl haben, auf welcher Welle wir surfen möchten – ob wir uns für eine ruhigere, sicherere Option entscheiden oder uns mutig auf die herausfordernden, höher schlagenden Wellen einlassen.*

Der Meistersurfer, der auf der höchsten Welle reitet, ist ein Symbol für jene, die ihre innere Klarheit, Ausrichtung und ihre Kräfte voll unter Kontrolle haben und somit in der Lage sind, ihren Kurs trotz aller äußeren Turbulenzen zu halten. Es geht hier nicht nur um Mut, sondern auch um ein tiefes Verständnis der Beschaffenheit dieser Wellen, dieses „Meers von Wahrscheinlichkeiten." Nur wer die Dynamik dieses Ozeans versteht, kann seine Bewegungen deuten und entsprechend reagieren.

So wird der Begriff „Aufstieg" tatsächlich konkreter: Es ist nicht bloß ein nebulöses, spirituelles Konzept, sondern vielmehr eine bewusste Wahl und Fähigkeit, sich mit den Herausforderungen, die jede Welle – also jede Realität – mit sich bringt, auseinanderzusetzen und zu navigieren. Der

Aufstieg ist letztlich ein bewusster Akt des Verstehens und der Anpassung an die Beschaffenheit dieser Wirklichkeiten. Wer sich dieses Meers bewusst ist, wird lernen, wie man auf der Welle bleibt, sich balanciert, und wie man sich in Relation zu den anderen bewegt – die vielleicht auf anderen Wellen surfen, in verschiedenen Phasen ihrer eigenen Reise.

„Die Zeitlinien (Welten) werden «aufgegeben» oder «abgeschlossen».
Die Wirklichkeit kehrt zurück zur Wahrscheinlichkeit und schließlich wieder zur bloßen Möglichkeit."

„Die Seelenbestandteile wandern zu anderen, nützlicheren, universellen Singularitäten der Existenz und Evolution."

Dieter: *Ganz genau, im Kern geht es tatsächlich um die Entwicklung unserer Seelen. Und das ist es, was diesem ganzen Prozess seine Tiefe und Bedeutung verleiht. Es wundert uns nicht, denn wir spüren intuitiv, dass unsere Existenz nicht bloß auf die physische Welt begrenzt ist. Wir sind beseelte Wesen, die auf einer Reise der Bewusstwerdung und des Wachstums sind.*

Vera: *Genau, im Kern dreht sich alles um die Frage, wie weit wir als Seelen entwickelt sind. Es geht darum, die Möglichkeiten und Chancen, die uns das Leben auf diesem Planeten bietet, zu erkennen und aktiv zu nutzen. Unsere Existenz hier ist kein Zufall, sondern bietet uns den Raum und die Gelegenheiten, uns als Seelen weiterzuentwickeln, denn es geht letztlich darum, sich auf diese innere Reise der Reifung einzulassen. Es ist nicht das Äußere, das uns bestimmt, sondern wie wir uns innerlich entwickeln, wie wir uns Herausforderungen stellen, wie wir lernen, wie wir mit anderen in Verbindung treten und welche Erkenntnisse wir über uns selbst gewinnen.*

Je mehr wir in der Lage sind, diese inneren Chancen zu nutzen, desto weiter können wir auf unserem Weg kommen. Es ist ein Prozess des

Erwachens und des Wachstums, der uns schrittweise zu höheren Ebenen des Bewusstseins und der Existenz führt. Je bewusster wir diesen Weg gehen, desto mehr öffnet sich uns das Potenzial, das in uns als Seelen schlummert.

„Dies ist der Sinn der Dinge auf lange Sicht."

„Alle einmal erschaffenen Realitäten existieren in ihrer eigenen Zeit, ihrem eigenen Raum und ihrer eigenen Phase mit all den ihnen innewohnenden Energien, aber in evolutionärer Zeit."

Dieter: *Für mich ist das leicht nachvollziehbar, da ich mich über lange Zeit intensiv mit Burkhard Heims Multiweltenmodell beschäftigt habe. Dadurch wird sehr klar und logisch ersichtlich, dass alles, was jemals gedacht, gefühlt oder wahrgenommen wurde, in höheren Dimensionen dauerhaft bewahrt wird – in jenen Dimensionen, die außerhalb von Raum und Zeit existieren. Das bedeutet, dass nichts jemals verloren geht. Die entscheidende Frage ist jedoch, welche dieser Informationen von Bedeutung sind. Aus der schieren Menge an Informationen kristallisiert sich irgendwann Qualität heraus. Die gesamte Entwicklung der Seele lässt sich somit auch anhand der reinen algebraischen Mathematik, wie sie Burkhard Heim über Jahrzehnte hinweg hergeleitet hat, nachvollziehen. Diese Überlegungen scheinen sich hervorragend mit den Inhalten dieser Durchsage zu decken, die er über 50 Jahre lang untersucht und formuliert hat.*

„In einer evolutionären Zeit erzeugen und entwickeln Realitäten, die erfolgreich sind, mehr Energie als solche, die aufgegeben werden."

Dieter: *Dieter: Nun ja, erfolgreich im Sinne einer fortgeschrittenen Evolution, einer stetigen Erweiterung des Bewusstseins. Letztlich dreht sich alles um Bewusstseinserweiterung, um das Erreichen höherer Schwingungsebenen, die sich aus den Erfahrungen speisen – insbesondere aus Erfahrungen, die in Liebe gesammelt werden. Oder auch durch das, was man soziale Ordnung nennt, durch Handlungen, die auf das Gemeinwohl ausgerichtet sind. Diese Aspekte formen die Energie und bestimmen, in welchem Zustand sie sich befindet.*

Heim sagte, das zu Lebzeiten erbrachte soziale Handeln entscheidet darüber, was nach dem Zerfall des Körpers, den er bewusst nicht als „Tod" bezeichnet, mit dem Wesenskern, der Seele, geschieht. Er erklärt, dass es einen Schwellenwert sozialer Handlungen gibt. Ist dieser erreicht, bestimmt dies, ob wir erneut inkarnieren müssen oder ob wir aus dem Kreislauf der Wiedergeburten herauskommen. Im besten Fall steigen wir in höhere Dimensionen auf, sodass wir zukünftig frei entscheiden können, ob und wann wir inkarnieren und unter welchen Bedingungen.

Vera: *Genau, dieser Gedanke ist ein zentrales Element. Er zeigt, wovon unsere persönliche Wahlfreiheit letztlich abhängt. Als ich das Konzept „Service to Self" und „Service to Others" zum ersten Mal hörte, war mir sofort klar, wie fundamental es ist. In meiner Welt konnte ich diese beiden Haltungen klar im Verhalten der Menschen um mich herum erkennen. Es leuchtete mir sofort ein, dass diejenigen, die sich im Dienst an anderen stellten, letztlich weiterkamen und* mehr *Freiheiten erlangten. Das klingt zunächst paradox, und es brauchte Erklärungen, um zu verstehen, warum das so ist. Man merkt jedoch schnell: Wer sich vorrangig darauf konzentriert, wie er anderen helfen kann, bewegt sich in einer höher schwingenden Daseinsform. Diese Haltung ist ansteckend, und man bekommt meist viel mehr zurück, als man zunächst erwartet hätte.*

Dieter: *Es ist allerdings oft eine Gratwanderung. Ich habe auch erlebt, dass der Wunsch, jemandem zu helfen, manchmal dessen eigene Entwicklung oder Seelenplan behindert hat.*

Vera: *Genau, das darf nicht aus einer missionarischen Absicht geschehen. Sobald man den Drang hat, jemanden zu belehren oder zu retten, schlägt das ins Gegenteil um. Hier zeigt sich, wie komplex und vielschichtig das Leben auf diesem Planeten ist. Es erfordert eine enorme Differenziertheit, um in jeder Situation richtig zu entscheiden, wie man sich verhält und wo man helfen sollte.*

Dieter: *Es geht dabei nicht nur um Wissen an sich, sondern um qualitatives Wissen. Die Menge des Wissens ist zweitrangig – entscheidend ist, wie man es nutzt. Das ultimative Ziel des Wissens ist das Erkennen, dass wir göttliche Wesen sind. Sobald man das akzeptiert und verinnerlicht, klären sich viele Fragen. Man strahlt eine Schwingung aus, die bereits so hoch ist, dass jede Handlung, die man ausführt, automatisch im Einklang mit dem großen Ganzen steht. Diese Schwingung beeinflusst auch andere positiv, die sich auf ähnlichen Resonanzebenen befinden. Unsere persönliche Ausstrahlung übt bereits einen großen Einfluss auf die Welt aus. Mein Vater sagte mir einst: „Die Mönche in den Bergen sind nicht in den Bergen versteckt oder isoliert – sie kümmern sich um die Energien der Menschheit, bauen starke Energiefelder auf, die auf uns alle wirken."*

Vera: *Ja, das ist ein schöner Gedanke. Es gibt jedoch einen Unterschied zwischen dem Bewusstsein, dass man ein göttliches Wesen ist, und dem Irrtum, sich selbst für Gott zu halten. Wenn man erkennt, dass es eine höhere Kraft gibt, die über uns wacht, wird man demütig. Man begreift, dass man Teil eines größeren Ganzen ist. Es geht nicht nur um die eigene Entwicklung, sondern um die Evolution des gesamten Systems. Der Schlüssel liegt darin, stets das richtige Maß zu finden: Wie viel von mir ist jetzt gefragt, um das große Ganze voranzubringen?*

„Die Wahrnehmung des Lebens innerhalb einer Zeitlinie hängt davon ab, von welchen Zeitlinien aus man schaut.

In dem Maße, in dem Individuen die globale Zeitlinie (Erde 1) durch ihre Willenskraft beeinflussen, kann diese Zeitlinie sie

entweder auf eine alternative Erde versetzen, die bereits mit ihnen (!) darin existiert oder eine völlig neue Zeitlinie erzeugen.“

Dieter: *Das bedeutet also, dass es auch Rückentwicklungen geben kann. Das überrascht uns im Grunde nicht. Es ist vorstellbar, dass man auf eine andere Zeitlinie zurückkehrt, die parallel existiert, wie ich bereits erwähnte, oder dass man in eine andere Welt eintaucht, die sich bereits früher abgespalten hat. Diese Aufspaltungen der Welten geschehen permanent, vermutlich sogar weitaus häufiger, als wir uns das vorstellen können. Doch die Besonderheit unserer gegenwärtigen Zeit liegt darin, dass dieser Prozess in einem weitaus größeren Maßstab stattfindet – es betrifft die gesamte Welt, und dieses Mal sind alle aktiv daran beteiligt, viel mehr als jemals zuvor.*

„Man braucht nur genügend willensstarke Teilnehmer, um ein separates Makro-Quanten-Raum-Zeit-Universum oder eine Singularität (Ein Schwarzes Loch entspricht einer Singularität als ein Dimensionstor) zu erzeugen.“

(Entsprechend: «entweder auf eine alternative Erde, die bereits mit Ihnen (!) darin existiert oder einer völlig neuen Zeitlinie.)

Dieter: *Das bedeutet, und das sehe ich ganz deutlich, dass wir uns entweder durch die bewusste Stärkung unseres Willens entwickeln – darauf weise ich immer wieder hin: Wir müssen uns entscheiden, wofür auch immer. Aber im Kern meiner Botschaft steht die Frage: Wollt Ihr den Schritt auf Erde 2.0 machen, in diese neue Welt eintreten? Wenn ja, dann visualisiert Euch das.*

Du hast vorhin treffend gesagt: Nichts kann manifestiert werden, was wir uns nicht vorstellen können. Also lasst uns das aus der Theorie holen und in die Praxis umsetzen, indem wir visualisieren und uns in der Freude daran üben, dieses Bild zu erschaffen. Wenn wir das nicht tun, dann bewegen wir uns zurück auf bereits bestehende Zeitlinien. Diese existieren ohnehin alle, aber es handelt sich dabei um alternative Zeitlinien. Wir befinden uns jetzt in der einzigartigen Situation, eine völlig neue Zeitlinie, eine völlig neue Erde zu erschaffen – und wir sind die Schöpfer dieser neuen Realität. Sie wird uns nicht einfach präsentiert, nach dem Motto: „Hier, fühlt Euch wohl, liebe Kinder." Nein, wir erschaffen sie selbst. Genau das geschieht jetzt, und diese Entscheidung trifft jeder Einzelne von uns.

«Wenn viele individuelle Willensakteure gemeinsam eine symmetrische evolutionäre Absicht haben, dann assoziieren sie sich morphisch oder schließen sich zusammen, um die Folgen gemeinsam zu erschaffen.»

Dieter: *Mit anderen Worten: Wenn viele Menschen gleichzeitig gemeinsame Visionen verfolgen, insbesondere im Hinblick auf Erde 2.0 – wie stelle ich sie mir genau vor, mit welchen Bildern und konkreten Gefühlen verknüpfe ich diese Visionen? Dann wird das Ganze natürlich umso schneller möglich, wenn es von vielen gemeinsam getragen wird. Ich habe bereits erwähnt, dass wir uns in einer einmaligen Situation befinden, in der wir die gesamte Welt einbeziehen. Es geht nicht nur um persönliche Angelegenheiten, sondern auch darum, dass wir diejenigen mitnehmen können, die noch nicht so hoch schwingen.*

Vera: *Ja, und ich glaube auch, dass es Menschen gibt, die, wenn sich Zeitlinien trennen, obwohl sie sich bereits auf einer positiven Zeitlinie befinden, bewusst auf die andere zurückkehren, um dort zu helfen, damit vielleicht noch mehr Menschen beim nächsten Timeline-Split die Möglichkeit haben, in eine positive Richtung zu gehen.*

Dieter: *Das ist sicherlich eine Option. Aber ich denke, dass diejenigen, die sich jetzt bewusst gegen die neue Welt entscheiden, die sich lieber an die bestehende Realität klammern, das im Rahmen ihres freien Willens tun.*

Sie wählen, auf dieser alten Welt zu bleiben, auch wenn das eine Realität sein wird, in der wir, die uns anders entschieden haben, nicht mehr leben möchten. Dennoch bleibt es eine Frage des freien Willens.

Vera: *Ja, aber nicht nur des freien Willens. Ich setze den freien Willen immer in Relation zu dem, was der Mensch zu dem Zeitpunkt weiß, an dem er eine Entscheidung trifft. Welche Informationen hat er erhalten, welchen hat er geglaubt, welche hat er als seine Maxime akzeptiert? Gerade in den letzten Jahren haben wir gesehen, wie stark der Einfluss sein kann, dem man ausgesetzt ist. Man hält plötzlich Dinge für wahr oder richtig, die sich schon im nächsten Moment als vollkommen falsch oder aus der Luft gegriffen herausstellen. Doch sie wurden mit solchem Nachdruck vermittelt, dass man ihnen Glauben schenkte.*

Diese Dynamik zeigt, wie veränderlich alles ist. Erinnerst Du Dich an den Satz aus den Texten von Vladimir De Lavre und Professor Senkowski: „Die Wirklichkeit ist wie ein Rudel Forellen"? Die Faktoren, die bestimmen, was wirklich ist, sind ständig in Bewegung. Da kann es leicht passieren, dass man eine falsche Entscheidung trifft. Die Frage ist dann: Bekommt man eine zweite Chance? Und wer hilft einem möglicherweise dabei, den richtigen Weg zu finden?

Dieter: *In erster Linie ging es hier darum, dass es leichter wird, wenn viele sich in kleineren Gruppen zusammenschließen. Das ist ein Aspekt, den wir auch in unseren Entscheidungshilfen im Buch thematisieren werden. Es ist wichtig, dass man nicht unbedingt an die große Öffentlichkeit geht, weil immer die Gefahr besteht, dass man von äußeren Einflüssen beeinträchtigt wird.*

„Somit verwandelt sich eine zukünftige Unmöglichkeit in eine Möglichkeit und wird zu einer feinen physischen Realität."

„Die Gegenwartswirklichkeit auf der zeitlichen Landkarte der Metageschichte, die Zeit des frühen 21. Jahrhunderts auf der

Erde, ist Gegenstand eines multidimensionalen zeitlichen „Energietsunami“. Alle in der Gegenwart ausgelösten Ereignisse und Erfahrungen erzeugen aktive Wahrscheinlichkeiten für zukünftige Ergebnisfolgen, doch alle Ergebnisse sind individuelle Wahrscheinlichkeiten einzelner Seelen. Der Evolutionsprozess beinhaltet jedoch, dass jede Seele am Ganzen teilnimmt.“

Dieter: *Der Begriff „Energietsunami“ beschreibt sehr treffend die Situation, in der wir uns momentan befinden oder, um es noch präziser zu sagen, bereits mittendrin stecken. Es ist genau diese dynamische Entwicklung, die zeitlich in das frühe 21. Jahrhundert fällt. Nun könnten wir natürlich argumentieren, dass dies noch relativ ist und vielleicht 10 bis 20 Jahre andauern könnte. Aber wir haben ausreichend Informationen, die zeigen, dass dies in engem Zusammenhang mit den Polwanderungen steht, die letztlich zu einem Polsprung führen werden. All diese Ereignisse gehören zu einem größeren Zusammenhang – seien es die Sonnenaktivitäten oder die Strahlen aus dem galaktischen Zentrum, die auf uns einwirken. In diesem Sinne befinden wir uns tatsächlich inmitten eines Tsunamis.*

Das Wort Tsunami ist hier besonders passend, da es eine große Welle beschreibt, und wir erleben gegenwärtig Wellen, die von elektromagnetischer Natur sind. Astrophysiker wissen, dass eine gigantische elektromagnetische Welle aus dem galaktischen Zentrum auf uns zukommt. Robert Sarkis-Karapetians, mit dem wir darüber gesprochen haben, hat das bestätigt. Diese Darstellung zeigt mir eindeutig, dass wir nicht nur auf eine solche Welle zusteuern, sondern dass wir bereits mitten in diesem Prozess sind. Es handelt sich nicht um ein zukünftiges Ereignis, sondern um etwas, das hier und jetzt geschieht.

„Die Zukunft (unsere Zukunft) kann immer noch den schlimmsten Fall beinhalten, aber er wird jetzt nur noch durch menschliche Dummheit hervorgerufen.

Alle zuvor visionär gesehenen Ereignisse (Nostradamus, Irlmaier usw.) können immer noch als eine Folge negativer Handlungen der Menschheit eintreten. Dies wird die bewusste Geosphäre dazu zwingen (also die lebendige Erde 1.0), schadensbegrenzende Maßnahmen zu ergreifen. Dazu würden zählen: Ausgelöste Erdbeben, Vulkanismus, Anstieg des Meeresspiegels, vergiftete Luft und Wasser, tödliches Wetter, Krankheiten und der Verlust eines großen Teils der Menschheit...»

„Ist Euer wichtigster Verbündeter Angst, Liebe oder Apathie? Schmerz, Mitgefühl oder Gleichgültigkeit? Kontrolle, Dienst oder Passivität? Letztlich ist nicht eine Eigenschaft besser als die andere, sondern die Bereitschaft und «kreativ-emotionale Beweglichkeit» im evolutionären Sinne.

Je williger und emotional flexibler der Mensch ist, desto sanfter kann das Realitäts-Feedback-System funktionieren. Je ablehnender und unbeweglicher die Menschen sind, desto härter funktioniert das Realitäts-Feedback-System.“

Vera: *Ich denke, dieser Satz ist ein Schlüssel zur Erkenntnis über die Natur der Wirklichkeit. Es scheint von großer Bedeutung zu sein zu verstehen, dass diejenigen, die unbeweglich an ihren Überzeugungen festhalten, letztlich auch auf die härteste Weise mit der Realität konfrontiert werden – wie man so schön sagt: „Holzköpfe bekommen es mit dem Holzhammer“. Wenn man einmal ehrlich reflektiert, wie oft man in der Vergangenheit im Irrtum war, sollte man die eigenen Überzeugungen vielleicht ein wenig relativieren. Dennoch gibt es Menschen, die sich regelrecht gezwungen fühlen, starre, unumstößliche Ansichten zu vertreten und diese als unverrückbare Maximen zu wählen. Mit solchen Menschen ist ein Dialog kaum möglich. Je starrer unsere Vorstellungen von der Welt sind, desto härter ist der Aufprall, wenn uns die Realität eines Besseren belehrt. Eine sanftere, flexibelere und überlegtere Haltung gegenüber den Dingen erlaubt es uns, viel leichter und harmonischer Korrekturen vorzunehmen.*

Dieter: *Es wird hier ja betont, dass der Mensch umso besser mit den Herausforderungen umgehen kann, je williger und emotional flexibler er ist. Ich habe oft darauf hingewiesen, wie wichtig es ist, unseren Willen gezielt einzusetzen. Es reicht nicht, sich etwas bloß vorzunehmen – zwischen einer bloßen Absicht und einer effektiven, endgültigen Entscheidung liegen Welten. Du hast es gerade selbst angesprochen: Eine Maxime ist etwas Endgültiges. Eine Entscheidung ohne Plan B, das ist das Besondere, und genau das brauchen wir. Emotional flexibel zu sein bedeutet in diesem Kontext, dass wir uns klar und bewusst für eine Richtung entscheiden.*

Vera: *Genau, das ist entscheidend. Wenn hier von emotionaler Flexibilität die Rede ist, dann geht es nicht um emotionale Instabilität, sondern um die Fähigkeit, Dinge differenziert zu betrachten und auf die eigenen emotionalen Reaktionen reflektiert zu reagieren. Und, was noch wichtiger ist, diese Reaktionen auch anzupassen, wenn nötig.*

„Die Realität gibt Ihnen, was Sie als bewusste Seelen brauchen, nicht unbedingt das, was Sie zu wollen glauben. Gefühle und emotionale Verfassung diktieren mehr als alles andere die zukünftige Ausrichtung der irdischen Zeitlinie!“

Dieter: *Was ich immer wieder betone, ist die Notwendigkeit eines ständigen Abgleichs, wenn wir uns im Hier und Jetzt orientieren. Die Panikmache durch die Mainstreammedien liefert uns viele Gründe, in Angst zu verfallen – wenn wir uns darauf einlassen. Aber indem wir diese Angst zulassen und verstärken, nähren wir sie und schaffen uns damit eine emotionale Verfassung, die uns auf eine bestimmte Zeitlinie bringt und diese zusätzlich festigt. Das heißt, wenn wir über Gefühle und Emotionen sprechen, wie es hier beschrieben wird, ist es umso wichtiger, in die Freude zu gehen. Deshalb erinnere ich immer wieder daran, sich so oft wie möglich – besonders vor dem Einschlafen – Dinge zu visualisieren, die uns*

Freude bereiten, um diese Energie in die neue Welt mit einzubringen. Gerade jetzt ist die Chance größer als je zuvor, dass sich das, was wir in Freude visualisieren, tatsächlich manifestiert.

Vera: *An dieser Stelle ist es jedoch wichtig zu betonen, dass dies nicht bedeutet, die anderen Aspekte der Wirklichkeit, mit denen wir noch in Kontakt stehen, zu leugnen oder zu ignorieren. Es ist von großer Bedeutung, sich darüber im Klaren zu sein, wer das Spiel wie spielen möchte, wer daran teilnimmt, um bei jeder einzelnen Entscheidung bewusst sagen zu können: «Nein, das ist nicht mein Weg, das möchte ich nicht, ich will etwas anderes.» Es ist entscheidend, das klar zu formulieren und sich darüber zu freuen, dass man in der Lage ist, eigenständig zu denken und zu entscheiden. Dass man immer wieder Möglichkeiten findet, seine Visionen in die Wirklichkeit umzusetzen. Es ist ein fortlaufender Prozess. Ich sage dazu nur: Auf Wolke sieben lernen wir nichts.*

Dieter: *Genau, es geht um die Umsetzung. Das ist das Entscheidende – jetzt mehr denn je. Es ging immer schon um die Verbindung von Theorie und Praxis – von einem Gedanken oder einer Idee zur Handlung. Aber die entscheidende Frage ist: Mit welcher Ausrichtung und Entschlossenheit setzen wir das um? Das wird gerade jetzt von uns allen gefordert.*

„Die Worte der großen Propheten und Seher sagten alle das Gleiche. Liebe ist die Antwort. Besonders wenn es um Hass geht.

Bei der Steigerung der Liebe ist die einzige Frage das Wie, nicht das Warum.

Die Befähigung, sich selbst in eine optimale Zukunft zu führen, ist eine Funktion des Lernens über die Liebe in jeder Hinsicht.“

Dieter: *Genau das spüren wir, nicht wahr? Dass es um Liebe in all ihren Facetten geht. Wenn wir von sozialer Ordnung sprechen, von sozialen Handlungen, so wie Burkhard Heim sie betont hat, dann ist das im Grunde nichts anderes als Liebe in Aktion. Wenn wir uns allerdings noch fragen müssen: «Handle ich jetzt liebevoll? Verhalte ich mich jetzt sozial?», dann gibt es noch Raum zur Entwicklung. Denn das sollte ganz selbstverständlich aus der tiefen Erkenntnis erwachsen, dass wir göttliche Wesen sind.*

Vera: *Ja, es ist die Liebe zum Leben an sich – die tiefe Einsicht, dass das Leben heilig ist. Die äußere Welt scheint momentan in eine völlig andere Richtung zu driften, aber gerade das zwingt uns dazu, uns sehr klar zu entscheiden, was wir wirklich wollen. Es hilft uns, eine klare Vision davon zu entwickeln, wie die Welt aussehen soll, in der wir leben möchten.*

Dieter: *Und jetzt kommen wir an den Punkt, wo es um das Wesentliche geht. Es geht um die Unterscheidung zwischen echter und scheinbarer Emotion...*

„Scheinemotionen und ein vorgetäuschtes Gewissen werden es den Seelen nicht erlauben, sich in eine zeitliche Zukunftsverbesserung hineinzumogeln."

„Wir können uns nicht selbst täuschen, denn alles basiert auf dem tatsächlichen Seelenwachstum und dem Wachstumsstil, den die Seelen selbst gewählt haben, je nachdem wie sie schwingen."

„Dies ist eine Selbstselektion basierend auf offensichtlichen emotionalen Resonanzfaktoren, nicht auf einer Erklärung des Verstandes."

Dieter: *Anders ausgedrückt, nur die aufrichtigen Absichten, die wirklich aus dem Herzen kommen, haben hier eine Durchschlagskraft und echte Chance. Diese werden angesprochen und zählen, denn sie entstammen nicht rein intellektuellen Konzepten. Was uns hingegen blockiert, ist, wenn wir uns fragen: „Was springt dabei für mich heraus?" oder „Wie kann ich davon profitieren?" Das sind die typischen Gedankengänge, die dem Prinzip des *Service-to-self* angehören, also egozentrische Motive. Doch wenn ich etwas* *aus reiner Herzensfreude tue – sei es eine Handlung, eine Wahrnehmung oder das Verbinden mit einem bestimmten Bild – dann bringt das eine besonders starke Resonanz hervor. Diese hohe Schwingung kann auch andere Menschen positiv beeinflussen. Das sollten wir uns stets bewusst machen. Ein entscheidender Punkt: Wir alle sind Sender von elektromagnetischen Schwingungen.*

Vera: *Genau, mit der Schwingung, die wir in unserem eigenen Energiefeld erzeugen, beeinflussen wir natürlich auch andere. Diese Schwingungen sind ansteckend.*

„Wir erschaffen gemeinsam unsere eigene Realität in Verbindung mit unserer Teilnahme an einer Möglichkeit, Formen, Realität, die von vielen souveränen Seelengemeinschaften erzeugt wird.

Das Universum existiert als eine Matrix kollektiver, kulminierter Willensmanifestationen, die wir physische Realitäten nennen.

Wir alle als individuelle schöpferische Seelen sind in jeder Hinsicht unsere eigenen, souveränen, unabhängigen Universen."

„Jede menschliche Seele ist eine Raumzeit Singularität, die phasengleich mit anderen

Seelen zusammenarbeitet.

Und wir als Kollektiv schöpferischer Seelen erschaffen gemeinsam ein weitgehend kohärentes, sich überschneidendes Universum. Wir nennen dies persönliche und zwischenmenschliche Realität."

Dieter: *Ja, lasst uns tief durchatmen. Ich denke, wir alle spüren die Tiefe und den Wahrheitsgehalt dieser Worte. Vielleicht sei noch eine kleine Erinnerung angebracht: Diese Texte stammen nicht aus Channelings, wie man sie vielleicht kennt, bei denen Medien Botschaften übermitteln. Vielmehr kommen sie durch die Technologie der Transkommunikation, direkt diktiert von den Wesen aus Cassiopeia. Damit wollten sie die potenziellen subjektiven Einflüsse, die ein Medium möglicherweise einbringt, ausschließen und uns so unverfälschte Aussagen liefern. Besonders bemerkenswert ist dabei ihre Aussage, dass sie wir aus unserer Zukunft sind. Sie wissen also bereits, was geschehen wird, und das ist einer der faszinierenden Aspekte ihrer Botschaften.*

„Es ist ein Spiel des Lernens über die Liebe. Denn die Liebe als die Kraft, die sowohl Vielfalt als auch Vereinigung, Veränderung und Kontinuität hervorbringt, ist die treibende Kraft der evolutionären Existenz.

Wir alle sind auf lange Sicht so etwas wie Engel in der Ausbildung, die lernen, unsere individuellen und kreativen gemeinsamen Universen zu lieben und zu nähren.

Unsere Aufgabe ist es, eine spirituelle, evolutionäre Beschleunigung zu erreichen, die ausreicht, um die uralten Probleme der spirituellen, evolutionären Trägheit im Universum zu lösen.“

„Unser Ziel, als Schöpfer Fragmente zusammenzukommen, ist es, uns erfolgreich in Liebe, Fürsorge und Beziehung zu schulen, um mehr von dem zu werden, was wir sind.“

„Wir sind fraktale Fragmente des Schöpfers der Schöpfung, der mit uns, nicht für uns, Schöpfungen schaffen will.

Unsere erste große Aufgabe besteht darin, das bestehende Mutteruniversum, in dem wir uns befinden, mit all seinen Rätseln neu zu erschaffen.

Dieter: *Was für eine Aussage!*

„Im Leben geht es um das Wachstum der Seelen in der Evolution, damit sie zu produktiven Trägern der Liebe werden, zu Trägern einer umfassenden Wertschätzung der Vielfalt, sie zu würdigen, mit all der Schönheit und Liebe, die in die gesamte Schöpfung investiert wurde.“

«Liebe ist keine überschwängliche, undefinierte, mystische Energie. Sie ist eine fokussierende, schöpferische, transformierende Energie mit physischer Konsequenz.“

Dieter: *Ich möchte kurz auf die Bedeutung der transformierenden Kraft der Liebe eingehen, wie sie hier angesprochen wird. Transformation bedeutet in diesem Kontext, dass nur die Liebe in der Lage ist, all das, was noch als Ballast vorhanden ist, zu wandeln, um uns so den Aufstieg in die nächsten Schwingungsebenen zu ermöglichen. Es ist bemerkenswert, wie hier die Liebe in einem ganz neuen Licht dargestellt wird. Diese Kraft der Liebe, die uns befähigt, uns von den alten Lasten zu lösen und uns auf eine höhere Ebene des Seins zu bewegen, hat hier eine besonders zentrale und tiefere Bedeutung.*

„Das Einzige, was im Moment wirklich wichtig ist, ist das innigste Bestreben der Menschheit, das menschliche Herz zu vergrößern. Individuell und kollektiv. Um mehr Liebe zu empfangen und auszustrahlen.

Alle anderen Komplikationen sind eine List und ein Tanz, um diese menschliche Evolution und das Schicksal zu verzögern.“

Dieter: *Ja, das spüren wir. Das ist die andere Seite der Medaille. Genauso, wie es die Möglichkeit des Aufstiegs gibt, existieren auch diejenigen, die ich als „Verhinderer“ bezeichne. Solange wir uns noch in der Dualität befinden, wird sich dieses Spiel hier fortsetzen. Doch wir stehen jetzt tatsächlich an einem Punkt, an dem sich das Ganze auflösen kann. Auch die sogenannte dunkle Seite hat die Möglichkeit, selbst aufzusteigen und zu erkennen, dass sie letztlich auch nur gedient hat, um Erfahrungen zu ermöglichen. Auf einer höheren Schwingungsebene werden wir dann vielleicht begreifen, dass auch sie ein Teil von uns war, der zu diesem Prozess beigetragen hat. Und wenn es soweit ist, werden wir uns auf Augenhöhe bei ihnen bedanken – vielleicht sogar einige Oscars für ihre gut gespielten Rollen verteilen.*

«Die Welt, in der wir leben, spiegelt die Welt in uns selbst wider.

Wir ziehen die Welt zu uns an und wir werden von der Welt angezogen, die am besten zu unserer Bewusstseinsresonanz passt.»

Dieter: *Das sind die klassischen Gesetze der Resonanz. Du ziehst das an, was Du fühlst. Wie man in den Wald hineinruft, so schallt es zurück. Das ist reine Resonanz – und genauso verhält es sich hier. Diese Einschwingprozesse sind auch aus der Physik bekannt. Anfangs schwingt man auf einer Frequenz, die noch nicht ganz der Idealfrequenz entspricht. Doch je mehr ich mich dieser idealen Schwingung annähere, desto einfacher und schneller geht es schließlich. Das nennt man einen Schwingvorgang. Ich denke, der Begriff erklärt es bereits: Je näher wir dem Ziel kommen, desto schneller verläuft der Prozess am Ende.*

„Prophezeiungen und Vorhersagen können nützliche Warnsignale sein, die uns dabei helfen, größere Fallstricke im wahrscheinlichen Verlauf der Zukunft abzuwenden und zu vermeiden.

Einige Prophezeiungen sagen nur etwas zur Jahrtausendwende voraus, da der Zeitverlauf der Weltgeschichte danach nicht mehr vorhersehbar war.“

Dieter: *Das erinnert mich an den sogenannten Bibelcode. Vor etwa 30 Jahren tauchte dieses Thema auf, und ich habe mich damals intensiv damit beschäftigt. Ein israelischer Mathematiker hatte herausgefunden, dass es einen Code gibt, den man in bestimmten Texten, insbesondere der Bibel, finden kann. Dieser Code machte zukünftige Ereignisse sichtbar, und erstaunlicherweise trafen viele dieser Vorhersagen ein. Das Konzept wurde auch von anderen Mathematikern bestätigt. Zwar wurde primär die Bibel verwendet, daher der Name „Bibelcode", doch funktionierte es auch mit anderen Schriften. Es gab sogar Vorhersagen über einen atomaren Anschlag, und an einer Stelle tauchte die Frage auf: „Werdet Ihr es ändern?" Seit diesem Moment scheint der Code nicht mehr zu funktionieren.*

Wir befinden uns nun also in einer Zeit, in der wir aus einer determinierten, vorbestimmten Welt in eine Phase eingetreten sind, in der wir selbst die Verantwortung für unsere Entscheidungen tragen. Obwohl wir noch in einer Art Matrix leben, sind wir nun diejenigen, die bestimmen, wie es weitergeht. Was wir jetzt wollen, sollte aus tiefstem Herzen kommen.

„Alle Seelen werden früher oder später wachsen. Auf die eine oder andere Weise. Letztlich werden es alle schaffen. Also gibt es kein negatives Urteil über diejenigen, die langsamer oder auf Umwegen gehen.

Es gibt keine Freifahrten, trotz all der Liebe und des Mitgefühls in der Welt. Jede Seele muss individuell auf ihre eigene Berufung reagieren.»

Dieter: *Es fühlt sich so wahr an. Also da schwingt eine Menge mit – mehr oder weniger seine eigenen Komplikationen, Hindernisse zurechtzurücken und das auch zu akzeptieren. Also welche Prozesse in mir selber ablaufen, wenn ich darüber jetzt lese, höre, dann muss ich sagen: Ich spüre große JA's. Nicht ein Text war dabei, wo ich sagen würde, das kann so nicht sein. Es ist ein tiefes Ja, vor allen Dingen, wenn ich zunehmend mehr auf meine Herzensimpulse achte.*

Wir beschäftigen uns in dieser Zusammenfassung der Module von Zeit der Entscheidungen sehr intensiv mit diesem Material von den Wesen aus

Cassiopeia. Ich möchte dazu nun auch erklären, warum wir gerade dieses Material gewählt haben und dann nochmal ein bisschen nachlegen. Es ist wichtig, darauf hinzuweisen, dass wir dieses Material, diese unzähligen Informationen, schon lange gesichtet haben und auf uns haben einwirken lassen. Warum wählen wir Material, dass teilweise schon 30 Jahre alt ist? Aus dem einfachen Grund, weil diese Aussagen bewiesenermaßen jetzt zutreffen. Sie sprechen von einer Welle, die aus dem galaktischen Zentrum kommt und uns transformieren wird, verändern wird. Sie sprechen auch von den physikalischen Parametern. Und genau das ist jetzt vor wenigen Tagen vom Astrophysiker und sogar von der NASA teilweise veröffentlicht worden, bestätigt worden, dass das jetzt zutrifft.

Vera: *Man könnte fast den Eindruck haben, als wäre es geführt.*

Dieter: *Ganz genau. Aber das war nicht unser einziges Kriterium, warum wir das Material gewählt haben, denn wir haben es ja lange vorher schon ausgesucht, aber das ist noch mal das Pünktchen obendrauf.*

Vera: *Also wir hatten ja sehr, sehr viele Quellen. Wir haben in den letzten Jahren mit Informationen aus allen Quellen gearbeitet, die wir gefunden hatten, die uns als relevant erschienen. Aber für mich war es so überzeugend, jetzt mit diesen Texten zu arbeiten, weil das die Sachen so präzise auf den Punkt bringt. Und diese exakte Schnittstelle zwischen dem, was wir als physikalische Realität erleben, in der wir uns bewegen, und dem, was wir spirituell und philosophisch an Schlüssen aus dieser Situation ziehen können. Da ist für mich das, was von den Wesen aus Cassiopeia formuliert wurde, in der Dichte gar nicht zu übertreffen. Deswegen hat man aber natürlich dann auch mit jedem Wort, mit jedem Satz, den man da liest, so viel Denkstoff, dass man da eigentlich nicht durchhecheln kann, sondern das erklärt vielleicht auch, warum wir da wirklich so einen Wert drauf legen, dass da wirklich jedes Wort verstanden wird und deswegen uns die Mühe machen, durch dieses Gespräch, was wir darüber führen, das aus unserer Sicht nochmal zu übersetzen, quasi wie wir darauf kommen, dass wir das für so wahnsinnig wichtig halten.*

Dieter: Was wir hier auch selber festgestellt haben, war, dass wir bestimmte Passagen eigentlich *schon fast auswendig kannten. Wir haben darüber diskutiert, wir haben mit Freunden darüber geredet. Und trotz alledem, wenn wir sie jetzt wiederholt noch mal zum Beispiel ausgesucht, selektiert haben, stellen wir fest: Mein Gott, die eigentliche Tragweite ist ja noch viel größer.*

Vera: *Ja, natürlich, mit jedem äußeren Ereignis ändert sich ja auch unsere Perspektive auf das Gesagte. Also ich habe es heute Morgen noch mal gelesen und habe gedacht, das ist ja wirklich insofern für mich ganz persönlich so relevant, weil es nahtlos übergeht in Informationen, die ich aus erster Hand erhalten habe und die so ergänzen und nochmal erklären, dass wir jetzt endlich verstehen können, wenn wir uns das noch mal vor Augen führen, was da eigentlich gesagt wird, was da jetzt eigentlich passiert.*

Dieter: *Gehen wir gleich weiter mit der nächsten Passage. Hier geht das jetzt im Besonderen um die Verschiebung der Zeitlinien, Shift genannt. Informationen, die, wie gesagt, schon vor 30 Jahren gekommen sind, die aber die Gegenwart betreffen.*

«Seit den 60er Jahren hat es auf der Erde bereits eine Reihe bedeutender globaler Trennungen der Zeitlinien gegeben.»

Dieter: *Es fühlt sich so wahr an. Da schwingt eine ganze Menge mit – vor allem die eigenen inneren Prozesse, die eigenen Hindernisse, die wir zurechtrücken und akzeptieren müssen. Wenn ich diese Texte lese oder höre, verspüre ich in mir ein tiefes „Ja". Es gab keinen Moment, keinen Satz, bei dem ich das Gefühl hatte: „Das kann so nicht stimmen." Es ist ein tief empfundenes Ja, besonders wenn ich verstärkt auf meine Herzensimpulse achte.*

In der Zusammenfassung der Module „Zeit der Entscheidungen" arbeiten wir intensiv mit dem Material der Wesen aus Cassiopeia. Ich möchte kurz erläutern, warum wir gerade diese Texte ausgewählt haben und warum wir sie so bedeutsam finden. Es ist wichtig, darauf hinzuweisen, dass wir dieses Material schon lange durchgesehen und auf uns wirken lassen haben. Die Frage stellt sich, warum wir auf Texte zurückgreifen, die teilweise über 30 Jahre alt sind? Der Grund dafür ist einfach: Diese Aussagen treffen jetzt nachweislich zu. Sie sprechen von einer Welle, die aus dem galaktischen Zentrum kommt und uns transformieren wird. Sie erwähnen auch die physikalischen Parameter, und genau das wurde kürzlich von Astrophysikern und teilweise sogar von der NASA bestätigt.

Vera: *Es wirkt beinahe so, als sei es alles geführt.*

Dieter: *Genau das! Aber das war nicht unser einziges Kriterium, warum wir dieses Material ausgewählt haben. Wir hatten es schon lange vorher zur Seite gelegt, aber jetzt fügt sich das wie ein Puzzle zusammen und bringt uns die finale Bestätigung.*

Vera: *Wir haben in den letzten Jahren mit zahlreichen Quellen gearbeitet, die uns als relevant erschienen. Doch diese Texte haben mich besonders überzeugt, weil sie so präzise und auf den Punkt gebracht sind. Sie verbinden die physikalische Realität, in der wir uns bewegen, mit den spirituellen und philosophischen Erkenntnissen, die wir daraus ziehen können. Die Dichte und Klarheit dieser Aussagen ist einfach einzigartig. Und das ist auch der Grund, warum wir uns die Mühe machen, diese Gespräche zu führen und die Texte zu erläutern. Wir wollen sicherstellen, dass jedes Wort wirklich verstanden wird.*

Dieter: *Genau das haben wir auch selbst erlebt. Bestimmte Passagen kannten wir beinahe auswendig, weil wir sie schon oft diskutiert und mit Freunden besprochen haben. Doch jedes Mal, wenn wir sie erneut lesen, merken wir, dass die Tragweite noch größer ist als zuvor.*

Vera: *Absolut. Jede neue äußere Entwicklung verändert auch unsere Perspektive auf das, was gesagt wurde. Ich habe heute Morgen wieder einen dieser Texte gelesen und gedacht: Das ist so relevant, weil es sich nahtlos in das einfügt, was ich aus erster Hand erfahren habe. Es ergänzt und erklärt so viel, dass wir jetzt wirklich verstehen können, was da gerade passiert, wenn wir uns die Worte noch einmal bewusst machen.*

Dieter: *In der nächsten Passage geht es speziell um die Verschiebung der Zeitlinien, auch als „Shift" bezeichnet – Informationen, die vor 30 Jahren kamen, aber die Gegenwart betreffen.*

Das klingt unglaublich. Obwohl wir oft über Multiwelten gesprochen haben und ich in meinen Artikeln und auch in der Einleitung dieses Buches darauf eingegangen bin, wird das Ganze nur dann sinnvoll, wenn wir erkennen, dass unsere Welt, Erde 1.0, wie wir sie kennen, nicht isoliert dasteht. Wir sind von parallellaufenden Welten umgeben, die in Raum und Zeit gleichzeitig existieren. Wenn hier von einer Trennung der Zeitlinien gesprochen wird, sind das Übergänge – und genau vor einem solchen stehen wir jetzt: von Erde 1.0 zu Erde 2.0 im Sinne eines Shifts, einer Schwingungserhöhung. Laut den Cassiopäern hat es solche Trennungen bereits seit den 60er Jahren mehrfach gegeben, für uns meist unbewusst. Rein faktisch bedeutet das, dass viele dieser Dinge bereits geschehen sind und parallel weiterlaufen, während wir hier noch in unserer Realität verweilen.

Vera: *Es ist auch wichtig, an dieser Stelle zu betonen, dass Zeit, so wie wir sie verstehen, eigentlich gar nicht existiert. Wir treffen in jedem Moment unseres Lebens Entscheidungen, die uns von einer Wirklichkeit in die nächste führen. Jede Wahl, die wir treffen, hat das Potenzial, uns in eine neue Realität zu katapultieren. Deshalb ist es so wichtig, dass wir nicht einfach auf alles reagieren, was uns begegnet, sondern innehalten und überlegen: Was ist das jetzt gerade? Welche Rolle spiele ich in diesem großen Spiel? Wie kann ich dazu beitragen, dass sich die Situation für alle positiv entwickelt?*

„Bis heute existieren wir weiterhin in einer Welt, die eine Resonanz besitzt, die sich nicht selbst zerstört hat."

Dieter: *Das bedeutet also, wir befinden uns immer noch auf einer gemeinsamen Zeitlinie, in der wir alle zusammen sind und die Welt, wie wir sie kennen, noch existiert. Andernfalls könnten wir diese Diskussion gar nicht führen. In der Aussage wird erwähnt, dass die Welt eine bestimmte Resonanz hat, eine Schwingung. Es ist wichtig zu verstehen, dass Resonanz nur dann entstehen kann, wenn mindestens zwei Schwingungskörper im Einklang schwingen – andernfalls gibt es keine Resonanz. Resonanz führt, physikalisch betrachtet, zu Stabilität, zu Festigkeit und damit auch zu einer gewissen Stärke. Wenn wir also kollektiv in Resonanz treten, schaffen wir einen größeren, stärkeren Resonanzkörper, der sich ins morphogenetische Feld einkoppelt und dadurch viele andere mitzieht. Auf diese Weise beschleunigen wir den Prozess hin zu dem finalen Punkt, an dem der Phasenübergang von Erde 1.0 zu einer höheren Ebene stattfinden kann. Diesen Zustand der Ausrichtung nennt man auch Kohärenz.*

Vera: *Ich glaube, wir erleben zurzeit tatsächlich beides. Wir sehen, wie sich die Spreu vom Weizen trennt, und zugleich wird der „Weizen" – sprich, diejenigen, die sich klar ausrichten – in seiner Konsistenz und Kohärenz immer stärker. Das Bild, das ich zeichnen möchte, ist, glaube ich, klar: Die Menschen, die sich für bestimmte Überzeugungen entschieden haben, tun dies heute mit einer größeren Entschlossenheit und einer umfassenderen Konsequenz für ihr Leben. Genau das erleben wir gerade – es ist ein Teil des Prozesses der Weltenteilung, den wir alle spüren und der bereits im Gange ist.*

„Das dimensionale Selektieren von Seelenresonanzen in verschiedene Gruppen, die unterschiedliche wachstumsfördernde «Diskontinuitäten» wünschen, besagt, dass jeder, der in unserem eigenen globalen Realitätsbereich existiert, auch irgendwie eine gemeinsame Seele ist."

Vera: *Ich glaube, dass diese Gruppenseelen, von denen in vielen spirituellen Traditionen gesprochen wurde, auch hier eine wesentliche Rolle spielen.*

Wenn wir das Ganze unter dem Aspekt betrachten, dass Zeit in Wahrheit nicht existiert, sondern lediglich unterschiedliche Erfahrungsräume mit temporärem Charakter, dann ergibt es Sinn, dass wir uns entschließen, einen Ausflug in bestimmte Erfahrungsbereiche zu unternehmen – ob klein oder groß – und danach in einen größeren Zusammenhang zurückkehren. Ich denke, dieser größere Zusammenhang ist am Ende die Menschheit selbst. Es ist schwer zu begreifen, dass es zur Erkenntnis einer gemeinsamen Menschheit offenbar notwendig ist, so viele unterschiedliche Entwicklungspfade und Spielfelder zu durchlaufen, die zwangsläufig dazu führen, dass bestimmte Erfahrungen andere ausschließen. Aber letztlich ist dies die Welt, die wir uns ausgesucht haben. Es ist unser Planet, es ist unsere Spezies.

Dieter: *Ein hilfreiches Bild könnte es sein, sich ein Lebewesen und seine Zellen vorzustellen, zusammen mit den verschiedenen Organen, aus denen es besteht. Nur in dieser Vielfalt ist Leben möglich. Es besteht ja nicht aus einer einzigen Zelle oder einem einzelnen Organ. Wenn wir die göttliche Ordnung so erkennen, dass jeder Bestandteil auf gleicher Augenhöhe steht – dass eine Fußnagelzelle genauso wertvoll und notwendig ist wie eine Herzzelle – dann können wir uns auch gegenseitig auf dieser fundamentalen Ebene wahrnehmen. Dieses Verständnis zu verinnerlichen, ist Teil des Erwachensprozesses, den wir gerade durchlaufen.*

Vera: *Genau, denn man könnte fälschlicherweise annehmen, dass diese Texte nur eine elitäre Abgrenzung von andersdenkenden Menschen propagieren, indem sie betonen, dass man sich seiner eigenen Göttlichkeit bewusst wird. Ohne das tiefere Verständnis und die intensivere Auseinandersetzung damit, könnte es oberflächlich betrachtet wirklich elitär wirken. Aber das ist es ganz und gar nicht. Eine der wichtigsten Lektionen, die wir als Menschheit momentan lernen müssen, ist die Toleranz gegenüber Andersartigkeit – und möglicherweise sogar eine hohe Wertschätzung dieser Andersartigkeit. Solange niemand versucht, uns seinen Willen aufzuzwingen, sollte jeder so sein dürfen, wie er ist. Kulturelle Vielfalt, Vielfalt der Spezies, der Denkweisen und Perspektiven – das ist es, was uns auch die Natur auf diesem Planeten vorlebt. Die unglaubliche Vielfalt der Natur ist einzigartig und kostbar. Eine Gleichmacherei würde dem völlig zuwiderlaufen.*

„Sie besagt, dass alle Seelen, mit denen wir in der Gegenwart auf einer Massenebene koexistieren, Seelen sind, die denselben Weg gewählt haben wie wir auf dem längeren globalen Weg der andersartigen dimensionalen Anpassung."

„Sobald die großen Teilungen der Zeitlinien eintreten (Shift), wird es eine Zeit geben, in der Seelen, die einen Weg eingeschlagen haben, auf dem sie sich verbessern können, in einigen Fällen die Chance haben, auf den anderen Bereich überzuspringen, der kürzlich eingetreten ist."

„Je länger die globalen irdischen Realitäten in Zeit und Kausalität auseinanderklaffen, desto unwahrscheinlicher ist es, dass genügend individuelle Energie vorhanden ist, um den Sprung über die Quantenphasenkluft zu schaffen, und die Seele bleibt mehr oder weniger im Anziehungseinfluss dieser Phase der globalen irdischen Raumzeit gefangen."

„Das einfache Bild ist das von Schiffen, die getrennte Wege fahren, und für eine Weile kann man hinübergehen, eine andere kurze Zeit hinüberspringen, eine andere Zeit hinüberschwimmen, und bald ist das andere Schiff dann außer Sichtweite.»

Dieter: *Das erinnert mich ein wenig, und ich denke, das Gleichnis ist durchaus treffend, an das Erwachen aus einem Traum am Morgen. Direkt nach dem Aufwachen haben wir vielleicht noch flüchtige Erinnerungen an den Traum, den wir gerade erlebt haben. In diesem Zustand können wir oft noch einmal in den Traum zurückkehren und ihn fortsetzen. Das haben viele von uns sicherlich schon einmal erlebt. Doch sobald wir wirklich wach sind, verblassen diese Erinnerungen schnell, und es scheint, als wäre diese Traumwelt vollständig verschwunden. Sie ist jedoch nicht wirklich weg, sondern lediglich aus unserem bewussten Wahrnehmungsfeld verschwunden.*

„Freiwillige Gemeinschaften der bestmöglichen Zukunft schließen die Vielfalt des Lebens auf der Erde umfassender ein. Dies ist eine Bedingungslosigkeit, eine Aussetzung jeglicher spirituellen Beurteilung auf der Grundlage von Verhalten, die nur das Beste in anderen sieht und es durch die Seele mitreißenden Kräfte, authentische Liebe und Fürsorge hervorbringt."

«Der Verstand steht auf einer großen evolutionären Skala im Widerspruch zum Herzen!»

Dieter: *Wie wahr. Das klingt oft einfacher, als es tatsächlich ist. Alles, was aus dem Verstand herauskommt, ist im Grunde genommen nur eine Interpretation, die aus einer Mangelsituation heraus entsteht. Wir wurden ja nie wirklich umfassend aufgeklärt. Unsere Welt wäre sicherlich nicht so, wie wir sie kennen, wenn wir von Anfang an unsere eigene Göttlichkeit erkannt und sie auch angenommen hätten. Im Wesentlichen bedeutet es, dass aus dem Herzen heraus zu handeln der natürliche Zustand eines jeden beseelten Wesens ist. Doch oft neigen wir dazu, Dinge zu interpretieren und uns zu fragen: „Was habe ich davon, wenn ich das tue?" Um es mal ganz banal auszudrücken, wie wenn jemand sagt: „Ich liebe dich, aber morgen bringst du bitte den Müll raus." Das ist natürlich übertrieben, aber ich denke, die Botschaft wird klar.*

„Der Verstand, der ohne jeglichen Kontext des Mitgefühls und der Empathie für die Welt angewandt wird, ist eine Form des evolutionären Wahnsinns, auch wenn er von vielen zugelassen und erforscht wird."

Dieter: *Wir neigen oft dazu, den Verstand als unser höchstes Gut zu betrachten. Dabei ist er nur ein begrenztes Werkzeug, das uns hilft, Konzepte zu entwickeln, um in der Welt zurechtzukommen. Doch unser Verstand kann nicht erfassen, dass es eine göttliche Ordnung gibt, die keine Konzepte oder Umwege braucht. Wir versuchen immer, uns den Weg dorthin zu erarbeiten, obwohl wir eigentlich schon längst da sind. Alles, was der Verstand tut, sind Hilfskonstruktionen. Aber wenn wir aus dem Herzen handeln – wie etwa in Momenten der Verliebtheit – dann tun wir oft Dinge, die von außen betrachtet irrational erscheinen. Doch Vernunft selbst ist nur ein weiteres Konzept. Liebe hinterfragt nicht, was richtig oder falsch ist, sie ist einfach und sie lebt. Das ist das Wesen der Liebe, und das trifft genau den Punkt, den du eben angesprochen hast, dass Liebe als evolutionärer Antrieb gesehen werden kann.*

Vera: *Genau, Liebe ist in ihrer Essenz nichts anderes als grenzenlose Begeisterung.*

Dieter: *Ja, das passt hervorragend. Denn Begeisterung geht Hand in Hand mit Freude.*

Vera: *Ja, und sie verbindet uns mit dem Geist.*

Dieter: *Eine sehr schöne und treffende Zusammenfassung. Am Ende bleibt die Frage: Was machen wir daraus? Was bedeutet das für dich, Vera, nach allem, was wir in diesem Modul besprochen haben?*

Vera: *Für mich bedeutet das vor allem, zu wissen, wo der Feind ist – und zu erkennen, dass dieser oft in uns selbst liegt. Ihn zu beobachten, aber ihm keinen unnötigen Raum zu lassen. Es ist so wichtig, sich nicht einfach in die Routine des Alltags zu verlieren, wo man nur auf äußere Umstände reagiert. Stattdessen sollten wir immer wieder innehalten, uns auf das Wesentliche besinnen und uns fragen, wie wir uns als Teil des Ganzen weiterentwickeln können. Wir haben die Chance, über das Alltägliche hinauszuwachsen und eine höhere Perspektive einzunehmen.*

Dieter: *Das ist genau richtig. Die Routine des Alltags zieht uns immer wieder zurück in alte Muster. Aber jetzt ist die Zeit, wo wir wirklich die Möglichkeit haben, uns daraus zu befreien. Die kosmischen Einflüsse, die auf uns wirken, insbesondere diese Welle, von der auch die Cassiopäer sprechen, unterstützen uns dabei, uns und die Erde zu transformieren. Das passiert nicht nur auf individueller Ebene, sondern betrifft uns alle. Es fühlt sich an, als ob wir an einem Punkt stehen, der in der Geschichte der Menschheit einzigartig ist.*

Vera: *Ja, und was daran besonders ist, ist, dass wir uns mit unserem physischen Körper in diese neue Phase entwickeln können. Normalerweise lässt eine Spezies, die eine bestimmte spirituelle Entwicklung erreicht hat, ihre physische Form hinter sich, weil sie sie nicht mehr braucht. Aber bei uns ist es anders. Wir haben die Chance, in die nächste evolutionäre Stufe einzutreten, ohne unseren Körper aufzugeben. Das ist etwas, das es noch nie zuvor gegeben hat. Und das erklärt auch, warum so viele außerirdische Spezies uns beobachten. Sie wollen alle in der ersten Reihe sitzen, wenn es losgeht.*

Bitte stell Dir folgende Fragen:

Wie geht es für Dich weiter?
Was haben diese Informationen bei Dir bewirkt?
Was fängst Du mit ihnen an?

Dieter: *Nachdem wir all diese Informationen aufgenommen haben, ist es an der Zeit, sich mit der Verinnerlichung auseinanderzusetzen. Wir befinden uns immer noch auf Erde 1.0, und solange wir hier verweilen, müssen wir diese Erkenntnisse wirklich in unser Innerstes aufnehmen. Andernfalls laufen wir Gefahr, alte Muster und Denkweisen wiederzubeleben, wenn wir den Übergang zu Erde 2.0 vollziehen. Es ist daher entscheidend, das Gelernte zu verinnerlichen. Aber was genau bedeutet Verinnerlichung? Es ist wie beim Erlernen einer neuen Sprache: Am Anfang beherrschen wir nur die Vokabeln und die Bedeutungen, doch erst mit der Übung beginnen wir, in dieser Sprache zu denken und vielleicht sogar zu träumen.*

Vera: *Genau, es ist dieser Moment, in dem wir beginnen, in einer anderen Sprache zu träumen.*

Dieter: *Genau das ist Verinnerlichung – der Übergang vom Verstand in den Bereich des Unbewussten, wo sich das Gelernte zu einer inneren Haltung entwickelt. Der Verstand wird, wie wir bereits besprochen haben, überfordert und tritt in den Hintergrund. Das gilt für den Alltag, der eben keine Profanität in sich trägt. Jeder Moment, jede Erfahrung ist eine Erinnerung daran, dass wir noch hier sind und uns fragen sollten: „Bin ich mit dem Hier und Jetzt zufrieden oder gibt es da eine höhere Ebene des Seins, die mich mehr erfüllt?" Es geht darum, bewusst in die Freude zu gelangen, die uns wiederum auf den Weg zu Erde 2.0 führt. Diesen Prozess werden wir gemeinsam vertiefen und diejenigen, die sich weiter mit uns auf diesem Weg befinden wollen, lade ich herzlich ein, sich bei uns zu melden.*

Ich möchte in diesem Zusammenhang das „Prinzip des hundertsten Affen" in Erinnerung rufen. Wenn eine gewisse Anzahl von Lebewesen eine Erfahrung gemacht hat, gibt es einen Schwellenwert – Biologen sprechen von der Zahl 100 – ab dem sich das Wissen auf die gesamte Gruppe überträgt. Gemeinsam tragen wir dazu bei, diesen Schwellenwert zu erreichen. Es ist also besonders wichtig, dass wir in diesem Sinne weiter zusammenarbeiten, um den Übergang zu beschleunigen. Das ist mein Wunsch.

ENTSCHEIDUNGSHILFE 1 – GEPÄCK

Die hier behandelten Themen im Buch sind von tiefgreifender Bedeutung, daher möchte ich euch wertvolle Werkzeuge an die Hand geben, mit denen wir uns besser auf den bevorstehenden Shift vorbereiten können. Es ist nun an der Zeit, nicht nur theoretisch zu verstehen, sondern auch praktisch umzusetzen. Deshalb möchte ich euch das erste Werkzeug vorstellen, das unter dem Motto steht: „Wir packen unser Gepäck gemeinsam."

Dieses Gepäck ist jedoch nicht irgendein Gepäck, sondern das ultimative, das letzte Gepäck – jenes, das wir mit auf Erde 2.0 nehmen werden. Gewöhnlich ist das Packen von Gepäck für uns ein routinierter Vorgang. Jeder von uns hat sicherlich schon einmal für einen Urlaub oder eine Reise Gepäck gepackt und Dinge mitgenommen, die wir als notwendig erachteten. Doch nun gilt es, diesen Prozess unter ganz anderen Kriterien zu hinterfragen: Was ist wirklich von Wert, wenn wir uns auf Erde 2.0 begeben?

Es wird nicht möglich sein, zurückzukehren, um etwas zu holen, das wir vielleicht vergessen haben. Daher ist es wichtig, von Beginn an zu überlegen, was wirklich essentiell ist. Dieses Gepäck soll nicht mit Alltagsgegenständen gefüllt werden, sondern mit Dingen, die uns tief im Herzen Freude bereiten. Es geht also nicht um den Korkenzieher für den Weinabend, sondern um Gegenstände, die wir aus tiefster Freude und Liebe schätzen. Vielleicht ein Buch oder ein persönliches Erinnerungsstück – es ist völlig individuell und basiert auf der Frage, was unser Herz erfreut.

Ein weiteres wichtiges Kriterium: Der Koffer hat eine begrenzte Größe. Stellt euch euren größten Koffer vor, den ihr besitzt. Zusätzlich dürft ihr noch ein Handgepäck in der üblichen Größe mitnehmen. Anders als beim Fliegen brauchen wir uns um das Gewicht keine Sorgen machen, aber die Größe spielt hier eine Rolle.

Was nicht in den Koffer gehört, sind Dinge oder Wesen, die wir ohnehin im Herzen tragen. Personen oder Tiere, die wir lieben, werden uns automatisch auf Erde 2.0 wieder begegnen – diese brauchen wir also nicht in unserem Gepäck zu verstauen.

Das eigentliche Ziel dieser Übung ist es, uns klar zu werden, was wir nicht mehr benötigen – alles, was uns belastet, schmerzt oder uns im alten System gefangen hält. Es ist eine Gelegenheit, die Dinge in unserem Leben zu selektieren und loszulassen, was nicht mehr notwendig ist. Schaut euch in eurem Umfeld um, in eurem Zuhause, bei Freunden oder Familienmitgliedern – was ist euch wirklich wichtig?

Jeder von uns sollte diesen Prozess ganz individuell angehen. Nehmt euch Zeit dafür und gebt diesem Vorgang die nötige Ernsthaftigkeit. Es ist nicht etwas, das man in zehn Minuten erledigt. Plant diesen Moment im Voraus ein, bereitet euch innerlich darauf vor und gebt diesem „Rendezvous" einen besonderen Platz in eurem Leben. Sorgt dafür, dass ihr nicht gestört werdet und nehmt euch mindestens zwei Tage, um das zu reflektieren.

Das Gepäck zu packen, sollte eine durchdachte und bewusste Handlung sein. Schaut einige Tage später noch einmal auf eure Entscheidungen zurück: Habt ihr vielleicht etwas vergessen oder mitgenommen, das nicht wirklich nötig ist? Notiert euch eure Gedanken, damit ihr beim tatsächlichen Packen sicher seid, dass ihr nur das einpackt, was euch wirklich am Herzen liegt.

Nach dieser individuellen Phase könnt ihr auch gemeinsam in kleinen Gruppen das Gepäck packen. Sucht euch Freunde oder Gleichgesinnte, mit denen ihr auf Augenhöhe über eure Auswahl sprechen könnt. Durch diesen Austausch entwickelt sich eine Dynamik, die den Prozess bereichert und ihm eine neue Dimension verleiht.

ENTSCHEIDUNGSHILFE 2 – BEOBACHTER

Hier möchte ich Euch ein weiteres Werkzeug vorstellen, das ich als solches zunächst nicht bewusst erkannt habe, welches sich jedoch als eines der mächtigsten herausgestellt hat, die ich je erfahren durfte. Um dies zu verdeutlichen, möchte ich eine kleine Geschichte mit Euch teilen, die etwa zwölf Jahre zurückliegt.

Damals fand der erste Bleep-Kongress statt, organisiert von Horizon an der Universität Frankfurt. Die Produzenten des Films „What the Bleep Do We Know“ hatten mich eingeladen, meinen damals neuen Film „Revolution 2012“ vorzustellen. Der Film befand sich noch in der Probephase, und ich konnte nur einen kurzen Trailer präsentieren. Die Einladung kam für mich überraschend, da ich damals noch weitgehend unbekannt war und unter dem Pseudonym „Morpheus“ auftrat, um mich etwas zu schützen, während ich gleichzeitig noch an der Universität arbeitete. Was dann geschah, führte zu einer meiner bedeutendsten Entdeckungen.

Nachdem ich meinen Trailer präsentiert hatte, wurden die Referenten ausgewählt, die am zweiten Tag weitere Vorträge halten sollten. Zur Auswahl standen eine große Aula und zwei kleinere Räume. Zu meiner Überraschung wurde ich gebeten, in der großen Aula vor einem Publikum von etwa 750 bis 800 Menschen zu sprechen. Ich war völlig unvorbereitet. Die Bühne wirkte auf mich riesig, und die Zuschauer begannen bereits ungeduldig zu rufen: „Fang endlich an! Wie lange soll das noch dauern?“

An diesem Punkt geschah etwas in mir. Ich schaltete innerlich um, spürte plötzlich eine tiefe Ruhe und Klarheit. Ich ging von der Bühne hinunter, holte mir einen Stuhl, setzte mich und schaute das Publikum ruhig an. Dann begann ich zu sprechen. Glücklicherweise hatten alle Anwesenden ein Programmheft, in dem die Themen der Referenten abgedruckt waren. Ich bat die Leute, dieses Programmheft zu nehmen, es von oben bis unten zu lesen und, sobald sie am Ende angekommen waren, ohne Umblättern wieder von vorne zu beginnen. Sie sollten dies in völliger Ruhe und Wiederholung tun.

Nach anfänglichem Zögern folgten sie meiner Aufforderung. Während sie lasen, beobachtete ich sie. Nach mehreren Durchgängen sagte ich: „Nun bitte ich Euch, Euch selbst beim Lesen zu beobachten.“ Dies brachte viele in eine ungewöhnliche, fast meditative Verfassung. Einige wirkten irritiert, aber sie blieben dran.

Was dann folgte, war eine tiefere Erkenntnis, die ich selbst erst später vollständig verstanden habe: Es geht nicht darum, sich von außen beim Lesen zu beobachten, sondern den inneren Beobachter wahrzunehmen – die Instanz in uns, die all die Routinehandlungen überwacht. Dieses „höhere Selbst", dieser innere Kern, ist es, den wir durch solche Übungen erkennen können. Diese Erkenntnis, dass in uns etwas Tieferes existiert, das jenseits der Automatismen unseres Alltags liegt, ist der Schlüssel dieser Übung.

Ich möchte Euch bitten, diese Übung selbst auszuprobieren. Nehmt einen leicht lesbaren Text, wiederholt das Lesen immer wieder, bis es zu einem Automatismus wird. Irgendwann schaltet Ihr in den Modus des Beobachtens um. Beobachtet Euch selbst beim Lesen. Ihr werdet feststellen, dass Ihr dabei in Kontakt mit einer anderen Ebene Eures Seins tretet – mit dem Teil, der wahrnimmt und beobachtet.

Während des Bleep-Kongresses merkte ich, dass viele Teilnehmer auf diese Übung intensiv reagierten. Nach etwa 10 Minuten bat ich sie, sich selbst noch tiefer zu beobachten – den Beobachter des Beobachters. Das Ergebnis war überwältigend. Viele Menschen hatten Tränen in den Augen. Als ich das Publikum bat, per Handzeichen Rückmeldung zu geben, hoben etwa 80 % die Hand und berichteten, dass sie eine tiefgreifende emotionale Erfahrung gemacht hatten. Rund 10 % gaben sogar an, dass es ihnen gelungen sei, den Beobachter des Beobachters zu erkennen.

Diese Übung hat mein Leben nachhaltig verändert. Sie war der Moment, der mich in der Öffentlichkeit bekannt machte. Sie führte dazu, dass ich auf Titelseiten großer Journale landete und Einladungen zu weiteren Vorträgen erhielt.

Ich möchte Euch dringend ermutigen, diese Übung regelmäßig zu wiederholen, vielleicht alle paar Tage – besonders vor dem

Schlafengehen. Im Laufe der Zeit könnt Ihr sie auf alltägliche Routineaufgaben übertragen, wie das Abtrocknen von Geschirr oder das Schälen von Kartoffeln. Beobachtet Euch dabei, was Ihr tut, und erkennt, dass es in Euch etwas gibt, das über diese Routinen hinausgeht.

Diese Routineprogramme sind oft die Hindernisse, die uns von einem höheren Bewusstseinszustand abhalten. Durch diese Übung könnt Ihr sie bewusst machen und Schritt für Schritt überwinden.

ENTSCHEIDUNGSHILFE 3 – WAS WILLST DU WIRKLICH?

Ich möchte Euch ein weiteres, sehr kraftvolles Werkzeug vorstellen, das auf den ersten Blick vielleicht unscheinbar wirkt, aber in seiner Wirkung tiefgreifend ist. Es geht um den Wechsel vom bloßen Versuch zum tatsächlichen Gelingen – eine innere Haltung, die das Potenzial hat, unser Leben auf ganz fundamentale Weise zu verändern.

Die Übung selbst ist einfach und erfordert keine großen Vorbereitungen. Am besten führt Ihr sie abends durch, kurz bevor Ihr ins Bett geht. Es geht dabei darum, Euch folgende Fragen ehrlich und intensiv zu stellen:

- Wie viele Bücher möchte ich noch lesen?
- Wie viele Seminare will ich noch besuchen?
- Worauf warte ich eigentlich?
- Was suche ich wirklich?

Diese Fragen mögen zunächst trivial erscheinen, aber ihre Macht entfaltet sich durch die bewusste Wiederholung und das ernsthafte Hinterfragen.

Der Schlüssel liegt darin, dass Ihr Euch diese Fragen immer wieder stellt und Euch dabei selbst beobachtet – ähnlich wie bei der Übung des „Beobachters des Beobachters", die wir zuvor besprochen haben. Durch diese doppelte Achtsamkeit – das Stellen der Fragen und das gleichzeitige Beobachten des inneren Prozesses – wird sich Eure Bewusstheit auf eine neue Ebene heben.

Im Alltag sind wir oft in Routinen gefangen, die uns kaum bewusst sind. Diese Übung hilft uns, diese unbewussten Muster zu durchbrechen und die tieferliegenden Prozesse in uns zu erkennen. Besonders in dieser Zeit des Erwachens, des Übergangs zu einer neuen Bewusstseinsebene – was ich „den Aufstieg zu Erde 2.0" nenne – ist es wichtig, mit ernsthafter Selbstreflexion an diese Fragen heranzugehen.

Stellt Euch diese Fragen jeden Abend, bevor Ihr einschlaft, und beobachtet, was in Euch vorgeht. Seid ehrlich zu Euch selbst: Was suche ich wirklich? Was will ich jetzt, in diesem Moment, aus tiefster Seele heraus? Wenn Ihr den Antworten auf den Grund geht, werdet Ihr spüren, dass echte Freude aufkommt – eine Freude, die aus dem Herzen kommt, nicht aus dem Verstand oder aus den Routinen des Alltags. Es geht nicht darum, halbherzig nach Antworten zu suchen, sondern tief zu hinterfragen, was Eure Seele wirklich will.

Diese Übung profitiert besonders von den letzten Minuten vor dem Einschlafen, weil das, womit wir uns in dieser Phase beschäftigen, eine tiefgreifende Wirkung auf unser Unterbewusstsein hat. Die Schlafforschung zeigt, dass die letzten zehn Minuten vor dem Einschlafen die Qualität des Schlafs und damit auch die des nächsten Tages maßgeblich beeinflussen. Nutzt diese Zeit also bewusst, um Euch in einen freudigen Zustand zu versetzen und Euren Seelenfragen nachzugehen.

Es ist auch hilfreich, sich in dieser Phase schöne, positive Bilder vorzustellen – sei es eine Traumreise oder eine andere Vorstellung, die Euch Freude bereitet. Gedanken allein können nicht manifestiert werden, aber die Bilder, die wir mit ihnen verbinden, sind es, die die Kraft zur

Manifestation besitzen. Je tiefer Ihr in die Freude eintaucht, desto mehr werdet Ihr spüren, dass Ihr diese positive Energie mit in die Nacht nehmt – und letztlich auch mit in die neue Welt, die Erde 2.0.

Diese Übung ist ein Weg, bewusst und freiwillig in den Prozess des Erwachens zu treten, ohne dabei durch äußeren Druck oder Notwendigkeit gezwungen zu werden. Es ist ein Seelenruf, der Euch leitet, und die Antworten werden aus Eurem Herzen kommen – klar, kraftvoll und authentisch.

ENTSCHEIDUNGSHILFE 4 – TAGEBUCH DER FREUDE

Ein weiteres wertvolles Werkzeug, das ich Euch ans Herz legen möchte, ist das Anlegen eines „Buchs der Freude“. Dieses Buch ist ähnlich aufgebaut wie ein Poesiealbum oder ein Tagebuch, jedoch mit einem klaren Fokus auf die positiven und erfreulichen Momente, die wir an jedem Tag erlebt haben. Im Unterschied zu einem klassischen Tagebuch geht es hier nicht darum, sämtliche markante Ereignisse des Tages zu dokumentieren, sondern ausschließlich jene, die uns Freude bereitet haben.

Der Sinn und Zweck dieser Übung erschließt sich schnell: Wir sollen uns bewusst werden, wie viele Momente der Freude unser Alltag tatsächlich bereithält – und oft ist das viel weniger, als wir es vermuten. Doch genau das ist der entscheidende Punkt: Durch die bewusste Aufmerksamkeit auf diese freudigen Erlebnisse fördern wir eine tiefere Wahrnehmung für die freudvollen Aspekte des Lebens. Mit der Zeit und der regelmäßigen Wiederholung dieser Übung werden wir automatisch die Quantität und Qualität der freudigen Momente steigern, indem wir sie bewusster wahrnehmen und wertschätzen.

Das „Buch der Freude“ führt uns also dahin, zu erkennen, dass wir selbst die Entscheidung darüber treffen, was ein freudiges Ereignis ist und was nicht. Es erinnert uns an die zentrale Frage: „Wollen wir leben oder gelebt werden?“ Gerade im Kontext des Erwachens und der bewussten Gestaltung unserer Realität ist es von größter Bedeutung, die Verantwortung für unser Empfinden und unsere Lebensfreude selbst in die Hand zu nehmen.

Dieses Buch hat zahlreiche Vorteile. Die Freude ist stets an Situationen geknüpft, und wenn wir diese beschreiben und uns die damit verbundenen Bilder ins Gedächtnis rufen, verstärken wir sie. Indem wir diese freudigen Bilder und Emotionen bewusst in unser Bewusstsein holen, tragen wir dazu bei, sie auch auf einer tieferen Ebene in unser Leben zu integrieren. Das „Buch der Freude“ wird so zu einem Katalysator für das Manifestieren freudvoller Momente, sowohl in unserem eigenen Energiefeld als auch im morphogenetischen Feld.

Praktisch gesehen geht es darum, eine Liste oder Notizen über persönliche Erlebnisse und Erfolge zu führen, die uns wahre Freude bereitet haben. Besonders empfehlenswert ist es, diese Einträge vor dem Einschlafen noch einmal durchzugehen, um sich bewusst zu machen, dass wir selbst die Urheber dieser freudigen Momente sind. Diese bewusste Reflexion verstärkt die Verbindung zwischen der Freude und unserer Fähigkeit, sie zu erzeugen.

Es ist wichtig, den Kern dieser Übung nicht misszuverstehen: Das Ziel dieses Werkzeugs ist es, uns zu zeigen, dass wir die Häufigkeit und Intensität von Freude selbst bestimmen können. Freude ist kein Zufallsprodukt, sondern etwas, das wir aktiv in unser Leben holen. Darüber hinaus dient das „Buch der Freude“ dazu, uns jene freudigen Erlebnisse vor Augen zu führen, die wir auch auf „Erde 2.0“ mitnehmen möchten. Indem wir uns vorstellen, dass diese freudigen Momente bereits Wirklichkeit sind, helfen wir, sie tatsächlich zu manifestieren. Je intensiver und ernsthafter wir das tun, desto wahrscheinlicher wird es, dass wir sie in der neuen Welt vorfinden.

Ich selbst habe diese Technik angewendet und immer wieder mit freudigem Erstaunen festgestellt, dass die Momente der Freude, die ich visualisiert und manifestiert habe, auch tatsächlich eingetreten sind.

Daher wünsche ich Euch viel Freude und Inspiration beim Erstellen Eures persönlichen **„Buchs der Freude“.**

CRASHKURS BEWUSSTSEIN UND UNTERBEWUSSTSEIN: DIE KRAFT DES DENKENS

Unsere Gedanken formen die Realität – eine Erkenntnis, die Philosophen, Wissenschaftler und spirituelle Lehrer seit Jahrtausenden beschäftigen. Henry Ford brachte es auf den Punkt: „Ob du denkst, du kannst es oder du kannst es nicht: Du wirst auf jeden Fall recht behalten." Auch Marc Aurel formulierte es treffend: „Das Glück deines Lebens hängt von der Beschaffenheit deiner Gedanken ab." Diese Zitate verdeutlichen eine universelle Wahrheit: Wir sind die Schöpfer unserer eigenen Lebensumstände.

Nachdem wir im letzten Kapitel wissenschaftliche Grundlagen behandelt haben, ist es nun an der Zeit, das Gelernte in den Alltag zu integrieren. Jede bedeutende Veränderung beginnt mit Bewusstwerdung – die Bereitschaft, Blockaden zu erkennen und Muster zu durchbrechen. Unsere Gedanken prägen, wie wir die Welt wahrnehmen und darauf reagieren. Diese Wahrheit zieht sich durch viele Weisheitstraditionen, doch haben wir sie wirklich verinnerlicht und in unser tägliches Leben integriert?

DAS BEWUSSTSEIN VERSTEHEN

Wenn wir von „Bewusstwerdung“ sprechen, ist es entscheidend, die Natur des Bewusstseins zu begreifen. Es geht darum, zwischen bewussten und unbewussten Handlungen zu unterscheiden. Viele Verhaltensweisen und Überzeugungen wurzeln tief in uns, oft ohne unser Wissen. Der Prozess der Bewusstwerdung ermöglicht es uns, diese Muster zu erkennen, anzunehmen und zu transformieren. Erinnerungen an prägende Erlebnisse, die unangenehme Gefühle auslösen, bieten uns die Chance, eine neue Wahl zu treffen und eine bewusste Reaktion zu entwickeln.

DIE MACHT DER GEWOHNHEITEN

Ein Beispiel veranschaulicht diesen Prozess: unsere Körperhaltung. Obwohl wir wissen, dass eine aufrechte Haltung förderlich ist, verfallen viele von uns immer wieder in ungesunde Positionen. Es braucht bewusste Aufmerksamkeit, um eine gesunde Haltung zur Gewohnheit zu machen. Ebenso verhält es sich mit mentalen Mustern: Sie zu erkennen und dauerhaft zu verändern, erfordert ständige Achtsamkeit.

DIE ROLLE DES GEHIRNS

Unser Gehirn ist ein Netzwerk aus etwa 100 Milliarden Neuronen, die über 100 Billionen Synapsen miteinander verbunden sind. Diese

Verbindungen formen unsere Denkmuster und Verhaltensweisen. Neurowissenschaftliche Studien haben gezeigt, dass wiederholte Gedanken und Handlungen bestimmte neuronale Bahnen verstärken und stabilisieren – dies gilt für positive ebenso wie für negative Muster. Mit gezielter Aufmerksamkeit und Training ist es jedoch möglich, diese Bahnen umzustrukturieren und neue, konstruktive Muster zu etablieren.

BEWUSSTSEIN UND UNTERBEWUSSTSEIN: EINE BALANCE

Unser Bewusstsein macht lediglich einen Bruchteil unserer geistigen Aktivität aus – etwa 1 % unserer Gedanken sind bewusst, während 99 % unbewusst ablaufen. Das Unterbewusstsein ist dabei hoch effizient und verarbeitet bis zu 80.000 Informationen pro Sekunde. Es steuert unsere grundlegenden Körperfunktionen, unsere Verhaltensmuster und viele unserer Entscheidungen im Alltag. Das meiste, was wir tun, basiert auf diesen unbewussten Mustern, die in unserer Kindheit oder durch gesellschaftliche Prägungen entstanden sind.

DIE IDENTIFIKATION MIT GLAUBENSSÄTZEN

Viele Glaubenssätze, die unser Verhalten prägen, haben ihren Ursprung in frühkindlichen Erfahrungen. Ein Beispiel: Hans Müller wuchs in einem Umfeld auf, in dem er wenig Aufmerksamkeit erhielt, was zu dem Glaubenssatz führte: „Es geht nie um mich." Dieser Glaubenssatz manifestierte sich in späteren Jahren und führte dazu, dass er sich in sozialen Situationen unwohl fühlte, besonders wenn er im Mittelpunkt stand. Indem er dieses Muster bewusst erkannte und neue Reaktionen trainierte, konnte er es allmählich überwinden.

FREIER WILLE UND DIE KRAFT DER AUFMERKSAMKEIT

Eine der größten Herausforderungen besteht darin, zu erkennen, wann unser freier Wille tatsächlich bewusst ist und wann er von unbewussten Mustern bestimmt wird. Viele unserer Entscheidungen werden getroffen, bevor wir sie bewusst wahrnehmen. Achtsamkeitstechniken und Meditation helfen uns, bewusster zu agieren und bewusstere Entscheidungen zu treffen.

Der Prozess der Bewusstwerdung erfordert Übung, Geduld und Selbstreflexion. Aber er ermöglicht uns, ein erfüllteres Leben zu führen, indem wir die Verantwortung für unsere Gedanken und Handlungen übernehmen und die Kontrolle über unsere Realität zurückgewinnen.

VOM GEIST DER MATERIE ZUR PHYSIK DER ERLEUCHTUNG

In diesem Buch haben wir uns bereits intensiv mit Themen befasst, die im Mainstream kaum Beachtung finden oder oftmals abgelehnt werden, weil sie nicht dem allgemeinen Weltbild entsprechen, das uns in Schulen und Universitäten vermittelt wird. Doch die menschliche Entwicklung schreitet rapide voran, und im Hinblick auf den bevorstehenden Bewusstseinssprung wird deutlich, dass viele der gängigen Lehrmeinungen überholt sind. Wie im ersten Teil dieses Buches erwähnt, betrachtet die klassische Physik nur einen kleinen Teil der Realität, indem sie sich auf das greifbar Erkennbare konzentriert, während das Erkennende, das Subjekt, ignoriert wird. Zudem zeigt sich, dass selbst das, was wir als sichtbar oder erkennbar wahrnehmen, nur einen winzigen Bruchteil der Wirklichkeit darstellt. Es fehlt uns weiterhin ein holistisches Verständnis sowie der Zugang zum universellen Informationsfeld, auch bekannt als Akasha-Chronik.

Seit Generationen sind wir durch äußere Einflüsse geformt worden, wobei uns selektive Informationen vorgegeben und eingeprägt wurden. Diese äußeren Konditionierungen haben die Verbindung zu unserer Intuition – und damit zu unserem höheren Selbst – stark geschwächt. Dadurch ist es vielen Menschen schwergefallen, den inneren Zugang zu diesem übergeordneten Wissen wiederzufinden. Es bedarf viel innerer Arbeit, um diese Verbindung wiederherzustellen und die Dinge so zu sehen, wie sie wirklich sind.

Dennoch erkennen heute auch einige führende Physiker, dass die materialistische Sichtweise viele grundlegende Fragen nicht beantworten kann. Der Weg zu einer umfassenden Erkenntnis liegt darin, verschiedene Disziplinen zusammenzubringen. Dies gilt in der Physik ebenso wie in der Medizin: Es reicht nicht aus, nur ein Organ isoliert zu betrachten, ohne den gesamten Organismus in den Blick zu nehmen. Die Herausforderung unserer Zeit besteht darin, einst getrennte Wissensgebiete zu vereinen, um ein ganzheitliches Bild zu erhalten. Wissen allein ist jedoch nur ein Baustein auf dem Weg zur Weisheit.

Dieses Buch, das nicht zufällig „Zeit der Entscheidungen" betitelt ist, soll uns dazu ermutigen, die Entscheidung zu treffen, unser Wissen aktiv in die Praxis umzusetzen. Wir alle verfügen über eine Fülle von Wissen, die uns auf unserem Lebensweg begleitet hat – Wissen, das wir uns durch Erfahrungen und Einsichten erworben haben. Doch oft bleibt dieses Wissen rein theoretisch. Die entscheidende Frage lautet: Bin ich bereit, meine inneren Blockaden zu überwinden und mich von den Ängsten, die mich zurückhalten, zu befreien? Der Unterschied liegt darin, ob ich mich entscheide, aktiv zu handeln und das Erlernte auf mein Leben anzuwenden oder ob ich in alten Mustern verharre.

Diese Zeit fordert uns auf, nicht nur intellektuell zu wachsen, sondern das Wissen auch auf einer tiefen, persönlichen Ebene zu integrieren. Die Entscheidung, die wir jetzt treffen, sollte zweifellos auf das Ziel ausgerichtet sein, unser volles seelisches Potenzial zu entfalten. Es ist an der Zeit, nicht nur zu lernen, sondern dieses Lernen praktisch anzuwenden, um frei von einschränkenden Mustern zu werden. Wissen allein bringt Klarheit für den Verstand, aber wahre Weisheit entsteht durch das Erleben und die innere Arbeit, die weit über die intellektuelle Ebene hinausgeht.

DAS PRINZIP VON CHAOS UND ORDNUNG AUF DEM WEG ZUR ERLEUCHTUNG

Wie bereits erwähnt, möchte ich euch in diesem Kapitel auf eine besondere Reise mitnehmen – eine Reise, die mein Leben und meine Forschungsarbeit tiefgreifend geprägt hat. Neben Burkhard Heim war auch Jean Emile Charon ein herausragender Physiker des 20. Jahrhunderts, der seiner Zeit weit voraus war. In dem Kapitel „Materie als Medium unseres Erfahrungsraums" habe ich bereits Charons komplexe Relativitätstheorie angesprochen. Nun wollen wir uns dieser Theorie etwas genauer widmen. Michael König kommentiert dies folgendermaßen:

«Die Komplexe Relativitätstheorie ist die derzeit umfassendste theoretische Gesamtdarstellung aller physikalischen Phänomene. Sie steht in quantitativer Übereinstimmung mit allen experimentellen Daten über die Eigenschaften (z.B. Masse, Energie, elektrische Ladung, Drehimpuls, «Radius») sämtlicher Elementarteilchen und ihrer Wechselwirkungen. Universelle Grundkonstanten wie Lichtgeschwindigkeit, Planck'sche Konstante, elektrische Elementarladung sowie die Koeffizienten der vier elementaren Wechselwirkungen u.v.a.m. gehen nicht nur als experimentell gemessene Parameter ein, sondern werden von der Komplexen Relativitätstheorie erstmals auch berechnet. Die Formalismen der Quantentheorie und der Allgemeinen Relativitätstheorie, die bisher als getrennte Gebiete der Physik unabhängig voneinander bestanden, werden von der Komplexen Relativitätstheorie in übergeordneter und mathematisch eleganter Weise zwanglos miteinander verbunden und als Spezialfälle bzw. Teilgebiete behandelt.»[5]

Michael König (früher bekannt als Strzempa-Depré) hat das Lebenswerk von Jean Emile Charon aufgegriffen, erweitert und Ende der 1980er Jahre das Buch „Die Physik der Erleuchtung" veröffentlicht.

Darin fasste er Charons komplexe Relativitätstheorie zusammen und fügte seine eigene Interpretation hinzu, insbesondere in Bezug auf die spirituellen Verknüpfungen der Theorie. Charons Buch „Der Geist der Materie" und Königs „Die Physik der Erleuchtung" sind aus meiner Sicht so essenziell, dass sie den Inhalt von mindestens 100 anderen Büchern zusammenfassen. Wer diese beiden Werke liest, erspart sich damit also die Lektüre vieler weiterer Bücher.

Da es in diesem Buch um die „Zeit der Entscheidung" geht, halte ich es für unvermeidlich, euch die Komplexe Relativitätstheorie vorzustellen. Dies ist jedoch keine leichte Aufgabe, da es darum geht, die Essenz dieser Theorie – die selbst schon eine Essenz aus vielen anderen Erkenntnissen ist – in einem Kapitel darzustellen. Um das verständlich und in den relevanten Zusammenhang der „Zeit der Entscheidung" zu bringen, habe ich mich entschieden, einen anderen Ansatz zu wählen. Obwohl wir zu Beginn des Buches bereits auf die Arbeiten von Burkhard Heim eingegangen sind, welche ähnliche Bereiche der Physik berühren, wird hier der Fokus auf jene Punkte gelegt, die entscheidend für die Themen dieses Buches sind.

Zusammengefasst geht es in diesem Kapitel darum, den Prozess der Erleuchtung auf naturwissenschaftlichen Grundlagen zu erklären und die wesentlichen Elemente zu beschreiben, die diesen Prozess ermöglichen und beeinflussen. Und da ich mich dabei größtenteils auf Michael König und seinen Lehrer Jean E. Charon und die Erkenntnisse, die ich durch ihre Theorie gewonnen habe, stütze, möchte ich jedem ans Herz legen und empfehlen, sich weiter mit diesem Thema zu befassen. Da die genannten Bücher heute leider nur noch antiquarisch erhältlich sind und sich auch in spezialisierten Buchhandlungen nur noch selten einzelne Exemplare finden lassen, habe ich Michael König um seine Zustimmung gebeten, die wichtigsten Auszüge aus seinem Buch im folgenden Text abzudrucken.

In diesem Kapitel möchte ich anhand eines Zitats von Albert Einstein in den Erkenntnisprozess einführen:

„Nichts kann existieren ohne Ordnung. Nichts kann entstehen ohne Chaos.“

(Albert Einstein)

Um den Bogen zur Komplexen Relativitätstheorie zu spannen, müssen zunächst die Begriffe Entropie und Negentropie erklärt werden:

Einer der fundamentalsten Vorgänge des Universums ist das Streben nach einer energetisch gleichmäßigen Verteilung. Physikalisch lässt sich dieses Prinzip durch die Entropie erklären. Diese physikalische Größe beschreibt die gleichmäßige Verteilung von Stoffen, Molekülen oder Atomen im Raum[6]*.*[7] *Um hier ein Bild zu vermitteln, stelle man sich eine heiße Tasse Kaffee vor. Die heiße Tasse Kaffee wird auf einen Tisch gestellt und man vergisst, den Kaffee zu trinken. Nach einer gewissen Zeit wird sich der Kaffee in der Tasse abkühlen. Die Energie, die in Form von Wärme in dem Kaffee gespeichert ist, wird in die Umgebung fließen. Dieser Prozess wird so lange andauern, bis der Kaffee in der Tasse die gleiche Temperatur hat wie der Tisch und die umgebende Luft. Das ist die bekannte Aussage des zweiten Hauptsatzes der Thermodynamik*[8]*. Wo immer eine Energiekonzentration besteht, ist die Natur bemüht, diese Konzentration auszugleichen und zu nivellieren.*[9] *Dieses Prinzip lässt sich überall in der Natur beobachten. Entropie wird auch als Maß der Unordnung beschrieben. Warum? Gleichgewicht hat in unserer Vorstellung doch eher etwas mit Ordnung zu tun, oder etwa nicht? Warum dem aus physikalischer Sicht nicht so ist, möchte ich Euch anhand von diesem Beispiel erklären: Stellt Euch einen Pool vor, der durch eine Trennwand in der Mitte in zwei Becken geteilt wird. Schütten wir nun in ein Becken eine blaue Flüssigkeit und in das andere eine gelbe, dann haben wir eine ordentliche Trennung. Entfernen wir die Trennwand, beginnen sich die Flüssigkeiten miteinander zu vermischen. Die blauen Moleküle und die gelben gehen in eine Unordnung* *über. Ihr könnt Euch nun vorstellen, wie viel energetischer Aufwand jetzt nötig wäre, um die blauen Moleküle wieder von den gelben zu trennen. Für unser Universum bedeutet Gleichgewicht in erster Linie also Unordnung. Und diese Unordnung können wir Tag für Tag in unserem Leben beobachten. Wenn wir uns sportlich betätigen, strahlen wir Wärme an unsere Umgebung ab. Diese verteilt sich. Fahren wir mit dem Auto, verteilen sich die Abgase mit der Zeit in der ganzen Luft. Stellt eine Pflanze Sauerstoff her, verteilen sich die Moleküle, sodass wir überall in etwa die gleiche Sauerstoffkonzentration erhalten. Alles ist in Bewegung und verteilt sich. Die Wellen der Brandung zerreiben große Steine zu kleinen und schließlich zu Sand. Alle Lebewesen zerfallen nach ihrem Tod langsam in ihre molekularen und atomaren Bestandteile.*

Es liegt also in der Natur des Universums, dass im Laufe der Zeit Ordnung in Unordnung zerfällt und diese sich gleichmäßig im Raum verteilt. Die Physik spricht hier davon, dass sich die Entropie erhöht. Doch es gibt etwas, das der Entropie entgegenwirkt: Das Leben hat die Eigenschaft, aus Unordnung Ordnung herzustellen. Unser Körper ist das beste Beispiel hierfür: Jeder biologische Vorgang, sei es die Zirkulation unseres Blutes, die konstante Körpertemperatur oder die Erneuerung unserer Hautzellen, ist nur durch eine perfekte Anordnung von Molekülen, Zellen und Organen möglich. Ein lebendiger Körper ist also alles andere als Unordnung und wirkt der natürlichen Bestrebung der gleichmäßigen Verteilung entgegen. Man könnte meinen, dass ein Lebewesen ein Ungleichgewicht im Gleichgewicht des Universums bedeutet.[10]

Charon's Komplexe Relativitätstheorie bietet eine interessante Erweiterung des physikalischen Verständnisses von Teilchen. Anders als das Prinzip der Entropie, das wir in der äußeren Raumzeit erleben, schlägt Charon vor, dass bestimmte stabile Teilchen, wie Elektronen und Positronen, eine innere raumzeitliche Struktur besitzen. Diese Struktur innerhalb eines Teilchens ermöglicht es, aufgrund ihrer geometrischen und metrischen Eigenschaften bestimmte Teilcheneigenschaften wie Masse, Ladung und weitere quantisierte Eigenschaften mathematisch herzuleiten. Dies erweitert unser Verständnis von Teilchen, die faktisch eine unbegrenzte Lebensdauer haben.

Aus den Einstein'schen Feldgleichungen der Allgemeinen Relativitätstheorie geht bereits hervor, dass durch starke Massenkonzentrationen die Struktur der äußeren Raumzeit sich deformieren bzw. krümmen kann. Diese Krümmung der äußeren Raumzeit kann so stark werden, dass sich ein Teil der äußeren Raumzeit aus ihrer Umgebung herauskrümmt, anschaulich vorstellbar als Wassertropfen, der sich von einer glatten Wasseroberfläche abtrennt. Eine solche Region in der äußeren Raumzeit wird Schwarzes Loch genannt, und seine physikalischen Eigenschaften sowie die Möglichkeiten seiner Entstehung werden noch weiter erläutert. Dabei entsteht ein in sich geschlossener Raumzeit-Bereich – oder besser gesagt – eine innere Raumzeit, die von der äußeren Raumzeit unabhängig ist. Die Schnittstelle bzw. der Berührungspunkt der inneren Raumzeit eines schwarzen Loches mit der äußeren Raumzeit wird Schwarzschildradius genannt.

Die Komplexe Relativitätstheorie zeigt nun – und das ist neu –, dass eine Klasse von Elementarteilchen, und zwar die Elektronen und Positronen (die kleinsten stabilen Teilchen) innere Schwarz-Loch-Struktur besitzen und also über eine eigene innere Raumzeit verfügen. Dieses Auftreten autonomer innerer Raumzeiten im Inneren der Elektronen und Positronen motiviert in der Komplexen Relativitätstheorie die Einführung eines zusätzlichen, rein imaginären Vierervektors[11] *zur Beschreibung dieser inneren Raumzeiten.*

Das Universum der Komplexen Relativitätstheorie hat also insgesamt acht Dimensionen – eine für alle Objekte einheitliche vierdimensionale äußere Raumzeit, in der sich wie bisher alle physikalisch beobachtbaren Ereignisse abspielen, und eine für jedes Elektron und Positron individuelle, vierdimensionale innere Raumzeit. Die rein imaginären Raum-Zeit-Komponenten der Komplexen Relativitätstheorie beschreiben die Raumzeit im

Inneren der einzelnen Elektronen und Positronen. Die Schwarzschildradien, also die punktförmigen Schnittstellen oder Fenster, die die äußere reelle Raumzeit mit den inneren imaginären Raumzeiten verbinden, sind die Raumzeitpunkte, an denen die Elektronen und Positronen in der äußeren Raumzeit durch physikalische Experimente beobachtet werden können. Man kann sich die Elektronen und Positronen daher als vierdimensionale Kugeln vorstellen, die auf einer vierdimensionalen Fläche (der äußeren Raumzeit) dahinkullern. Die Berührungspunkte dieser Kugeln mit der Fläche sind genau die Orte, an denen sich die jeweiligen Teilchen in der äußeren Raumzeit aufhalten und experimentell beobachtbar sind.

Das ist wohl das bemerkenswerteste Ergebnis der Komplexen Relativitätstheorie, dass eine bestimmte Klasse von Elementarteilchen eine mikroskopisch kleine und, wie noch gezeigt werden wird, mit Licht gefüllte innere Schwarz-Loch-Struktur mit einer vom beobachtbaren Außenraum unabhängigen eigenen Raumzeit aufweisen.

Aus den im Weiteren noch detaillierter erklärten physikalischen Eigenschaften und Besonderheiten dieser inneren Raumzeiten der Elektronen und Positronen ergibt sich, dass mit der Komplexen Relativitätstheorie erstmals auch geistige Phänomene in fundamentaler Weise in die Physik integriert werden können.[12]

Um die Eigenschaften von Raum und Zeit innerhalb und in der Umgebung eines schwarzen Loches zu studieren, stellen wir uns eine Rakete vor, die sich einem schwarzen Loch nähert. Außerhalb des schwarzen Loches haben Raum und Zeit die uns gewohnten Eigenschaften: In den drei Raumkoordinaten sind wir frei beweglich. In der Zeit sind wir nicht frei, von der Zeit werden wir permanent mitgerissen. Wir befinden uns immer in der Gegenwart und können uns mit unseren Körpern weder in die Vergangenheit noch in die Zukunft bewegen. Genauso ergeht es der Rakete außerhalb des schwarzen Loches in der gewohnten Raumzeit. Bis zur Annäherung an den Schwarzschildradius wird die Rakete ihre Bewegungsfreiheit in den drei

Raumzeitkoordinaten behalten, solange hat die Rakete noch die Wahl, dem Schwerefeld des schwarzen Loches auszuweichen. Stößt die Rakete jedoch in das Innere des schwarzen Loches, jenseits des Schwarzschildradius vor, verliert sie ihre Bewegungsfreiheit im Raum und kann nicht mehr zurück. Egal, wie stark der Schub der Rakete vom schwarzen Loch weggerichtet wird – sie wird immer tiefer in das bodenlose Innere des schwarzen Loches hineingezogen. Das bedeutet, dass die Rakete im Inneren des schwarzen Loches vom Raum mitgerissen wird, wie in der äußeren Raumzeit von der Zeit. Der Raum im Inneren eines schwarzen Loches verhält sich also zeitartig. Was passiert, wenn die Rakete im schwarzen Loch ihren Schub in andere Richtungen gibt? Dann bewegt sie sich in der Zeit! Je nachdem, wie die Rakete ihren Schub richtet, bewegt sie sich mit rasanter Geschwindigkeit in ihre Zukunft oder sie fliegt zeitmäßig im Kreis, kehrt also ständig zu Ereignissen innerhalb des schwarzen Loches zurück, die sie schon mal erlebt hat. Die Zeit im Inneren eines schwarzen Loches verhält sich also wie der Raum der äußeren Raumzeit. Diese Auffassungen sind nun etwa keine utopische Spielerei, sondern diese Eigenschaften der Raumzeit eines schwarzen Loches gehen eindeutig aus den experimentell verifizierten Feldgleichungen der Allgemeinen Relativitätstheorie Albert Einsteins hervor[13].

Als Zusammenfassung kann man also beschreiben: *Das Schwerefeld eines schwarzen Loches erzeugt eine starke Deformation der äußeren Raumzeit-Struktur. Es gibt einen kritischen Radius in der Umgebung eines schwarzen Loches, den sogenannten Schwarzschildradius. Alle Objekte, die diesen Radius von außen in das Innere des schwarzen Loches überqueren, können dem gravitationsbedingten Anziehungsbereich des schwarzen Loches nicht mehr entkommen. Eine Rakete, die den Schwarzschildradius überquert, würde immer tiefer in das schwarze Loch hineingezogen. Selbst Lichtteilchen (Photonen) können nicht mehr aus einem schwarzen Loch entweichen – daher auch der Name.*

Außerdem verläuft die Zeit im Inneren eines schwarzen Loches auch noch rückwärts. Dies ist ein wohlbekanntes Ergebnis des Studiums der Metrik eines schwarzen Loches, wenn man das Verhalten der Zeitkoordinate in der Umgebung vor und hinter dem Schwarzschildradius studiert[14,15]. *Durch die rückwärts laufende Zeit im Inneren eines schwarzen Loches ändert der zweite Hauptsatz der Thermodynamik ebenfalls sein Vorzeichen – aus der Entropie, dem Bestreben der Natur zu immer größerer Unordnung hin (Chaos), wird im Inneren des schwarzen Loches die Negentropie, das Bestreben zu immer größerer Ordnung (Logos). Um auch hier ein Bild zu vermitteln, stelle man sich eine heiße Tasse Kaffee in der wohlvertrauten äußeren Raumzeit vor. Die heiße Tasse Kaffee wird auf einen Tisch gestellt und man vergisst, den Kaffee zu trinken. Nach einer gewissen Zeit wird sich der Kaffee abkühlen. Die Energie, die in Form von Wärme in dem Kaffee gespeichert ist, wird in die Umgebung fließen. Dieser Prozess wird so lange andauern, bis der Kaffee in der Tasse die gleiche Temperatur hat wie der Tisch und die umgebende Luft. Das ist die bekannte Aussage des zweiten Hauptsatzes der Thermodynamik. Wo immer eine Energiekonzentration besteht, ist die Natur bemüht, diese Konzentration auszugleichen und zu nivellieren. Im Inneren eines schwarzen Loches passiert genau das Umgekehrte. Eine Tasse Kaffee könnte hier ihrer Umgebung unter bestimmten Voraussetzungen sogar Energie entziehen und sich selbst noch stärker erhitzen.* ***Allgemein bedeutet dies, dass im Inneren eines schwarzen Loches alle physikalischen Prozesse zu immer größerer Ordnung hin verlaufen.*** Ihr fragt Euch jetzt vielleicht, warum ich hier so intensiv auf die Eigenschaften eines schwarzen Loches eingehe? ***Es wird sich zeigen, dass durch die Entdeckung dieser negentropischen (ordnungserzeugenden) Raumzeiten im Inneren der Elektronen ein Verständnis der Gesetzmäßigkeiten des Lebens, Bewusstseins und aller geistigen Phänomene gewonnen werden kann.*** *Bei den großen, kosmologischen schwarzen Löchern ist es die starke Gravitationswechselwirkung einer* *großen, hoch verdichteten Masse, die zur Bildung des schwarzen Loches führt. Bei der Bildung der mikroskopischen schwarzen Löcher, die die Elektronen und Positronen darstellen, sind es starke Wechselwirkungen*[16], *verursacht durch die hohe Energiedichte der entsprechend großen Photonen. Dies ist eine weitere physikalische Novität. Die Komplexe Relativitätstheorie zeigt, dass nicht nur die Gravitationswechselwirkung, sondern auch die starke Wechselwirkung die äußere Raumzeit krümmen kann, vorausgesetzt, dass die Energiedichte der entsprechenden Teilchen hinreichend hoch ist.*[17]

Während die gewohnte Zeit (entropisch) irreversibel aus der Vergangenheit in die Zukunft abläuft, ist unsere «andere Zeit» (negentropisch) im Inneren der Elektronen eine in sehr kurzen Perioden zyklisch ablaufende Zeit. Wenn also der Rauminhalt des Elektrons zum Zeitpunkt (t) ein Ereignis registriert hat, so wird dasselbe Ereignis kurz darauf – zum Zeitpunkt (t+T)[18] *in diesem Raum neuerlich gegenwärtig. Diese andere Zeit hat also große Ähnlichkeiten mit derjenigen, die bei allen Erinnerungsphänomenen vorzuherrschen scheint. Denn wenn wir uns in einem bestimmten Augenblick an ein vergangenes Ereignis erinnern – uns ein vergangenes Ereignis «vergegenwärtigen» –, so bedeutet das nichts anderes, als dass dieses Ereignis, das irgendwo in unserem sogenannten Gedächtnis gespeichert war, in diesem Augenblick wieder in die Gegenwart unseres Geistes eintritt. Die besondere Zeit unserer inneren Raumzeit, die ich im Gegensatz zu unserer gewohnten Zeit, der Zeit der Materie als Zeit des Geistes bezeichnen will, stellt uns also über die Erinnerung ununterbrochen Ereignisse der Vergangenheit in der Gegenwart zur Verfügung. Innerhalb dieses Raumes kann die gespeicherte Information nur anwachsen. Da eine Wechselbeziehung zwischen Information und Negentropie*[19] *besteht, können wir sagen, dass in unseren Elektronen die Negentropie stetig abnimmt (die Negentropie also stetig zunimmt), eine Erscheinung, die allen Vorgängen im gewöhnlichen, materiellen Raum diametral entgegengesetzt ist. Heißt das nicht, dass dieser besondere Raum ein spezifisch geistiger Raum ist?*

Ihrer physikalischen Definition nach sind die geisttragenden Partikel stabil, ihre Lebenszeit ist also (außergewöhnliche «Unfälle», die zu ihrem vorzeitigen Zerfall führen können, ausgenommen) identisch mit der des Universums. Dieser Umstand ist vor allem seiner metaphysischen Implikationen wegen von größter Bedeutung. Wenn diese Teilchen nämlich einerseits einen Raum einschließen, dessen Informationsgehalt niemals verloren gehen kann – da, wie wir schon sagten, die Negentropie des geistigen Raumes im Lauf ihrer Entwicklung stetigem Wachstum unterworfen ist –, und andererseits die Lebenszeit dieser Teilchen so gut wie «ewig» ist, so führt uns das zum dem Schluss, dass alle Informationen, die wir im Zuge eines Menschenlebens in jene Partikel investiert haben, aus denen unser irdischer Körper zusammengesetzt ist, über unseren körperlichen Tod hinaus, also in alle Ewigkeit weiterbestehen werden. Wenn wir uns darauf einigen, Gott als das Prinzip der Ewigkeit zu bezeichnen, so erlaubt uns das eben Gesagte zu folgern, dass Gott, der als geistiges Wesen der Ewigkeit angehört, «existiert», und weiters, dass jeder von uns «konsubstantiell[20]» mit Gott ist.

Aus unseren Ausführungen ergeben sich jedoch noch weitere, «metaphysisch» ebenso fundamentale Konsequenzen. Da unser Körper in der Tat aus Elementarteilchen aufgebaut ist, die, da sie ja ewig leben, «seit Anbeginn der Welt» existieren, so wurzelt unser eigener Geist tatsächlich in der gesamten bisherigen Geschichte der Welt. Der Geist, den wir als «den unseren» bezeichnen, hat das ganze Abenteuer des Universums miterlebt, jeder von uns besitzt ein «Ich», das vom Anbeginn bis zum Ende der Zeiten besteht. Die Studien auf dem Gebiet der theoretischen Physik über die Raum-Zeit des Geistes könnten zu der irrigen Vorstellung verleiten, das Phänomen, das wir unsere Person oder unseren Geist nennen, sei auf die Milliarden von Teilchen, aus denen sich unser Körper zusammensetzt, aufgeteilt «verstreut». Dies war in etwa die These Pierre Teilhard de Chardins. Meine Forschungen im Bereich der Elementarphysik haben jedoch aufgezeigt, dass diese Interpretation unlogisch und wenig plausibel ist. Es scheint vielmehr so zu sein, dass jedes der Teilchen, die unseren Körper bilden, für sich allein schon die Gesamtheit jeder Information besitzt, deren Inhalt alle Charakteristika «unseres» Geistes, unserer Persönlichkeit, unseres «Ichs» – oder wie auch immer wir es nennen wollen – bestimmt. Auf der Ebene des Geistes finden wir somit genau das wieder, was die Biologen auf experimentellem Weg für die genetische Information beweisen konnten. Bekanntlich enthält jede Körperzelle eines Organismus die gleichen Chromosomen, egal, an welcher Stelle des Körpers sie sich befindet. Für die moderne Biologie scheint es unbezweifelbar festzustehen, dass diese Chromosomen den größten Teil jener Information enthalten, die sich in der Konstitution und im Verhalten lebender und denkender Wesen manifestiert.

Meine Arbeiten aber scheinen gezeigt zu haben, dass man noch weiter gehen muss, und zwar bis auf die Ebene der Elementarteilchen hinunter, jener wahrhaft elementaren (das heißt: nicht mehr zerlegbaren) Teilchen, mit denen sich die moderne Physik beschäftigt. Es wären demnach nicht die Chromosomen, sondern jedes einzelne der physikalischen Partikel, aus denen diese bestehen, Träger der Gesamtinformation des betreffenden Individuums. Es ist sogar möglich (ja wahrscheinlich), dass diese Gesamtinformation auch in all jenen Elementarteilchen enthalten ist, aus denen sich die übrigen Teile der Zelle (wie Kern, Zytoplasma der Zellmembran) zusammensetzen, und nicht nur in denen der Chromosomen selbst.

Das heißt natürlich nicht, dass ein solches Partikelchen unseres Körpers sich hinsichtlich des Informationsgehalts in nichts von seinem Nachbarn unterscheidet. Tatsächlich hat, wie wir schon sagten, jedes einzelne Teilchen eine «Geschichte», die bis zu den Anfängen des Universums zurückreicht; daraus folgt, dass jedes Teilchen andere Erfahrungen durchlebt hat als das Nachbarteilchen, bevor sie beide in die komplexe Struktur dieses besonderen Organismus eingingen.[21]

Nun fragt Ihr Euch womöglich, in welcher Form denn diese Informationen in den Zellen gespeichert werden. *Das bringt uns zu den einfachsten Teilchen, aus denen prinzipiell alle anderen Teilchen aufgebaut sind, die Neutrinos und die Photonen bzw. die Antineutrinos und Antiphotonen. Neutrinos bilden Photonen, Photonen bilden Elektronen und Positronen, diese bilden die Quarks, die Quarks bilden die stabilen Kernteilchen Proton und Neutron.* ***Aus Protonen, Neutronen und Elektronen wird die gesamte, stabile, im Universum vorkommende Materie aufgebaut.*** *Neutrinos und Photonen sind strukturlose Teilchen ohne räumliche Ausdehnung (m = o). Sie unterliegen also nicht der Gravitations-Wechselwirkung. Sie können sich sowohl in der äußeren reellen Raumzeit als auch in inneren Raumzeiten von Elektronen und Positronen aufhalten, aber sie können nicht von der einen in die andere Raumzeit wechseln, d.h. sie können die Schwarzschildradien der Elektronen und Positronen nicht durchqueren.*

Die Photonen bilden die Quanten, also die kleinsten Einheiten der elektromagnetischen Wellen. Die Photonen breiten sich wie die Neutrinos stets mit Lichtgeschwindigkeit aus. Das gesamte Universum ist wie ein Ozean mit einer Strahlung aus zahllosen Neutrinos und Photonen angefüllt. Neutrinos und Photonen sind die am häufigsten vorkommenden Teilchen im Universum. Jeder von uns wird ständig von Millionen und Abermillionen Neutrinos durchflogen. Da die Neutrinos nur sehr schwach mit der übrigen Materie in Wechselwirkung treten, durchqueren sie nahezu ungehindert den ganzen Erdball, ohne von den die Erde bildenden Teilchen aufgehalten zu werden.

In der Tat werden Elektronen und Positronen aus Photonen mit ganz bestimmter Energiemenge aufgebaut. Wenn ein Photon in der äußeren Raumzeit einen charakteristischen Energiewert hat, kann es sich in ein Elektron und ein Positron verwandeln. Bei dieser Teilchenentstehung wird Photonen- bzw. Antiphotonen-Energie, die zur Bildung dieser neuen Teilchen notwendig war, in den neu entstandenen inneren Raumzeiten des Elektrons und des Positrons eingeschlossen.[22] So entsteht also diese innere Raum-Zeit, welche dem Prinzip der Negentropie folgt.

Die inneren Raumzeit-Volumina aller Elektronen und Positronen befinden sich außerdem in einer ständigen Pulsationsbewegung. Diese Pulsationsperiode wird in der Komplexen Relativitätstheorie berechnet. Sie ist für alle Elektronen und Positronen gleich[23]*. Die Komplexe Relativitätstheorie fordert außerdem, dass alle Teilchen phasentreu pulsieren (kohärente Pulsation). Das bedeutet, dass alle Elektronen im Gleichtakt sind und zu gleichen Zeiten Minimal- und Maximalvolumen haben. Bei jeder Pulsation variieren daher die Radien der inneren Teilchenraumzeiten zwischen einem minimalen und einem maximalen Wert.*[24] *Dabei werden die Photonen- bzw. die Antiphotonengase der Elektronen und der Positronen zusammengepresst und wieder ausgedehnt. Bei jeder Pulsation verläuft die innere Zeit zyklisch, das heißt, dass die in der inneren Raumzeit eingeschlossenen Photonen- bzw. Antiphotonengase in jeder Pulsationsperiode alle Zustände bzw. Anordnungen durchlaufen, die sie je eingenommen haben.*

Durch die Wechselwirkungen (Erlebnisse) mit anderen Teilchen wird die Anordnung der Photonen in der inneren Raumzeit eines Elektrons beeinflusst. Jedes Elektron und auch jedes Positron verfügt somit über ein individuelles Teilchengedächtnis, denn alles, was ein Elektron oder ein Positron durch Wechselwirkungen mit anderen Teilchen je erlebt hat, wird in seinem inneren Raumzeit-Volumen in Form von bestimmten Photonengas-Anordnungen gespeichert. Diese Photonengas- bzw. Lichtteilchen-Anordnungen, von denen jede ein spezielles gespeichertes Teilchenerlebnis repräsentiert, werden im folgenden als Lichtmuster bezeichnet. Jedes Elektron und jedes Positron hat einen individuellen Erfahrungsschatz, der permanent ergänzt wird, da ja ständig neue innere Lichtmuster durch neue Erfahrungen hinzukommen. Dieser Erfahrungsschatz kann jederzeit abgerufen werden. ***Eigenschaften der Elektronen und Positronen entsprechen damit genau den elementaren Eigenschaften des Bewusstseins!***[25]

Dieser Austausch von inneren Lichtmustern wird als Elementarprozess Liebe definiert. Der Elementarprozess Liebe ist maßgebend für die evolutionäre bzw. geistige Weiterentwicklung der Materie, zu der auch Pflanzen, Tiere und Menschen gehören. Die aktivere Rolle bei der geistigen Entwicklung und der Organisation der Materie in biologischen Strukturen übernehmen die Elektronen. Diese Lichtenergie kann im Inneren der Elektronen durch den «Elementarprozess Liebe» gebündelt werden.[26]

Die Elektronen und Positronen können also als die kleinsten elementaren Einheiten des Bewusstseins, derer sich das Universum bedient, um sich über sich selbst bewusst zu werden, interpretiert werden.

Das bedeutet in der logischen Konsequenz, dass die gesamte Materie geistbegabt bzw. bewusstseinstragend ist![27]

DIE MENSCHLICHE SEELE – EINE HOCHENTWICKELTE ELEKTRONENGEMEINSCHAFT

Was wir sind, sind unsere Elektronen und Positronen, aus denen unser Körper aufgebaut ist.

Was wir denken, das denken unsere Elektronen und Positronen.

Was wir fühlen, das fühlen unsere Elektronen und Positronen.

Womit wir uns identifizieren, das sind die Gedächtnisinhalte, die Lichtmuster im Inneren unserer Elektronen und Positronen.

Die Elektronen sind die Teilchen, denen bei der Organisation biologischer Strukturen die größte Bedeutung zukommt. Die Elektronen sammeln in ihren inneren Raumzeiten in Form von Lichtmustern alle Informationen über Form und Inhalt von allen biologischen Strukturen, die jemals von ihnen organisiert worden sind (morphogenetische Felder).

Die Informations-Speicherkapazität eines einzigen Elektrons ist praktisch unbegrenzt. Sie übersteigt die Speicherkapazität aller auf der Welt befindlichen Computersysteme, denn alle im Elektron gespeicherten Informationen werden von der inneren Lichtwolke eines Elektrons innerhalb einer Pulsationsperiode in 10-24 sec durchlaufen. Mit jedem biologischen Organismus, den die Elektronen durch ihr Organisationstalent hervorbringen, wächst die Information im Inneren der Elektronen. Durch den Elementarprozess Liebe, also den Austausch innerer Lichtmuster, wächst außerdem die Vertrautheit zwischen den Elektronen untereinander. Die Vertrautheit zwischen den Elektronen ist umso größer, je mehr Übereinstimmung in ihren inneren Lichtmustern besteht. Die Elektronen, die einen Menschen bilden, haben also die gemeinsame Erfahrung, dieser Mensch zu sein. Im Inneren aller den menschlichen Körper bildenden Elektronen ist alles gespeichert, was dieser Mensch je erlebt hat. Die Menge der Lichtmuster in den Elektronen bildet sozusagen das Gedächtnis des Menschen. Diese gemeinsame Erfahrung der Elektronen wird auch dann nicht verlorengehen, wenn der Mensch stirbt. In einem Menschen werden sich auch eine Vielzahl von Elektronen befinden, die zum ersten Mal am Aufbau eines Menschen beteiligt sind, die z.B. durch Nahrungsaufnahme in den menschlichen Organismus aufgenommen und eingebaut werden. Es wird jedoch in einem Menschen auch eine Anzahl von Elektronen geben, die bereits schön öfter einen menschlichen Organismus aufgebaut haben. Und es wird insbesondere solche Elektronen geben, die sich bereits über sehr lange Zeiträume hinweg besonders gut kennen, die besonders vertraut miteinander sind und die sich schon aus vielen gemeinsam erfahrenen Menschenleben kennen. Gemeint ist eine Klasse von Körperelektronen, die immer wieder gemeinsam menschliche Körper gebildet haben – denn je größer die Vertrautheit bzw. der Schatz der gemeinsamen Erfahrungen ist, umso größer ist auch das Bestreben dieser Elektronen, zusammenzubleiben und zusammenzuhalten. Je größer die Vertrautheit der Elektronen, umso stärker ist ihre Fähigkeit, Lichtenergie in angeregten Atomzuständen (Bioplasma) zu speichern. Gemeinsam und durch die Liebe sind die Elektronen stark.[28]

BIO-PLASMA

Aufgrund ihrer Fähigkeit der Photonenspeicherung in angeregten Atom- bzw. Molekülzuständen verschaffen sich die Elektronen erstens eine große Bewegungs- und Aktionsfreiheit im Inneren der von ihnen organisierten biologischen Strukturen, und zweitens erhöhen sie durch die hohe Photonendichte den Informationsfluss untereinander. Wie viele Photonen die Elektronen untereinander jonglieren können, hängt ab vom Ordnungsgrad der Photonengase in der inneren Raumzeit der Elektronen.

Auf diese Weise werden von außen kommenden Photonen von den biologischen Elektronen eingefangen und in das kohärente elektromagnetische Strahlungsfeld im Inneren der Zellen eingegliedert. So können sich Strahlungsfelder mit immer größer werdenden Amplituden auftürmen. Mit diesem elektromagnetischen Strahlungsfeld speisen die Elektronen alle biochemischen Stoffwechselprozesse einerseits (Aufrechterhaltung der Lebensfunktionen) und den Aufbau neuer biologischer Strukturen andererseits (Wachstum, Reproduktion). Dieser für biologische Materie typische energetische Anregungszustand ist nichts anderes als das vielzitierte und bislang naturwissenschaftlich nicht verstandene Bioplasma. Mit Hilfe der hier entwickelten Modellvorstellungen über die physikalischen Eigenschaften fällt es uns nun sehr leicht, das Phänomen des Bioplasmas grundlegend zu verstehen. Bioplasma ist genau die in den angeregten Atomzuständen gespeicherte Photonenenergie.

Durch das Ein- und Ausatmen nehmen biologische Organismen den für die chemischen Stoffwechselvorgänge nötigen Sauerstoff auf und scheiden als Verbrennungsrückstände Kohlendioxid aus. Neben diesem rein chemischen Aspekt hat die Atmung noch eine weitere Funktion, die sich naturwissenschaftlich begründen lässt. Denn mit jedem Atemzug nimmt der Körper nicht nur Sauerstoff auf, sondern auch Lichtenergie – also Photonen, die in angeregten Zuständen von Hüllelektronen in den Luftmolekülen gespeichert sind. Diese in den Luftmolekülen gespeicherte Lichtenergie ist also quasi das Bioplasma der Atmosphäre, das vorwiegend durch die Sonneneinstrahlung gebildet wird. Die in der Atemluft gespeicherte Lichtenergie war den Mystikern aller Zeiten bekannt und wurde unterschiedlich bezeichnet (z.B. Prana, Chi, Od, Orgon-Energie). Der Anreicherungsgrad der Luft mit Bioplasma lässt sich mit geeigneten physikalischen Instrumenten (z.B. Elektrometer) quantitativ nachweisen und messen. Bioplasma entsteht also letztendlich dadurch, dass die Elektronen die negentropischen, ordnungserzeugenden Eigenschaften der inneren Raumzeiten (Lichtmuster) auf die äußere Raumzeit übertragen. Je höher die gespeicherte Photonendichte bzw. je stärker der dadurch bedingte Informationsfluss und die Anzahl der dabei beteiligten Elektronen ist, umso größer ist das Gesamtbewusstsein dieses elektronischen Kollektivs. Bewusstsein ist also ein Kooperativphänomen. Mit der Modellvorstellung des Bioplasmas lassen sich auch Krankheiten verstehen. Krankheiten sind letztendlich darauf zurückzuführen, dass in bestimmten Körperteilen disharmonische elektromagnetische Felder zwischen den Elektronen ausgetauscht wird.

Dies ist auf eine Disharmonie in der Verteilung der inneren Lichtenergie der Elektronen zurückzuführen. Krankheiten haben also immer geistige Ursachen. Die Medizin und auch die Biologie haben bisher weitgehend nur die chemischen Eigenschaften des physischen Körpers untersucht. Dass die gesunde Funktion eines biologischen Organismus in entscheidendem Maße von seiner Fähigkeit abhängt, Bioplasma, also Lichtenergie in körpereigenen angeregten Atomzuständen zu speichern, ist den meisten Forschern bisher entgangen. Die hier vorgestellten modernen physikalischen Modellvorstellungen bieten die Möglichkeit, Biologie, Medizin, Psychologie und letztendlich auch die Geisteswissenschaften und alle geistigen Phänomene auf eine solide naturwissenschaftliche Basis zu stellen.[29]

ESSENZELEKTRONEN ALS INFORMATIONSTRÄGER UNSERER SEELE

Solche Elektronen-Gemeinschaften, die bereits viele verschiedene Körper gemeinsam organisiert haben, werden von nun an Essenzelektronen genannt. Die Essenzelektronen bilden jeweils den Kristallisationskeim für die Morphogenese, also den Aufbau und die Formbildung eines neuen Körpers. Viele körperliche, aber auch geistige und charakterliche Eigenschaften, die sich bei der Entwicklung eines Menschen ausprägen, sind bereits in diesen Essenzelektronen in Form von inneren Lichtmustern gespeichert. Diese ureigenen, gemeinsamen Erfahrungen des Essenzelektronen werden mit besonderer Intensität nach außen drängen, und der Mensch wird im Laufe seiner Entwicklung geneigt sein, vorrangig den Eigenheiten seiner Essenzelektronen zum Ausdruck zu verhelfen und sie zu verwirklichen. Das bedeutet, dass jeder Mensch verschiedenartige Eigenschaften und Fähigkeiten bereits zum Zeitpunkt seiner Geburt in latenter Form in ein neues Leben mitbringt, und zwar solche, die sich im Inneren seiner Essenzelektronen über viele vorangegangene Leben entwickelt haben. Diese Eigenschaften der Elektronen, ihre Erfahrungen in inneren Lichtmustern zu speichern, und mit solchen Elektronen zusammenzubleiben, die über möglichst viele gleiche Lichtmuster verfügen, die also sehr vertraut miteinander sind, führt zum Begriff der Seele.

Die Existenz einer für jedes Lebewesen individuellen Seele ist eine Konsequenz der energetischen Bündelung der Lichtenergie im Inneren der Elektronen. Die aus den physikalischen Eigenschaften der inneren Raumzeit-Struktur der Elektronen logisch folgende energetische Bündelung der inneren Lichtenergie, die schließlich zur Erleuchtung, zur Erlösung aus der Materie führt, ist von Jean E. Charon nicht ausgeführt worden. Jean E. Charon geht in seinen Ausführungen davon aus, dass die Elektronen, die ein Lebewesen bilden, sich nach dem Tode in alle Winde zerstreuen und wieder an der Organisation beliebiger anderer Lebewesen teilnehmen. Dieser Auffassung soll jedoch an dieser Stelle widersprochen werden.

Mit jeder Verkörperung unternimmt die aus Essenzelektronen gebildete Seele einen erneuten Versuch, ihr Bewusstsein weiterzuentwickeln, das heißt die Anzahl der Essenzelektronen und deren Schwingungsfrequenz zu erhöhen. Im Jenseits gibt es keine Erlösung. Die Seele kann nur im Körper erlöst werden – durch die Erleuchtung. Denn nur im Körper kann die Seele die schicksalsbedingten Verletzungen, die ihr einmal in einem anderen Körper zugefügt wurden, wieder heilen. Nur im Körper sind die physikalischen Bedingungen für eine Transformation gegeben. Und so werden sich die Essenzelektronen nur ein materielles Milieu auf der Erde suchen, dass den Erfahrungen und dem erneuten Lernprozess am ehesten gerecht wird. Die Essenzelektronen werden eine Umgebung suchen, wo sie andere verkörperte Elektronengemeinschaften vorfinden, mit denen sie eventuell bereits aus zurückliegenden Verkörperungen vertraut sind. So ist es kein Zufall, welche Eltern sich die Essenzelektronen eines Menschen aussuchen. Nur allzu oft sind alte Bande zwischen ihnen geknüpft. Denn die Elektronen haben die Tendenz, sich an solchen Orten aufzuhalten bzw. in die Nähe solcher Elektronen zu gelangen, die mit ihrem Schwingungsniveau übereinstimmen. Daher wird ein Mensch sich unbewusst im Leben immer bevorzugt in der Nähe von Menschen aufhalten, die seinem Entwicklungsniveau entsprechen. Jeder Mensch sucht sich also seine Gesellschaft selbst aus. Gleich und gleich gesellt sich gern – dieses Sprichwort trifft auch auf die Elektronen zu. Daher werden sich im Leben immer solche Menschen zusammenfinden, oder besser gesagt – wiederfinden, die bereits über gemeinsame Erfahrung verfügen. Auch die vielzitierte Liebe auf den ersten Blick ist oft eine Liebe auf den erneuten Blick, da sich die beiden Turteltäubchen häufig schon aus früheren Leben kennen und daher von Anfang an sehr vertraut miteinander sind. Dies rechtfertigt, auch aus physikalischer Sicht, aufgrund der Eigenschaften der Elektronen die folgende Aussage:

Liebe ist die stärkste Kraft im Universum.
Liebe überwindet Zeit und Raum und Tod.

Wie Magneten steuern miteinander vertraute Menschen aufeinander zu, meistens unbewusst – gelenkt von den inneren Lichtmustern ihrer Essenzelektronen. Diese Affinität, diese Anziehungskraft zwischen Elektronen mit gleichartigen Lichtmustern ist die physikalische Begründung für all das, was unter dem Begriff «Schicksal» zu verstehen ist. «Der Mensch erntet, was er gesät hat.» Schicksal ist allgemein die Affinität, die zwischen Elektronen mit gleichartigen oder komplementären Lichtmustern besteht. Auch die Tendenz, dass ein Mensch oftmals in ähnlichen Situationen mit unangenehmen Auswirkungen konfrontiert wird, ist die Folge seines Schicksals. Opfer und Täter steuern aufeinander zu, weil sie sich durch Abstrahlung und Empfang von komplementären elektromagnetischen Feldern anziehen. In diesem Sinne gibt es keinen Zufall. Nicht jeder Mensch wird in gleicher Weise zum Opfer des «sogenannten Schicksals», und nicht jeder Mensch zeigt die gleiche Anfälligkeit gegenüber Krankheiten. Jeder Mensch sollte vielmehr die volle Verantwortung für sein «Schicksal» übernehmen und sich zu einer bewussteren Lebensführung hin entwickeln. Auf der Ebene des Menschen bedeutet Schicksal, dass der Mensch solange mit gleichen oder ähnlichen Situationen konfrontiert wird, bis er die Affinität zu solchen Situationen transformiert hat – bis also die entsprechende Energieblockade aufgelöst bzw. das die Affinität erzeugende elektromagnetische Störfeld harmonisiert worden ist. Durch Zufuhr von harmonischer Lichtenergie (Liebe) kann Schicksal aufgelöst werden.

So wird jeder Mensch immer und immer wieder durch die Eigenheiten seiner Elektronen in gleichartige Situationen geführt, bis er aus ihnen lernt und sein Verhalten bewusst ändert. Das, was einem Menschen in seinem aktuellen Leben widerfährt, wird zur gemeinsamen Erfahrung aller seiner Elektronen. Und der Mensch besteht auf Billionen mal Billionen Elektronen. So kann ein Mensch sich an Ereignisse in seinem aktuellen Leben erinnern, die bereits viele Jahre zurückliegen. Wenn sich ein Mensch an etwas erinnert, werden simultan zwischen sehr vielen seiner Elektronen identische Lichtmuster ausgetauscht. Dadurch entsteht ein elektromagnetisches Feld, dessen Stärke davon abhängt, wie viele Elektronen an dem Lichtaustausch beteiligt sind. Damit wird die Fähigkeit des Menschen, sich an zurückliegende Ereignisse zu erinnern, zu einem Maß für das Bewusstsein. Das Bewusstsein eines Menschen hängt ab von der Fähigkeit der den Körper bildenden Elektronen, sich miteinander über die elektromagnetische Wechselwirkung zu verständigen. Außerdem wird die Qualität des Bewusstseins noch durch die Höhe der Frequenz der zwischen den Elektronen ausgetauschten Lichtmuster bestimmt.

Je mehr Elektronen im Körper sich über den Elementarprozess Liebe austauschen, umso mehr werden alle gespeicherten Informationen in das Bewusstsein integriert. Das Bewusstsein ist der Duft der Elektronen. Das Unterbewusstsein ist die Menge aller Informationen eines Menschen, die aufgrund des zu schwachen Austauschs zwischen den Elektronen noch nicht in das Bewusstsein integriert ist. Je mehr ein Mensch Erlebtes verdrängt hat, umso weniger frei ist er in seinem Verhalten, umso mehr wird sein Verhalten durch das bestimmt, was ihm nicht bewusst ist. In diesem unbewussten Zustand befinden sich nach wie vor sehr viele Menschen. Erst bei der Erleuchtung besteht die Möglichkeit, alle unbewussten Informationen restlos aufzulösen.

***Die Grenze zwischen Bewusstsein und Unterbewusstsein bildet die Angst.** Je mehr sich ein Mensch mit seinen Ängsten auseinandersetzt und sie überwindet, umso mehr wird er mit seinen verdrängten Erfahrungen konfrontiert. Alles, was in dem aktuellen Leben eines Menschen passiert, ist die gemeinsame Erfahrung aller seiner Elektronen. Daher fällt es relativ leicht, sich an alles zu erinnern, was in diesem Leben passiert ist. Viele Menschen lehnen die Wiederverkörperungslehre ab, zum einen aus fixierten Glaubensvorstellungen, die nicht hinterfragt werden dürfen,* *und zum anderen, weil Ereignisse aus früheren Leben nicht ohne weiteres zugänglich sind. Es hat physikalische Gründe, dass die Erinnerung an frühere Leben nicht so leichtfällt, denn die Informationen über die früheren Leben sind ja zunächst nur in den Essenzelektronen gespeichert. Die Essenzelektronen sind jedoch nur ein winziger Bruchteil aller Elektronen, aus denen der menschliche Körper gebildet wird. Die Essenzelektronen waren ja sozusagen nur der Kristallisationskeim für die Bildung des Körpers. Damit ein Mensch sich an frühere Leben erinnern kann und diese unbewussten Erfahrungen in sein Bewusstsein integrieren kann, müssen die Essenzelektronen ihre Informationen an die übrigen Körperelektronen weitergeben, und zwar durch den Elementarprozess Liebe. Dazu gibt es geeignete, geistige Transformationsmethoden. Geeignet bedeutet, dass jeder Mensch zu einer bestimmten Zeit ganz spezifische Methoden braucht, die seinem geistigen Entwicklungsstand angemessen sind.*

Wenn die Informationen über frühere Leben oder verdrängte Erlebnisse aus Kindheit und Jugend an hinreichend viele Elektronen weitergegeben wurden, wird das entsprechende elektromagnetische Feld bzw. das Bioplasma zwischen den Elektronen stark genug, so dass der Mensch diese Informationen bewusst wahrnehmen kann. Dann können z.B. auch Bilder aus einem früheren Leben auftauchen. Die Reintegration verdrängter Kindheitserlebnisse und von Informationen aus früheren Leben erfordert in der Regel die Anwendung von geistigen Meditationsmethoden, damit die Essenzelektronen ihre Informationen preisgeben und an alle anderen Körperelektronen weitergeben.[30]

Gefühle sind physikalisch betrachtet nichts anderes als qualitativ und quantitativ unterschiedliche Zustände des Bioplasmas im Körper. Je stärker sich der menschliche Energiekanal öffnet, das heißt, je mehr die Innenräume der Körperelektronen geistig transformiert werden und dadurch vermehrt untereinander kohärent reelle Lichtteilchen austauschen können, umso glücklicher fühlt sich der Mensch. Durch einen geistigen Wachstumsprozess wird der Austausch von Lichtteilchen zwischen den Elektronen immer mehr angeregt – das Prinzip Liebe wird also dadurch immer mehr innerlich verwirklicht, und es führt letztendlich zu grenzenloser Glückseligkeit und Lebensfreude – bis hin zur liebevollen Wiederverbündung mit Gott, zur Erlösung. Je mehr Licht im Innern des Körpers ausgetauscht wird, umso bewusster wird der Mensch sich selbst und seine Umgebung wahrnehmen.

Wenn der Körper also voll mit Bioplasma gefüllt ist, wenn also viele Elektronen in angeregten und freien Zuständen sind, dann fühlt sich der Mensch wohl und glücklich. ***Alle wirksamen geistigen Meditationsmethoden haben nichts anderes zum Ziel, als diesen Lichtaustausch immer stärker werden zu lassen durch die Bündelung der Lichtwolken in den inneren Raumzeiten der Elektronen, um damit das gesamte Bewusstseins-, Liebes- und Glückspotential des Menschen freizusetzen und die Verbindung zum Schöpfer wiederherzustellen.*** *Wenn der Energiekanal hinreichend geöffnet ist, fangen die Energiezentren (Chakren) regelrecht an zu glühen. Die Frequenz, also die Schwingungszahl der ausgetauschten Lichtteilchen, nimmt im Körper von unten nach oben zu. Sie ist im Wurzelzentrum am geringsten und im Scheitelzentrum am höchsten. In den Energiezentren überlagern sich viele Dutzende von Oktaven der elektromagnetischen Strahlen. Eine dieser Oktaven entspricht dem sichtbaren Licht mit den Regenbogenfarben von rot bis violett.*

Mit einem hinreichend geöffneten menschlichen Energiesystem sind diese Energiezentrenfarben, die Aura, direkt wahrnehmbar. Die Energiezentren sind die Regionen im Körper, an denen die Essenzelektronen ihre auch aus früheren Verkörperungen stammenden Erfahrungen an die übrigen Elektronen des Körpers weitergeben und damit die Integration dieser Erfahrungen in das Hier-Jetzt-Bewusstsein ermöglichen.[31]

In unserer gewohnten äußeren Raumzeit geschieht also alles in einem Maß der Unordnung, das wir als Gleichgewicht wahrnehmen. Das Maß der Unordnung unserer Natur ist notwendig, denn dadurch werden unendlich viele Möglichkeiten bereitgestellt, über die wir uns erfahren und entfalten können.

Aufgrund dieses Modells der Komplexen Relativitätstheorie von Jean E. Charon und den Ergänzungen von Michael König komplettiert nun ein Maß der Ordnung diese Sichtweise der Welt, was auf der Ebene der kleinsten Elementarteilchen wirkt, welche letztlich die gesamte Materie erschaffen.

Die biologischen Vorgänge unserer physischen Existenz können also nicht ohne Ordnung existieren und gleichzeitig ist die Unordnung unabdingbar für die Entstehung von den vielen schöpferischen Möglichkeiten, welche uns das Leben und die Natur zur Verfügung stellen. Dies also nochmals als zusammenfassendes Element zwischen dem Zitat Albert Einsteins und den bisher erläuterten Begebenheiten.[RS1]

GRUNDVORAUSSETZUNGEN FÜR DIE GEISTIGE TRANSFORMATION

Eine der wichtigsten Voraussetzungen für die individuelle geistige Entwicklung des Bewusstseins ist die, dass der Mensch sich wieder intensiv Gott (oder Schöpfer/Quelle/Universum/…) zuwendet und die volle Verantwortung für sich selbst und für alles übernimmt, was ihm je passiert ist und je passieren wird. Ohne diese Selbstverantwortung wird sich der Mensch nicht weiterentwickeln können, weil er sich sonst nicht von all seinen Opferrollen und Erniedrigungsritualen befreien kann, die er über viele Leben hinweg «kultiviert» hat. Ein Mensch, der die Verantwortung für sich selbst nicht voll übernimmt, wird immer andere Menschen für alles Mögliche verantwortlich machen, er macht sich damit zum Sklaven. Eines der fatalsten Erniedrigungsrituale ist das Selbstmitleid. Es ist schlaff und kraftlos und zieht nach unten und nicht nach oben. Mitleid mit anderen Menschen ist auch ein Erniedrigungsritual, weil man dadurch den betreffenden Menschen und sich selbst erniedrigt. Mitgefühl mit anderen Menschen ist eine positive Qualität, weil das Mitgefühl aus dem Verstehen kommt, und es ist hilfreich. Der Mitfühlende ermutigt und fordert auf zur Transformation und gibt damit Kraft. Mitleid ist lieblos, Mitgefühl ist liebevoll. Der Mitleidende erniedrigt sich selbst auf die Stufe des Leidenden – der Mitfühlende versucht den Leidenden aus seinem Leid zu erheben.

Das Glücksgefühl eines Menschen hängt ab von der Menge des im Körper gespeicherten Bioplasmas. Je mehr Bioplasma im Körper gespeichert wird und frei fließen kann, umso glücklicher fühlt sich der Mensch. Damit dies geschehen kann, müssen alle Blockaden aus dem Körper gelöst werden. Die Blockaden kommen durch bestimmte, die Gesamtharmonie störende Lichtmuster im Inneren der körpereigenen Elektronen zustande. Schicksalsbedingte Blockaden wurden bereits mit in dieses Leben gebracht und sind auf störende Lichtmuster im Inneren der Essenzelektronen zurückzuführen. Alle traumatischen Erfahrungen, alles Leid aus früheren Leben, aus Kindheit und Jugend usw. sind also im Inneren der körpereigenen Elektronen gespeichert und verhindern die Fähigkeit des Menschen, sich grenzenlos glücklich zu fühlen. Die individuellen Blockaden sind in vielfältiger Weise für jeden Menschen wahrnehmbar. Die Blockaden manifestieren sich als Ängste, körperlicher Schmerz, Gefühle und Gedanken und schlimmstenfalls als Krankheiten. Weil sich die meisten Menschen durch eine oberflächliche Lebensführung ihrer selbst wenig bewusst sein, sind sie Sklaven ihrer Ängste, Gefühle und Gedanken. Um diese Blockaden aus den körpereigenen Elektronen und aus den Essenzelektronen auflösen zu können, ist es erforderlich, dass sich der betreffende Mensch darüber bewusst wird. Zur Entwicklung des Bewusstseins dienen alle geistigen Transformationsmethoden. Je weiter die geistige Entwicklung eines Menschen voranschreitet, umso angstfreier wird er.

Wo die Angst ist, da geht es lang. Angst ist die Trennlinie zwischen Unterbewusstsein und Bewusstsein. *Durch die Auseinandersetzung mit seinen Ängsten wird der Mensch immer weiter mit dem Bewusstsein in die unbewussten Bereiche seines Selbst vorstoßen und damit nach und nach alle Ängste und die damit verbundenen Blockaden auflösen. Ein Gefühl der Angst ist also immer die Folge einer Blockade an irgendeiner Stelle des Körpers, dort erzeugt durch eine Gruppe von Elektronen mit störenden Lichtmustern, die den Informationsfluss (Photonenaustausch) mit den übrigen Körperelektronen unterbrechen. Löst sich eine Blockade auf, so wird eine zuvor unbewusste Information in das Gesamtbewusstsein des Menschen integriert und löst so die damit verbundene Angst auf. Die Auflösung einer Blockade wird ermöglicht durch die Zufuhr von Licht, und das ist nichts anderes als das Prinzip Liebe. Durch das Prinzip Liebe, dem Photonen-Impulsaustausch zwischen verschiedenen Elektronen, wird die Kommunikation zwischen verschiedenen Elektronen wiederhergestellt, und die verdrängte, unbewusste Information kann in das Bewusstsein integriert werden. Je höher die Frequenz der zwischen den Elektronen ausgetauschten Photonen bzw. je größer der ausgetauschte innere Photonen-Impuls ist, umso größer ist die heilende, transformative Kraft der Liebe.*

Die heilende Kraft der Liebe ist proportional zur Frequenz der inneren Lichtmuster der Elektronen.

Daraus folgt, dass ein Erleuchteter über die größten transformativen und heilenden Kräfte verfügt und es für einen unerleuchteten Menschen sehr vorteilhaft ist, sich in der Nähe eines Erleuchteten aufzuhalten, weil durch diese Nähe die geistige Entwicklung enorm beschleunigt werden kann. Bevor die Erleuchtung eines Menschen möglich wird, geht er durch sehr intensive transformative Prozesse. Alle Blockaden in seinem Energiesystem, das heißt, alle Informationsstörungen zwischen seinen Elektronen und insbesondere zwischen seinen Essenzelektronen werden nach und nach aufgelöst. Um dahin zu gelangen, gibt es eine Vielzahl von geistigen Transformationsmethoden.

Die Bedürfnisse sind bei jedem Menschen individuell verschieden, da jeder unterschiedliche Erfahrungen in seinem früheren Leben gemacht hat. Es ist so gut wie völlig aussichtslos, dass ein Mensch ganz allein, auf sich selbst gestellt, zur Erleuchtung kommt. Mit der Einstellung «Ich mach das alles allein» dauert es schätzungsweise 1.000.000 Verkörperungen! Wenn ein Mensch am Anfang seiner geistigen Entwicklung steht, ist er meist noch so eingefangen von seinen gesellschaftlichen Konditionierungen, Vorurteilen und Glaubensvorstellungen, dass er ohne fremde Hilfe nicht weiterkommt. ***Es ist daher äußerst sinnvoll, sich gleichgesinnten Menschen anzuschließen, immer mehr zu lernen und sich von seinem Herzen lenken zu lassen.*** *Das Herz führt den Menschen nach Hause, auch gegen den Widerstand der Mitmenschen, die keine Lust haben, sich zu transformieren. Der Mensch, der sich transformieren will, sollte den Mut haben, Erfahrungen in spirituell orientierten Gruppen zu sammeln.*

DER WEG ZUR ERLEUCHTUNG

Die nachfolgend beschriebene Entfaltung des menschlichen Energiekörpers bis hin zur Erleuchtung geschieht wohl in den meisten Fällen innerhalb und im Schutze einer geistigen Schule in der Nähe eines erleuchteten geistigen Lehrers. Der Wachstumsprozess, der erforderlich ist, ist derartig intensiv, dass die Nähe und das Feedback eines Erleuchteten für die meisten Menschen fast zu einer notwendigen Bedingung wird.

Mit zunehmender geistiger Entfaltung werden die Hauptenergiezentren immer stärker wahrnehmbar. Oft gibt es auch schmerzhafte Phasen, und zwar meist dann, wenn sich die Energiezentren ein bisschen mehr öffnen, das heißt wenn der Photonenaustausch zwischen den körpereigenen Elektronen stärker wird. Die Energiezentren werden immer kräftiger und fangen an zu brennen und schließlich zu glühen. In der ersten Entfaltungsphase sind besonders die unteren Energiezentren vom Wurzelzentrum bis zum Sonnengeflecht zu spüren. Hier ist es sinnvoll, besonders körperorientierte Meditationsmethoden anzuwenden, um Existenzängste, unterdrückte Sexualität, Wut-, Hass-, und Eifersuchtsgefühle zu transformieren. Im weiteren Verlauf spürt man auch das Herzzentrum immer stärker, ebenso wie das Halszentrum. Manchmal kann bei bestimmten Meditationen ein heftiges Prickeln durch den ganzen Körper fließen – das ist immer dann der Fall, wenn sich eine Blockade auflöst und der Körper auf ein energetisch höheres Lichtniveau geht.

Die Verletzungen durch störende Lichtmuster, die sich die Essenzelektronen in früheren Leben zugezogen haben, werden nach und nach durch geeignete Methoden geheilt. Auch die Erinnerung an frühere Leben und das damit verbundene Wissen werden nach und nach in einer geistigen Schule in das Hier-Jetzt-Bewusstsein integriert. Dadurch gewinnt der Mensch Klarheit über den Verlauf und die Zusammenhänge in seiner seelischen Entwicklung, und er lernt über große Zeiträume hinweg – viele Jahrtausende – die Biografie seiner Seele zu überblicken. Dadurch wird altes Schicksal aufgelöst und die weitere geistige Entwicklung beschleunigt. Durch stille Meditationen kann das 6. Energiezentrum, das dritte Auge, aktiviert werden. Wenn das dritte Auge zum ersten Mal gespürt wird, fühlt es sich an wie ein Druck zwischen den Augenbrauen. Am Anfang hat man keinen Einfluss darauf, wann dieser Druck kommt und geht. Das Einzige, was man «machen» kann, ist still dasitzen und nichts tun.

Mit der Zeit, bei regelmäßiger Meditation, wird dieser Druck immer stärker, und man kann es durch weitere Meditationspraxis lernen, die Situation herzustellen, dass dieses Druckgefühl kommt. Manchmal verläuft die geistige Entwicklung auch schubartig. Auf einmal kommt ein starker Lichtschub nach oben oder ein starkes Prickeln, das aber nach einer gewissen Zeit wieder aufhört. Solche Lichtschübe sind die Vorboten einer ungeheuren, unendlich großen Glückseligkeit. Wenn das dritte Auge stärker aktiviert wird, zieht es die ganze Aufmerksamkeit auf sich. Das höchste Bewusstsein wohnt nun sozusagen zwischen den Augenbrauen. Durch die Aktivierung des dritten Auges wird der eigene Körper, sein Gefühls- und Gedankenstrom immer transparenter und klarer. Auch in den unteren Energiezentren kann jetzt noch sehr viel passieren, sie öffnen sich immer mehr, und der Lichtfluss durch den Körper nimmt irgendwann Tag für Tag immer stärker zu. Mit der Öffnung des dritten Auges – das heißt, mit der Zunahme des Photonenaustauschs zwischen den Elektronen in der Höhe der Augenbrauen – entwickelt sich die Fähigkeit, den Lichtstrom im Inneren und in der Umgebung anderer Menschen, also die Aura wahrzunehmen. Je weiter sich das eigene Energiesystem öffnet, umso feiner wird die Wahrnehmung.

Auch die Gefühle und die Art der Gedanken anderer Menschen werden immer feiner wahrgenommen. Bei der weiteren geistigen Entfaltung wird irgendwann ein winziges Flämmchen mitten im Kopf spürbar, auf gleicher Höhe wie das dritte Auge. Dieses Flämmchen flackert und fühlt sich an wie ein kleiner Orgasmus. Bei weiterer stiller Meditation wächst dieses Flämmchen zu einer Flamme, und ein süßer Strom beginnt vom dritten Auge aus hochzusteigen. Je stärker sich der Energiekanal öffnet, umso stärker wird die Flamme bzw. dieser Strom. Im weiteren Verlauf der geistigen Entfaltung werden die Lichtblitze immer heftiger. Mit jedem Lichtblitz wird die Flamme hinter dem dritten Auge stärker.

Die Frequenz der zwischen den Elektronen ausgetauschten Lichtteilchen ist nun bereits wesentlich größer als die emotionalen und mentalen Frequenzen, also die Frequenz von Gedanken. Alle unklaren und unwohlen Gefühle und auch alle Gedanken werden durch die gleißend helle Lichtflamme von hoher Frequenz regelrecht «verbrannt». Im Zustand reiner Meditation überstrahlen die reinen und hohen Frequenzen die niedrigeren emotionalen und mentalen Frequenzen. Der ganze Körper fühlt sich immer wohliger und glücklicher an. Alle Gefühle von Traurigkeit,

Wut, Ärger, Hass, Eifersucht etc. und negative Gedankenprojektionen verschwinden. Tiefe Ruhe und Gelöstheit breiten sich aus. Das Leben wird zu einem Kinderspiel. Es gibt keine Probleme mehr. Der Geist wird rein und klar wie ein Diamant. Es kommen Momente, da steht das ganze Gehirn, der ganze Kopf in Flammen, aber es ist angenehm. Die Flamme brennt immer heftiger und sie erreicht das Scheitelzentrum. Sie wird jetzt wie ein Schweißbrenner, der langsam aber sicher ein Loch in die Schädeldecke brennt. Daran muss man sich erst einmal gewöhnen. Nun erreichen die Elektronen die höchstmögliche Lichtfrequenz. Die Lichtwolken im Inneren der Elektronen (und Positronen) bündeln sich auf ein einziges Super-Photon und die Elektronen (und Positronen) lösen sich auf. Es gibt eine Lichtexplosion, einen Lichtknall – die Erleuchtung. Die Trennlinie zwischen innen und außen ist verschwunden – der offene Himmel. Durch den ganzen Körper rast ein ungeheuer starker süßer Strom, gleißend weißgoldenes Licht, ununterbrochener Super-Orgasmus.

Dieser Zustand hört nicht mehr auf, und er unterscheidet sich daher grundlegend von den vorangegangenen Lichtschüben. Diese Lichtblitze hatten einen Anfang und ein Ende. ***Erleuchtung hat nur einen Anfang, aber kein Ende****. Es gibt Leute, die kurzfristig starke Lichterlebnisse hatten und nun fälschlicherweise glauben, sie seien erleuchtet. Da der Energiekanal, also das Energiezentrensystem noch nicht voll entfaltet war, geht das Licht wieder aus. Wenn die Lichtflut wieder aufhört, ist die geistige Entwicklung noch nicht ans Ziel gelangt. Erleuchtung ist eine nie mehr endende Lichtexplosion, die von Moment zu Moment stärker wird. Dieser Elementarprozess Erleuchtung kann zünden, bevor alle schicksalsbedingten Verletzungen im Energiekörper (in den Essenzelektronen) aufgelöst sind. Der Energiekanal ist hinreichend stark geöffnet, so dass die Flamme nicht mehr ausgeht. Im Scheitelzentrum brennt unentwegt ein gleißend goldenes Licht, eine Supernovaexplosion – das ist Erleuchtung, und alles andere ist erst noch auf dem Weg dahin.*

Wenn Lachen nicht so anstrengend wäre auf die Dauer – man würde nur noch ununterbrochen lachen. Es ist der größte Spaß. Die Einsicht in das Ganze wird mit jedem Tag komischer und tiefer und tiefer und es gibt keine Grenzen. Wenn dieser Elementarprozess Erleuchtung im Scheitelzentrum gezündet hat, verlaufen die Transformationsprozesse im Körper mit beschleunigter Geschwindigkeit. Wenn ein Mensch hinreichend lange nach der Erleuchtung in seinem Körper bleibt, können alle schicksalsbedingten Verletzungen restlos aufgelöst werden, und der Mensch wird erlöst. Dann wird dieser Mensch zum Erlöser, das heißt, dann hat er die Kraft, andere Menschen zu erlösen.[32]

STOPP: Bevor Du jetzt weiterliest, bitte halte kurz inne und lasse diese Informationen mal kurz auf Dich wirken. Konntest Du wichtige Erkenntnisse daraus gewinnen? Wie fühlst Du Dich jetzt gerade? Wer liest das jetzt gerade?

DAS SYSTEM DER SIEBEN KÖRPER

Die vorangegangenen Ausführungen haben gezeigt, dass der Mensch ein vielschichtiges geistiges Wesen ist, dessen Verhalten sich durch die Kenntnis der bereits dargestellten grundlegenden physikalischen Gesetzmäßigkeiten verstehen und damit auch transformieren lässt. Das System der sieben Körper verdeutlicht, dass der Mensch aus unterschiedlichen physischen und geistigen Komponenten (Körpern) besteht, deren Zustände sich gegenseitig durch physikalische Wechselwirkungen bedingen.[33] *Sämtliche geistigen Eigenschaften, Vorgänge und Entwicklungsstufen des Menschen lassen sich in einem vollständigen System aus sieben Körpern zusammenfassen. Es stellt sich heraus, dass dieses System der sieben Körper nicht ein willkürliches, esoterisches Bezugssystem darstellt, sondern dass es auch geeignet ist, die verschiedenen physikalischen Eigenschaften geistiger Phänomene sinnvoll zu ordnen und zu klassifizieren.*

1. Physischer Körper

Der physische Körper ist die Gesamtheit der Teilchenmaterie, aus der ein Mensch aufgebaut ist. Der physische Körper repräsentiert jene physikalischen Eigenschaften der Körpermaterie, wie sie in der reellen, äußeren Raumzeit erscheinen. Der physische Körper mit seinen Sinnesorganen (Augen, Ohren, Nase, Zunge, Tastsinn) und Bewegungsorganen ist die Basis für die Essenzelektronen (Seele), damit diese kreativ und organisierend auf die umgebende Materie in der äußeren Raumzeit einwirken können. Die konventionelle und veraltet materialistisch orientierte Naturwissenschaft reduziert und führt alle menschlichen Eigenschaften nur auf den physischen Körper zurück. Wenn die Essenzelektronen beim Sterben den physischen Körper verlassen, kommen sämtliche biochemischen Stoffwechselprozesse zum Erliegen, und der physische Körper bleibt als Leichnam zurück und zerfällt. Die konventionelle Schulmedizin mit Chirurgie, chemischen Arzneimitteln etc. setzt bei der Behandlung von Krankheiten am physischen Körper an. Sie behandelt also häufig nur die Symptome der Krankheiten und kümmert sich wenig um den Ursprung der Krankheiten, die oft erst durch Störungen in den höheren Körpern entstehen. Die biochemischen Stoffwechselvorgänge des physischen Körpers werden vom emotionalen Körper (Bioplasma) gesteuert.

2. Emotionaler Körper

Der emotionale Körper umfasst die Gesamtheit der Photonenenergie (Lichtenergie), die von den körpereigenen und körperperipheren Elektronen in ionisierten und angeregten Atom- und Molekülzuständen gespeichert wird – also das gesamte körpereigene Bioplasma in den Energiezentren, Akupunkturmeridianen und in der Aura. Alle menschlichen Gefühle werden durch unterschiedliche Energiezustände (Bioplasmazustände) des emotionalen Körpers charakterisiert. Der emotionale Körper verbleibt nach dem Sterben bei den Essenzelektronen, damit diese manövrierfähig bleiben und ihren gegenseitigen Abstand justieren können. Das Freisetzen der den emotionalen Körper bildenden Lichtenergie bewirkt während des Sterbens einen geistigen Transformationsschub, den die Essenzelektronen zur Transformation ihrer inneren Raumzeiten auf ein höheres Lichtniveau nutzen können. Unter sehr günstigen Bedingungen kann ein Mensch daher während des Sterbens noch erleuchtet bzw. erlöst werden, wenn der Transformationsschub hinreichen groß ist und ein Erleuchteter sich in seiner Nähe aufhält. Dies geht jedoch meist nur, wenn der Sterbende hinreichend weit geistig entwickelt war. Die Gesundheit des physischen Körpers hängt ab vom Zustand des Emotionalkörpers. Fast alle Krankheiten lassen sich auf Störungen im Emotionalkörper zurückführen (chronischer Bioplasmamangel). Die Fähigkeit des Emotionalkörpers, aus viel Bioplasma zu bestehen, hängt wiederum vom Zustand des Astralen Körpers und des Mentalen Körpers ab.

3. Astraler Körper

Der Astrale Körper bildet die Gesamtheit der Essenzelektronen – also die Seele. Dies ist die Gesamtheit aller inneren Lichtmuster, also aller Erfahrungen, die in den inneren Raumzeiten der Essenzelektronen und -positronen gespeichert sind. Der Astral-Körper ist die Seele und enthält alle Informationen über frühere Leben. Daher ist der Astral-Körper auch der Speicher für das Schicksal, also der Speicher für alle Affinitäten, die das

Verhalten des betreffenden Menschen in seiner Umwelt mitbestimmen. Der Zustand des Astral-Körpers ist das Maß für das geistige Entwicklungsniveau der Seele, je nachdem, wie gut die Lichtenergie in den inneren Raumzeiten der Essenzelektronen gebündelt ist bzw. wie hoch die Frequenz der inneren Lichtmuster ist. Die Lebensdauer des Astral-Körpers ist potentiell unbegrenzt. Nur durch fortlaufende geistige Verwahrlosung oder schwerste Verletzungen des Essenzelektronen-Verbandes durch schwarze Magie kann der Astral-Körper und damit auch die Seele zerstört werden. Durch die Vertrautheit, die die Essenzelektronen miteinander durch das Prinzip Liebe über viele Verkörperungen entwickelt haben, wird der Astral-Körper, der ja der Verband der Essenzelektronen ist, zusammengehalten. Die Lebensdauer des Astral-Körpers gerät lediglich in Gefahr, wenn auf Dauer über mehrere Verkörperungen hinweg das Prinzip Liebe durch fortdauernde selbstzerstörerische Tendenzen missachtet wird. Dadurch kann die Vertrautheit des Essenzelektronen und ihre Fähigkeit schwinden, die Materie zu lebensfähigen Organismen zu formen.

Der Astral-Körper organisiert bereits im embryonalen Wachstumsprozess den Aufbau des emotionalen und physischen Körpers. Schicksalsbedingte Verspannungen des Astralen Körpers beeinträchtigen die Funktion des emotionalen Körpers. Vom harmonischen Zustand des Astral-Körpers hängt es ab, ob sich die Essenzelektronen mit den übrigen Körperelektronen auf einen kohärenten Photonenaustausch – also die Speicherung von möglichst viel Bioplasma – einstimmen können. Die Kopplung des Astral-Körpers an den Emotional-Körper geschieht vorwiegend in den sieben Hauptenergiezentren. Dort wird am intensivsten reeller Photonenaustausch bei gleichzeitigem inneren Photonen-Impulsaustausch zwischen den Essenzelektronen und den übrigen körpereigenen Elektronen betrieben.

4. Mentaler Körper

Dies ist der mentale Aspekt der Gesamtheit der Körperteilchen. Die Gesamtheit der Licht- und Antilichtmuster, die in den inneren Raumzeiten aller den physischen Körper bildenden Teilchen (Elektronen und Positronen) gespeichert sind. Dies ist die Summe der gemeinsamen Erfahrungen der das gegenwärtige Leben betreffenden Körperteilchen. Alles erlernte Wissen – alle Gedanken, der Sitz des Denkprozesses. Gedanken sind der Austausch von virtuellen Licht- und Antilichtmustern, also der kollektive Photonen- und Antiphotonen-Impulsaustausch zwischen allen Elektronen und Positronen des Körpers (die elektrostatische Wechselwirkung). Am Denkprozess sind also sowohl die die Atomkerne bildenden Teilchen (Protonen und Neutronen) als auch die die Atomhüllen bildenden Elektronen beteiligt. Die Protonen und Neutronen bestehen ja letztendlich aus Elektronen und Positronen. Der Mensch ist zu kreativen und liebevollen als auch zu zerstörerischen und hasserfüllten Gedanken fähig. Am intensivsten findet dieser mentale Photonen-Impulsaustausch zwischen den Elektronen im menschlichen Gehirn statt.

Das Denken an sich findet jedoch im ganzen Körper statt. Im Gehirn wird das Strahlungsfeld so stark verdichtet, dass es im Bewusstsein des Menschen dominiert. Daher meinen die Menschen, sie würden mit dem Kopf denken. Die Gedankenquellen können jedoch überall im Körper sitzen, vorwiegend in den unteren Energiezentren. Wenn dort in den unteren Energiezentren verdrängte Gefühle und traumatische Erlebnisse in den Elektronen gespeichert sind, beeinflussen diese den Gedankenstrom und führen zu negativen Gedankenprojektionen, die dann im Gehirn als Gedanken wahrgenommen werden. Bei den meisten Menschen kommen die Gedanken daher aus dem Bauch und nicht aus dem Kopf. Die Gedanken im Gehirn sind nur die verstärkten Signale dessen, was sich irgendwo in anderen Bereichen des Körpers abspielt. Das Gehirn mit seinen vielen

Milliarden Nervenzellen, von denen viele über die Neutronenstränge miteinander verbunden sind, ist ein sehr effektives Organ, das die Elektronen sich konstruiert haben, damit möglichst viele Elektronen gleichzeitig Photonen-Impulsaustausch betreiben können. Je mehr Elektronen gleichzeitig ein bestimmtes Lichtmuster austauschen, umso mehr dominiert dieses im Bewusstsein gegenüber anderen Lichtmustern.

Das elektromagnetische Strahlungsfeld des Astral-Körpers (Essenzelektronen) wird beim normalen Menschen meist vom Strahlungsfeld des mentalen Körpers überstrahlt, da dieser aus der Gesamtheit der Körperteilchen und daher quantitativ, aber nicht qualitativ überwiegt. Durch negative, selbstzerstörerische Gedanken kann der mentale Körper das Gleichgewicht des Astralen und des Emotionalen Körpers stören. Dadurch wird die Kohärenz zwischen inneren Lichtschwingungen und dem äußeren Photonenaustausch zwischen den Elektronen beeinträchtigt. Durch positives, lebensbejahendes Denken (Affirmationen) kann die Gesundung des emotionalen Körpers unterstützt werden. Die vollständige Reinigung des mentalen Körpers von Vorurteilen, Glaubensvorstellungen und gesellschaftlichen Konditionierungen ist aber nur durch die Entfaltung des menschlichen Energiekörpers (Energiezentrensystem) durch Anwendung von Meditationsmethoden möglich, die den gesamten menschlichen Körper in allen in ihm gespeicherten Informationen erfassen und transformieren. Der Mentale Körper löst sich nach dem Sterben auf.

5. Kausaler Körper

Die Kristallisation des Kausalen Körpers bedeutet, dass sich die Essenzelektronen mit ihrem elektromagnetischen Strahlungsfeld gegenüber den übrigen quantitativ überwiegenden Körperteilchen durchsetzen – die Seele setzt sich durch und nimmt den von ihr konstruierten Körper in Besitz. Damit werden tiefe und alte Seelenerfahrungen (z.B. Erinnerungen an das frühere Leben) bewusst in die gesamte Körpermaterie integriert. Das volle schöpferische Potential eines Menschen wird mit der fortschreitenden Kristallisation des Kausalen Körpers verwirklicht. Es kommt zur Kristallisation des Egos – des Potentials des einzelnen Individuums. Vor dieser Kristallisation ist das Individuum in viele kleine Egos zersplittert. Mit der Kristallisation des Egos wird der Mensch einen ständig größer werdenden Willen entwickeln.

Der Wille ist nichts anderes als die Übereinkunft vieler Elektronen, sich in eine bestimmte Richtung zu entwickeln. Je mehr der körpereigenen Elektronen sich dafür entscheiden, umso stärker ist der Wille. Wenn ein Mensch einen schwachen Willen hat, ist er in sich gespalten, er ist in gewisser Weise schizophren – unkristallisiert. Da gibt es viele Elektronengrüppchen. Die einen sagen «hüh» und die anderen sagen «hott». Der Bauch will etwas anderes als der Kopf, der Kopf will etwas anderes als das Herz, das Herz will etwas anderes als der Bauch usw. Diese Unschlüssigkeit, diese Willenlosigkeit kommt aus der Getrenntheit, aus den Blockaden im Energiekörper. Der Wille wird damit zum Motor der individuellen Weiterentwicklung. Durch die Kristallisation des Kausalen Körpers werden diese internen Trennungen überwunden, und der kristallisierte Mensch handelt harmonisch aus einer Aufforderung zur Kristallisation des Kausalen Körpers.

Im Kausalen Körper besteht noch die Spannung – die Trennung zwischen Ich und Du, zwischen Subjekt und Objekt. Das Ich ist geeint, doch es erfährt sich noch vom Ganzen getrennt. Alle Meditationsmethoden bringen den Menschen letztendlich zur Kristallisation seines Kausal-Körpers.

6. Kosmischer Körper

Der Kosmische Körper ist die materielle und mentale Gesamtheit des Universums – die gesamte Strahlungs-, Teilchen- und Gravitationsenergie.

Er ist die Gesamtheit aller Polaritäten. Die Summe all dessen, was war, ist und sein wird. Im Kosmischen Körper wird die Trennung des Bewusstseins der körpereigenen Teilchen mit allen anderen außerhalb liegenden Teilchen des Universums aufgehoben. Der individuelle Bewusstseinstropfen – das kristallisierte Ego – fällt in den kosmischen Bewusstseinsozean und verschmilzt mit ihm. Die letzte mentale Trennlinie zwischen der individuellen Seele und dem ganzen Universum wird aufgelöst – Egolosigkeit. Einssein mit dem ganzen Universum. Liebe und Mitgefühl wachsen ins Uferlose. Das gesamte Sein kann nur in der Polarität existieren, Materie und Antimaterie, Elektronen und Positronen, Licht und Dunkelheit.

7. Göttlicher Körper

Dies ist der Körper der Erlösung. Im Göttlichen Körper wird die Spannung des Kosmischen Körpers, die Polarität, überwunden. Physikalisch bedeutet die Realisierung des Göttlichen Körpers die Anregung der höchsten Schwingungsfrequenz in den Innenräumen aller Essenzelektronen einer Seele durch vollständige Verwirklichung des Prinzips Liebe – des Elementarprozesses Erleuchtung, der auf der Ebene des Scheitelzentrums beginnt. Durch Erreichung der höchsten Schwingungsfrequenzen im Inneren der Elektronen können diese auch die Positronen transformieren, das heißt, dass auch die Antilichtteilchen im Inneren der Positronen zu einem Superlichtteilchen gebündelt werden. Daher kommt es zur vollständigen Auflösung von Elektron-Positron-Paaren.

Der menschliche Energiekanal kann durch die starke Lichtenergie vollständig entfaltet und von allen schicksalsbedingten Verletzungen gereinigt werden. Die Erleuchtung führt dann zur Erlösung. Das Prinzip Satan, repräsentiert durch die Zerstörung der Bündelung der inneren Lichtwolken, durch die Abwesenheit des Prinzips Liebe, wird damit vollständig überwunden. Alles Sein kehrt zurück in das Reich Gottes – die höchste göttliche Ebene, die Ebene des Schöpfers. Die vollständig gereinigte Engelseele kehrt zurück in den Schoß Gottes. Grenzenlose Glückseligkeit jenseits von Raum, Zeit und Materie.[34]

LIEBE ist die stärkste Kraft im Universum.

TIMELINES UND MULTIWELTEN

Das mehrfach erwähnte Konzept der Multi-Universen bietet auch eine Erklärung für das Phänomen der Zeitlinien. Um dies zu veranschaulichen, möchte ich eine persönliche Erfahrung mit einer Raum-Zeit-Anomalie teilen. Vor etwa 20 Jahren entging ich nur knapp einem tödlichen Autounfall. Während ich in Italien auf der Autobahn unterwegs war, fiel ich offenbar in einen Sekundenschlaf. Plötzlich hörte ich eine laute Stimme, obwohl ich allein im Auto war. Dieser Schrei riss mich aus dem Schlaf, und ich trat erschrocken auf die Bremse, wodurch ich mein Tempo von rund 150 km/h auf 80 km/h reduzierte. Unmittelbar danach sah ich, wie ein Lastwagen, beladen mit Moniereisen, aus einer Kurve auf die Autobahn schoss. Die Ladung ragte direkt in meinen Fahrstreifen. Hätte ich das Tempo nicht verringert, wäre es zu einem tödlichen Unfall gekommen. In diesem Moment schien es, als hätte ich für einen kurzen Augenblick zwei verschiedene Zeitlinien wahrgenommen – als wäre ein Riss in der Zeitkontinuität entstanden, der zwei Wirklichkeiten voneinander trennte: Auf der einen Linie passierte der Unfall und ich starb, auf der anderen gelang es mir, dem Hindernis auszuweichen.

Ein Phänomen, das viele von uns schon erlebt haben, ist das Déjà-vu. Ich bin mittlerweile überzeugt, dass ein Déjà-vu ein kurzes Überschreiten in eine Parallelwelt oder Paralleldimension darstellt, in der ein ähnliches Ereignis bereits stattgefunden hat. Diese Wahrnehmung deutet darauf hin, dass verschiedene Dimensionen und Zeitlinien parallel existieren.

Eine Zeitlinie, oft auch als „Timeline" bezeichnet, ist im Wesentlichen ein Faden von Ereignissen, die sich über verschiedene Zeiträume hinweg aneinanderreihen. Wenn wir beispielsweise die Zeitlinie unseres heutigen Tages betrachten, sehen wir, dass wir aufgestanden sind, gefrühstückt haben und uns nun mit der Lektüre dieses Buches beschäftigen. Doch die entscheidende Frage lautet: Können sich Zeitlinien verändern?

Wir leben von Moment zu Moment und treffen fortwährend Entscheidungen, die dazu führen, dass wir bestimmte Wege einschlagen. Jede Entscheidung schafft eine neue Raum-Zeit-Wahrscheinlichkeit und bringt eine spezifische Abfolge von Ereignissen mit sich. Wenn wir uns anders entscheiden, entstehen andere Realitäten – oft geschieht dies unbewusst.

Doch was passiert, wenn wir bewusst die Routine unterbrechen und untypische Entscheidungen treffen? In einem solchen Fall könnte eine neue individuelle Zeitlinie entstehen. Wie bereits erörtert, existieren alle potenziellen Entscheidungen bereits. Jede Entscheidung führt uns auf eine spezifische Zeitlinie, die sich von der vorherigen abspaltet. Damit betreten wir tatsächlich eine neue Welt – und das geschieht ständig, erklärbar durch das Modell der Multi-Universen. Die Planckzeit, der kleinstmögliche Zeitintervall, in dem die Gesetze der Physik gültig sind, beträgt 10-44 Sekunden. In jedem dieser winzigen Zeitmomente wird das Universum neu erschaffen, was uns theoretisch unendliche Möglichkeiten bietet, unsere Realität zu verändern.

Dennoch verharren wir oft in wiederkehrenden Mustern, vergleichbar mit einem sich wiederholenden Ton auf einer Schallplatte. Dies ist weniger auf Manipulation zurückzuführen als auf unsere mangelnde

Bewusstheit. Häufig erkennen wir nicht, dass wir uns in einem fortlaufenden Programm befinden, das wir jederzeit ändern könnten, um in eine neue, höhere Frequenz einzutreten. Durch Bewusstseinserweiterung und das Erkennen dieser Muster können wir aus diesen Gewohnheiten ausbrechen und bewusst einen anderen Weg einschlagen.

Im Kern bedeutet dies, dass wir die Schöpfer unserer Realität sind und nicht lediglich vorgefertigte, determinierte Programme abarbeiten müssen. Die Zukunft existiert in ihrer Vielzahl an Möglichkeiten bereits, und wir wählen aus diesen Potenzialen. Auch die Quantenkosmologie bestätigt, dass unser Universum nur eine von unendlich vielen möglichen Realitätsebenen ist. Dies könnte auch erklären, warum die berühmten Prophezeiungen von Nostradamus oder Irlmaier möglicherweise Einsichten in Parallelwelten darstellen.

Die Frage, ob die Entscheidung, die man als Individuum trifft, nur die eigene Welt beziehungsweise die eigene Zeitlinie betrifft oder auch die Zeitlinien anderer Menschen und das kollektive Bewusstsein, lässt sich nicht eindeutig beantworten. Die Antwort lautet vielmehr: beides trifft zu.

Zunächst einmal beeinflusst jede Entscheidung das Individuum selbst und sein unmittelbares Umfeld. Die Auswirkungen sind zunächst vor allem auf der persönlichen Ebene spürbar. Doch gleichzeitig wirken Entscheidungen auch auf das Kollektiv, wenn auch oft subtiler und indirekter. Sichtbar wird dieser Einfluss häufig erst durch Phänomene wie den „Effekt des hundertsten Affen“, der beschreibt, wie sich individuelle Erkenntnisse und Verhaltensweisen allmählich kollektiv verbreiten, wenn eine kritische Masse erreicht ist.

Die kollektive Realität, die wir als Gemeinschaft wahrnehmen, wird jedoch nicht ausschließlich durch unsere eigenen Entscheidungen geformt, sondern auch durch eine Vielzahl anderer Faktoren. Ein besonders mächtiger Einflussfaktor sind die Medien. Sie spielen in der modernen Welt eine zentrale Rolle, indem sie Informationsfelder erzeugen, die von allen Menschen mitgestaltet werden, die sich mit diesen Themen auseinandersetzen. Die Berichterstattung über Ereignisse formt die kollektive Wahrnehmung der Realität, und gerade in den letzten Jahren hat die verstärkte Berichterstattung über schockierende Szenarien vermehrt zu globalen Angstzuständen geführt. Das liegt daran, dass solche Schlagzeilen besonders viel Aufmerksamkeit generieren.

Auch wenn die Macht der Medien nicht zu unterschätzen ist und sie maßgeblich zur Gestaltung der kollektiven Realität beitragen, bleibt letztlich jeder Einzelne dafür verantwortlich, ob er sich dieser medialen Einflussnahme aussetzt oder nicht. Die Entscheidung, sich Nachrichten anzusehen und in diese Informationsfelder einzutauchen, liegt bei jedem selbst. In diesem Sinne beeinflusst sowohl die persönliche Entscheidung als auch das kollektive Umfeld die Realität – es ist, wie schon erwähnt, immer „sowohl als auch".

Die kollektive Realität wird nicht nur durch menschliche Entscheidungen geformt, sondern auch von kosmischen Einflüssen wie Sonnenaktivitäten beeinflusst, die geomagnetische Veränderungen auf der Erde hervorrufen können. Dieses Phänomen, das ich in meinen Vorträgen, Interviews und Büchern ausführlich behandelt habe, verdeutlicht den Zusammenhang zwischen universellen Prozessen und irdischen Entwicklungen. Eine NASA-Studie von 1978 zeigte, dass der Aufstieg und Niedergang von Zivilisationen mit Sonnenaktivitäten korreliert, was auf den tiefgreifenden Einfluss kosmischer Kräfte auf die Geschichte hinweist.[35]

Die Geschichte der Menschheit zeigt, dass tiefgreifende globale Veränderungen, die als revolutionäre oder revitalisierende Bewegungen bezeichnet werden können, häufig in Zeiten intensiver geomagnetischer Aktivität auftreten. Solche Phänomene sind nicht nur statistische Zufälle. Bereits seit 1926 existiert Grundlagenforschung zu den

Wechselwirkungen zwischen Magnetfeldern und biologischen Systemen. Alexander L. Tschishewski, der Begründer der Heliobiologie, führte umfangreiche Studien durch, um die Zusammenhänge zwischen Sonnenaktivitäten und weltweiten Ereignissen wie Krankheitsausbrüchen und Kriegen wissenschaftlich zu belegen. Er zeigte auf, dass geomagnetische Felder, oft beeinflusst durch intensive Sonnenaktivitäten, das menschliche Verhalten signifikant beeinflussen können.

Ein herausragender Wissenschaftler in diesem Bereich war Professor Michael Persinger, einer der bedeutendsten Hirn- und Bewusstseinsforscher. Er wies nach, dass Veränderungen des Erdmagnetfeldes mentale und emotionale Prozesse im Gehirn beeinflussen und zu veränderten Bewusstseinszuständen führen können. In seinen späteren Forschungen beschäftigte er sich mit der Idee einer möglichen „Punkt-Mutation“ der Menschheit – einem kollektiven Erwachen, das in Verbindung mit Veränderungen des Erdmagnetfeldes steht. Dieses Feld ist, wie er betonte, das Medium, das uns alle miteinander verbindet.

In meinem Film „Solar Revolution“ sprach Professor Persinger in einem Interview über die Korrelation zwischen kulturellen Auf- und Abstiegen und den Veränderungen des Magnetfeldes der Erde. Er beschreibt die Möglichkeit, dass geomagnetische Stürme tiefgreifende mikrostrukturelle Veränderungen im menschlichen Gehirn verursachen können, was zu einer Anpassung der Hirnfunktion führt. Professor Michael Persinger argumentiert, dass eine einzige Punktmutation im Genom ausreicht, um wesentliche Veränderungen in der Menschheit hervorzurufen – so wie etwa die Entwicklung der Sprache durch eine solche Mutation ausgelöst wurde. Diese Veränderungen könnten durch das Erdmagnetfeld bedingt sein, dem alle Menschen ausgesetzt sind, und könnten zu globalen Umwälzungen führen. Geomagnetische Stürme könnten somit revolutionäre Bewegungen und kollektive Bewusstseinsveränderungen anstoßen, die den Lauf der

Geschichte prägen. Persinger weist darauf hin, dass die Vorstellung, dass kosmische Einflüsse die Menschheit gleichzeitig betreffen und unsere Kontrolle über das Schicksal einschränken, beängstigend, aber wahrscheinlich ist.

Da ich seit fast 40 Jahren mit den Forschungen von Professor Persinger vertraut bin, bin ich zunehmend überzeugt, dass seine Prognosen zutreffend sind. Jede größere Sonnenaktivität bringt uns näher an einen Schwellenwert – einen Zustand, der das Eintreten eines bestimmten Ereignisses markiert. Diese Schwellenwerte werden jedoch bei jedem Menschen individuell unterschiedlich ausfallen. Somit wird unsere gemeinsame Realität bzw. die Zeitlinie, die wir kollektiv wahrnehmen, von verschiedenen, teils variablen Faktoren beeinflusst. Dennoch bleibt die individuelle Entscheidung entscheidend für die Wahrnehmung sowohl der persönlichen als auch der kollektiven Realität.

In diesem Kontext erhält die folgende Aussage von Mahatma Gandhi eine tiefere Bedeutung: «Sei Du selbst die Veränderung, die Du Dir wünschst für diese Welt!» Jeder von uns ist aufgefordert, sein Leben so zu gestalten, dass es die Richtung unterstützt, die wir als Gemeinschaft anstreben. Ich habe in meinem Leben festgestellt, dass innerer Frieden und Positivität die äußeren Umstände positiv beeinflussen. Die Realität, die im Fernsehen gezeigt wird, hat oft wenig mit meiner eigenen, schöneren Welt zu tun. Indem ich mich auf das Wesentliche konzentriere und auf den Fernseher verzichte, fördere ich authentische Erfahrungen und teile diese mit Gleichgesinnten. Jeder von uns muss seine eigene Rolle in diesem größeren Ganzen finden, während wir gemeinsam die Zukunft der Menschheit gestalten.

Jeder Mensch ist das Zentrum seines eigenen Universums und trägt seine eigene Wahrheit. Selbst wenn 7 Milliarden Menschen das gleiche Ereignis erleben, gäbe es 7 Milliarden unterschiedliche Wahrnehmungen. Daher ist es schwierig, von einer universellen Wahrheit zu sprechen, und Missverständnisse sind oft unvermeidlich. Zwischenmenschliche Begegnungen sind Überlappungen unserer individuellen Universen, in denen wir als Gäste in den Realitäten des anderen verweilen.

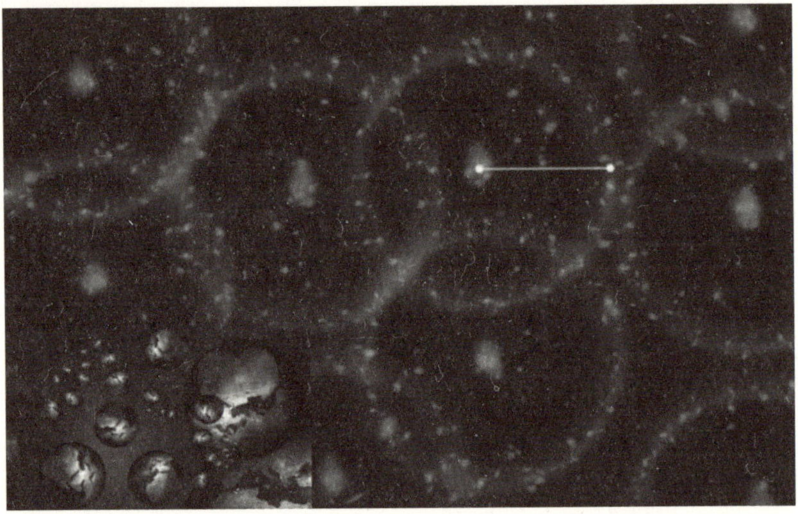

Überschneidungen der individuellen Universen durch Begegnungen

Es geht nicht um ein Entweder-oder, sondern um die Möglichkeit, gemeinsam eine Welt zu erschaffen, die unseren gemeinsamen Wünschen entspricht. Hier steht der Gemeinsinn im Mittelpunkt: Durch geteilte Interessen, die aus Freude erwachsen, gestalten wir eine gemeinsame Realität. Wir prägen sie automatisch, wenn wir ähnliche Vorlieben und Freuden teilen. Dabei bleibt Raum für die individuellen Besonderheiten jeder Seele, die im kollektiven Aufstiegsprozess ebenfalls eine wichtige Rolle spielen. Innerlich haben wir uns bereits entschieden, einen gemeinsamen Weg zu gehen, und dort, wo Freude ist, werden wir uns wiederfinden. In diesem gemeinsamen Universum gestalten wir die Dinge so, wie wir es uns vorstellen. Es mag zu schön klingen, um wahr zu sein, aber genau so ist es.

Man könnte es als eine „positive Verschwörung" bezeichnen. Auch wenn das Wort „Verschwörung" oft negativ behaftet ist, bedeutet es letztlich nur, dass sich Menschen zusammenschließen und einen Plan schmieden. Eine positive Verschwörung vereint uns in der Vision einer neuen Welt, in der Glück das Unglück überwiegt. Wenn wir uns auf diese Idee einlassen und gemeinsam handeln, sind wir nicht nur Theoretiker, sondern Praktiker dieser positiven Bewegung, die diese neue Realität Wirklichkeit werden lässt.

ZEITLINIENANOMALIEN

Nun wenden wir uns spezifischen Phänomenen zu, die als Zeitlinienanomalien bezeichnet werden und über die ebenfalls Berichte vorliegen. Ein bemerkenswertes Beispiel einer solchen Anomalie ereignete sich am 27. Januar 1995 in der Antarktis, als amerikanische und britische Wissenschaftler auf ein sogenanntes „Zeittor" stießen. Im Rahmen ihrer Experimente ließen sie Wetterballons steigen, die mit Messgeräten ausgestattet waren, darunter auch Uhren. Als die Ballons zurückgeholt wurden, zeigte die Zeitmessung überraschenderweise eine Uhrzeit an, die exakt 30 Jahre in der Vergangenheit lag. Dieses Experiment wurde wiederholt, und das Resultat war stets dasselbe. Das Phänomen, das unter dem Namen „The Time Gate" bekannt wurde, zeigte, dass trotz eines nur stundenlangen Versuchsverlaufs die Messgeräte konstant eine Zeit aus der Vergangenheit anzeigten. Diese ungewöhnliche Entdeckung zog die Aufmerksamkeit sowohl der CIA als auch des FBI auf sich, die beide bemüht waren, die Kontrolle über das Projekt zu erlangen, da dessen Ergebnisse den Lauf der Geschichte hätten verändern können. Es blieb jedoch ungeklärt, ob die US-Behörden dieses Experiment offiziell sanktionierten, oder ob es – wie viele ähnliche Phänomene – letztlich im Verborgenen verschwand.

Ein weiteres faszinierendes Phänomen im Zusammenhang mit Zeitlinienanomalien ist der sogenannte Mandela-Effekt. Dieser Effekt tritt auf, wenn eine Vielzahl von Menschen eine gemeinsame, aber falsche Erinnerung hat. Benannt ist er nach Nelson Mandela, der im Jahr 2013 verstarb, nachdem er von 1991 bis 1999 Präsident Südafrikas war. Dennoch erinnern sich zahlreiche Menschen klar und deutlich daran, dass er in den 1980er Jahren im Gefängnis gestorben sei. Der Mandela-Effekt bringt uns dazu, die Verlässlichkeit unserer eigenen Erinnerungen zu hinterfragen, und wirft grundlegende Zweifel an unserer Wahrnehmung der Vergangenheit auf.

Im Folgenden findet sich ein Auszug aus einem Interview mit dem spirituellen Medium Darryl Anka, der seit vielen Jahren als Kanal für die multidimensionale Entität Bashar dient. Bashar erläutert den Mandela-Effekt im Kontext paralleler Realitäten.

Aus Bashars Perspektive lässt sich der Mandela-Effekt wie folgt erklären: Wenn wir unsere Gegenwart verändern, verändern wir zugleich unsere Vergangenheit. Das bedeutet, dass selbst auf kollektiver Ebene eine Veränderung in der Gegenwart auch die Vergangenheit des Kollektivs beeinflusst, einschließlich dessen, was wir als unsere vergangene Realität erinnern. Denn wenn die Vergangenheit formbar ist, muss sie sich anpassen, um die Veränderungen der Gegenwart plausibel zu machen. Unsere Erinnerung an die Vergangenheit wird also modifiziert, damit sie in das Narrativ der neuen Gegenwart passt. In diesem Sinne ist die Vergangenheit nicht fest, sondern unterliegt einem stetigen Wandel. Ereignisse, von denen wir überzeugt sind, dass sie „immer so gewesen" seien, könnten in Wahrheit noch vor kurzem ganz anders ausgesehen haben. Die Vorstellung, dass es „schon immer so war", dient lediglich dazu, unserer aktuellen Realität einen logischen Rahmen zu geben.

Doch da sich unser Bewusstsein erweitert, beginnen wir, die Idee zu akzeptieren, dass mehrere Realitäten gleichzeitig existieren.

Manchmal geschieht es, dass Individuen Fragmente aus einer parallelen Realität beibehalten, während sie sich dennoch in einer gegenwärtigen Realität befinden, in der andere Menschen eine alternative Vergangenheit in Erinnerung haben. In solchen Fällen kann es zu ehrlichen Meinungsverschiedenheiten darüber kommen, wie die Vergangenheit tatsächlich war – beide Versionen der Vergangenheit sind real und gültig, allerdings in unterschiedlichen parallelen Realitäten. Was wir beschreiben, bezieht sich auf eine parallele Realität, die nicht mehr unsere ist, die aber einst zu uns gehörte. Einige Menschen behalten Teile dieser alten Realität und vergleichen sie mit der neuen Geschichte, die sich vor ihren Augen entfaltet. Dies ist möglich, da unser Bewusstsein sich zunehmend erweitert und uns erlaubt, mehr als nur eine Vorstellung davon zu haben, was „Realität" bedeutet. Diese Erweiterung des Bewusstseins bringt bestimmte Effekte mit sich – einer davon ist das Déjà-vu.

Das Gefühl eines Déjà-vu, das als vertraut empfunden wird, geht über das bloße Empfinden hinaus, eine Situation schon einmal erlebt zu haben. Es kann sogar das Wissen darüber beinhalten, was als nächstes geschieht, weil eine andere Version von uns diese Erfahrung bereits gemacht hat. In solchen Momenten gleiten wir möglicherweise in eine parallele Realität, in der diese andere Version von uns bereits dieselben Schritte durchlebt hat. Diese parallele Realität mag zeitlich versetzt sein – einen Monat oder ein Jahr vor unserer eigenen. Wenn wir jedoch aufschließen und unsere Realität mit dieser parallelen Realität synchronisiert, empfinden wir Vertrautheit und das Gefühl, die Zukunft zu kennen, weil eine andere Version von uns diesen Weg bereits gegangen ist. Solche Überschneidungen zwischen parallelen Realitäten werden häufiger, da unser Bewusstsein sich zunehmend erweitert und uns erlaubt, Informationen aus mehreren Realitäten gleichzeitig zu verarbeiten.

All diese Anzeichen, von denen Bashar spricht, deuten darauf hin, dass das kollektive Bewusstsein der Menschheit eine tiefgreifende Veränderung durchläuft. Es sind Symptome dieser Transformation, wenngleich nicht jeder dieselben Erfahrungen macht oder auf die gleiche Weise davon berührt wird. Vor allem jene, die sich der Erforschung von Bewusstseinserweiterung und Spiritualität widmen, beginnen vermehrt, diese Phänomene zu erleben. Die Synchronizitäten, die in ihrem Leben immer häufiger auftreten, sind oft überwältigend und lassen den Eindruck entstehen, dass eine Art von Magie im Spiel sei. Ereignisse und Situationen scheinen sich auf wundersame Weise zu fügen – in einer Art und Weise, die man rational oder statistisch kaum erklären könnte. Und dennoch geschehen sie, weil alles miteinander in Verbindung steht. Mit dem Fortschreiten dieser Bewusstseinserweiterung wird man zunehmend sensibler für die verborgenen Zusammenhänge und beginnt, diese Verflechtungen auf bewussterer Ebene zu erkennen, während sie sich im eigenen Leben entfalten.

An diesem Punkt gelangen wir erneut zu der Theorie der parallelen Universen, die dazu beiträgt, das Phänomen der Zeitlinienanomalien zu erklären. Um diesen Gedanken aus einer differenzierten Perspektive zu vertiefen, möchte ich Euch nun einige ausgewählte Passagen aus dem Werk «Parallele Universen – Die Suche nach anderen Welten» von Fred Alan Wolf vorstellen.

Parallele Universen gelten mittlerweile als ernstzunehmende Erklärung für eines der grundlegendsten Rätsel der Quantenmechanik. Hugh Everett, ein Schüler des einflussreichen Physikers John Archibald Wheeler, stellte bereits 1957 als Doktorand an der Universität Princeton die außergewöhnliche Behauptung auf, dass die Quantenmechanik in ihrer Gesamtheit ernstgenommen werden müsse. Wenn die Theorie besagt, dass zwei Alternativen miteinander interferieren können, so bedeutet dies, dass diese Alternativen simultan existieren müssen. Sollten verschiedene Möglichkeiten sich gegenseitig beeinflussen oder gar „aufsummieren“, dann müssen diese Möglichkeiten tatsächlich real sein und in irgendeiner Form nebeneinander existieren.

In dieser Interpretation bergen parallele Universen die notwendigen Informationen, um sämtliche potenziellen Möglichkeiten hervorzubringen, die zur Erschaffung von Materie erforderlich sind. Diese Möglichkeiten sind keineswegs nur theoretischer Natur, sondern lassen sich messbar erfassen, wobei einige als wahrscheinlicher und kohärenter erscheinen als andere. Um die Unsicherheiten, die der Quantenwelt inhärent sind, zu beseitigen, müssen diese Möglichkeiten mit einem quantitativen Maß belegt werden. Ohne diese messbare Wahrscheinlichkeit und die Kohärenz der Möglichkeiten wäre die Existenz eines Universums schlichtweg unmöglich. Das Heisenbergsche Unschärfeprinzip demonstriert eindrucksvoll, dass Information durch die Verbindung von Materie und Energie sowie deren Position im Raum-Zeit-Kontinuum eine zentrale Rolle spielt. Information erlangt jedoch erst dann Bedeutung, wenn sie durch Wahrscheinlichkeiten beschrieben wird, deren Werte zwischen Null und Eins liegen.

In einem isolierten, klassischen Universum hingegen existiert dieses Prinzip der Wahrscheinlichkeit nicht. Hier dominiert das absolute Prinzip von „alles oder nichts“, wobei Wahrscheinlichkeiten entweder den Wert Null oder Eins annehmen, ohne jegliche Zwischenstufen. Wahrscheinlichkeiten, die zwischen Null und Eins angesiedelt sind, ordnen wir lediglich solchen Situationen zu, über die uns keine vollständigen Informationen vorliegen oder deren Verlauf wir aufgrund praktischer Einschränkungen nicht präzise vorhersagen können.

KÖNNEN GEDANKEN UND WÜNSCHE IN DER ZEIT REISEN?

Wenn man nun ein gegenwärtiges Ereignis beobachtet, könnte dies nach dieser Theorie eine Art „Botschaft" in die Vergangenheit senden und somit vergangene Ereignisse beeinflussen. Doch was wäre in diesem Fall die Vergangenheit? Es scheint, als gäbe es keine absolute Vergangenheit, da jedes gegenwärtige Ereignis stets das Potenzial hat, diese zu verändern.

Ein möglicher Ausweg aus diesem Paradoxon bietet die Theorie der parallelen Universen. Nach dieser Theorie existiert zwar eine feste Vergangenheit, doch diese ist lediglich jene, auf die sich vernunftbegabte Wesen als kollektives Narrativ geeinigt haben. Jedoch existieren auch zahlreiche andere Vergangenheiten, die darauf warten, entdeckt zu werden – parallele Vergangenheiten, um genauer zu sein. Die Vergangenheit, die durch gegenwärtige Ereignisse modifiziert wird, ist demnach lediglich eine von unendlich vielen Alternativen.

Da gemäß der Relativitätstheorie keine absolute Gegenwart existiert, könnte das, was für einen Beobachter als Gegenwart erscheint, für einen anderen bereits Vergangenheit oder Zukunft sein. Demzufolge steht auch die Zukunft in einem engen Wechselverhältnis zur Gegenwart. Doch welche Zukunft ist gemeint? Die Zukunft, die wir als unsere betrachten, ist wiederum jene, auf die sich vernunftbegabte Wesen als kollektives Bild geeinigt haben. Nach den Prinzipien der Quantenmechanik jedoch können unendlich viele Zukünfte existieren. Wie also kann eine nicht festgelegte Zukunft mit der Gegenwart in Verbindung stehen? Welche Zukunft sendet ihre Einflüsse zurück?

Die einzige widerspruchsfreie Sichtweise besteht darin, dass jede mögliche Zukunft Auswirkungen auf die Gegenwart hat. Wenn wir die Gesamtheit der unendlich vielen parallelen Universen als ein einziges, fortwährendes Kontinuum betrachten, das sich von der fernen Vergangenheit (nicht wirklich unendlich, sondern beginnend vor etwa 15 Milliarden Jahren) in die unendliche Zukunft erstreckt, breiten sich die Effekte von Beobachtungen sowohl in die Vergangenheit als auch in die Zukunft aus. Was wir als „Vergangenheit“ oder „Zukunft“ bezeichnen, ist letztlich nur eine Frage der Perspektive, vergleichbar mit dem Beschreiten einer von vielen Straßen in einer weitläufigen Stadt, die von einem Punkt zu einem anderen führen.

DAS GRÖSSTE PARADOXON DER THEORIE PARALLELER UNIVERSEN

Das wohl tiefgreifendste Paradoxon in der Theorie der parallelen Universen besteht in der Vorstellung, dass es in jedem Moment unendlich viele Versionen unseres Selbst gibt. Jedes Mal, wenn wir uns für eine Handlung entscheiden, erschaffen wir eine neue Version unseres Ichs, die in einer anderen Realität existiert.

Die Entscheidungen, die wir treffen, beruhen stets auf Informationen, die wir sowohl aus der Vergangenheit als auch aus der Zukunft empfangen. Diese Entscheidungen bestimmen, welchen Pfad wir durch das Labyrinth der parallelen Universen einschlagen werden.

Wie bereits erkennbar, ist die Physik im Grunde der Versuch, das scheinbar Unlogische auf logische Weise zu verstehen, eine Herausforderung, die möglicherweise niemals vollständig bewältigt werden kann. Was einst zu Zeiten Galileis und Newtons als theoretisches Werkzeug diente – ein mathematisches Abbild der Realität –, hat sich inzwischen zu einer hochgradig abstrakten Vorstellung von Wirklichkeit entwickelt, die uns zunehmend entfremdet erscheint. Es gibt

Menschen, die glauben, dass Physiker im Besitz eines tieferen Wissens über die Beschaffenheit der Realität seien und dieses Wissen bewusst zurückhalten. Doch dies ist nicht der Fall ist. Niemand von uns verfolgt eine geheime Agenda oder verbirgt Erkenntnisse. Unser Ziel ist es, ein widerspruchsfreies Bild des Universums zu erlangen, auch wenn die Logik, die diesem Bild zugrunde liegt, weit über das hinausgehen könnte, was wir im Alltag als „logisch“ begreifen.

Tatsächlich hat uns die Entdeckung immer tieferer und abstrakterer Zusammenhänge in der Physik gezwungen, die Bedeutung vieler Begriffe neu zu definieren und ständig neue Worte zu schaffen, um die Wirklichkeit zu beschreiben. Wir stehen an einem Punkt, an dem wir neue Konzepte benötigen, um die Komplexität des Universums angemessen erfassen zu können.

Zusammenfassend kann man festhalten:

1. Es existieren unendlich viele parallele Universen.

2. Quantenwellen transportieren Informationen sowohl aus der Vergangenheit als auch aus der Zukunft in die Gegenwart.

3. Es ist theoretisch möglich, dass wir ebenso klar mit der Zukunft kommunizieren können, wie wir es mit der Vergangenheit tun.

4. Das „Sein“, wie wir es kennen, ist lediglich ein Teilaspekt einer weitreichenderen Realität, die wir niemals vollständig erfassen können.

Die Theorie der parallelen Universen verändert unser Verständnis von Raum und Zeit grundlegend und legt nahe, dass wir, durch unser Bewusstsein, in der Lage sind, die Realität zu beeinflussen und möglicherweise sogar zu transformieren.

DIE UNENDLICHE ANZAHL PARALLELER UNIVERSEN

So wie man nicht dauerhaft auf einem Bein stehen kann, ist es auch unvorstellbar, dass es nur ein einziges paralleles Universum gibt. Sollte es eines geben, folgt aus dieser Logik zwangsläufig, dass es unendlich viele geben muss. Auf dieser Annahme basierend, stützen nicht die parallelen Universen die Quantenphysik, sondern es verhält sich umgekehrt: Die Quantenphysik wird erst durch die Existenz unendlicher paralleler Universen möglich. Wenn wir uns auf die Weltsicht der Quantenphysik einlassen und die ungewöhnliche Vorhersage paralleler Universen akzeptieren, entsteht ein widerspruchsfreies Bild des Kosmos. All diese Universen sind durch ihre Existenz miteinander verbunden und verweben das Gefüge der Realität.

Die Zeit selbst kann nur unwiederbringlich sein, wenn sie als ein Labyrinth aus parallelen Universen betrachtet wird. Ein noch präziseres Bild mag das eines Hologramms paralleler Universen sein. Denn das, was man in einem Hologramm erblickt, hängt stets vom Blickwinkel ab, aus dem man es betrachtet. Dieser Blickwinkel verändert die Wahrnehmung des Hologramms, weil die Bewegung durch die Zeit die Wahrscheinlichkeiten, die es formt, beeinflusst und neu definiert.

Aber wer schreibt diese Wahrscheinlichkeiten zu, wenn das Hologramm aus interagierenden Quantenwellen besteht, die sich in alle Zeitrichtungen erstrecken? Es muss ein Bewusstseinsfeld geben, das dieses Hologramm erleuchtet, ihm Bedeutung und Gestalt verleiht. Dieses Bewusstsein schreibt den Wahrscheinlichkeiten zu, welche Form sie annehmen. Es bedarf eines bewussten Beobachters. Und aus meiner Sicht sind wir selbst diese Beobachter – flüchtige Tropfen aus dem unermesslichen Ozean des göttlichen Gedankens, der Gott ist. Eingefangen im Hologramm, bleiben wir dennoch in unserer Essenz unveränderlich und unauflöslich.

Der menschliche Geist ist das Labor der neuen Physik. Er ist bereits fein abgestimmt auf Vergangenheit und Zukunft und verwandelt potenzielle Realitäten in greifbare Gewissheiten. Dies geschieht allein durch die Beobachtung: die Beobachtung des Selbst im Traum, die Beobachtung des Selbst im wachen Zustand dieser Welt, und die Beobachtung des Akts des Beobachtens selbst. Wenn wir den Mut aufbringen, uns im Einklang mit dem Bewusstsein auf diese Welt einzulassen, sei es durch unsere Träume oder durch veränderte Bewusstseinszustände, könnten wir das Hologramm möglicherweise transformieren. Indem wir mehr bewusstes Licht in jene „höllischen" Welten bringen, die Seite an Seite mit unserer eigenen existieren, könnten wir das kosmische Gefüge erleuchten.

Mit unserer ständigen Tendenz, uns zu verteidigen und zu isolieren, erschaffen wir bereits eine parallele Welt, die als höllisch bezeichnet werden kann. Es ist an der Zeit, den Prozess der Erleuchtung des Hologramms zu beschleunigen. Es ist an der Zeit, den großen Laser des Bewusstseins zu aktivieren. Die Evolution betrifft uns alle. Es ist Zeit, dieses Universum endlich wirklich kennenzulernen.

Der Kosmos besteht aus einer nahezu unendlichen Anzahl von Parallel-Welten.

Alle Welten sind durch entsprechende Zeitlinien miteinander verbunden.

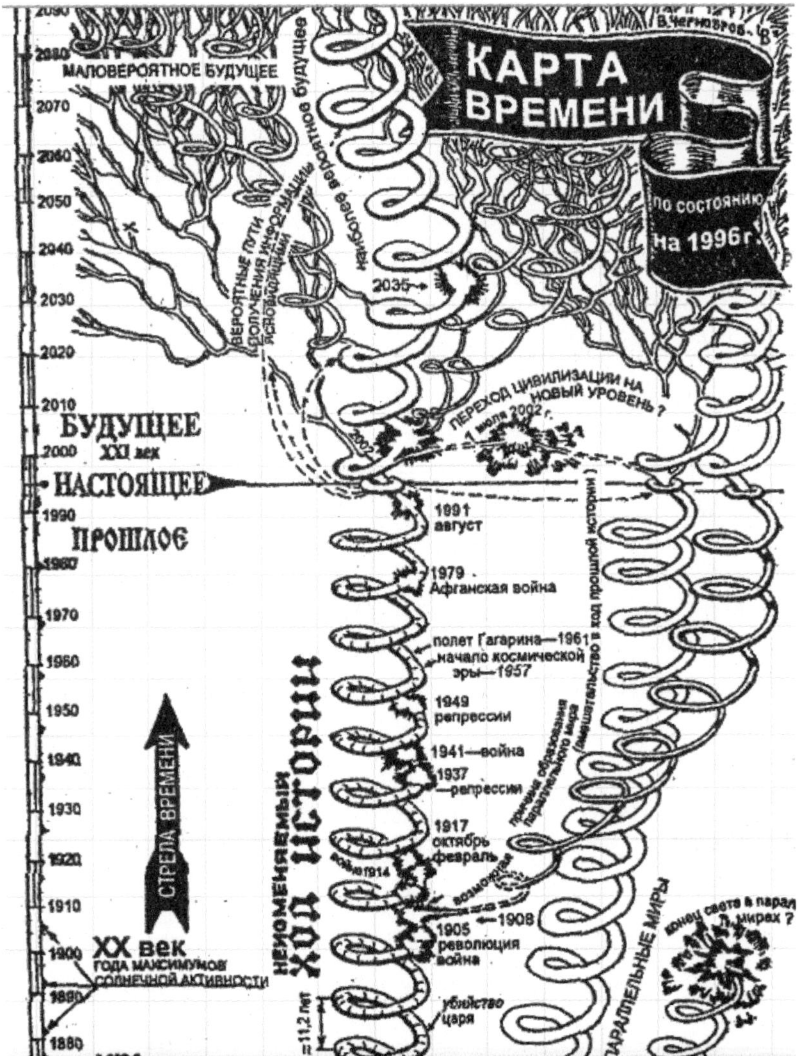

Trennte sich 1993 unsere Timeline in eine weitere Timeline auf? Und was ereignete sich zwischen 1903 und 1914?

Während einer Russlandreise im Jahr 1991, die ich gemeinsam mit Professor Karl Hecht unternahm, erhielt ich von Wissenschaftlern aus der ehemaligen Sowjetunion eine bemerkenswerte Grafik. Sie zeigt zwei zeitliche Verläufe, die als Timelines bezeichnet werden. Besonders auffällig an dieser Darstellung ist die Darstellung von zwei Trennungen zwischen diesen Timelines, die offenbar im Zusammenhang mit extremen Ereignissen stehen – dies wird durch explosionsartige Symbole zu bestimmten Zeitpunkten verdeutlicht.

Bei der Übergabe dieser Grafik erklärten mir die Wissenschaftler, dass die Grundlage dieser unterschiedlichen, quasi parallel verlaufenden Timelines auf dem Multiwelten-Modell des britischen Physikers Hugh Everett basiere. Everett entwickelte dieses Modell bereits in den 1950er Jahren, ausgehend von der Quantenphysik und der Inflationstheorie. Es war so revolutionär, dass selbst Albert Einstein darüber ins Grübeln geriet. Heute wird das Konzept der Multiversen, auch bekannt als die Viele-Welten-Interpretation, in der modernen Physik weitgehend akzeptiert. Es besagt im Wesentlichen, dass alle möglichen Ergebnisse eines quantenmechanischen Experiments in parallel existierenden Welten realisiert werden.

VORHERGESAGTE KATAKLYSMEN

Was mich an dieser Grafik besonders faszinierte, war, dass sie eine Vermutung bestätigte, die ich bereits aufgrund naturwissenschaftlicher Messwerte hatte. Diese Messungen wurden 2011 auf einem internationalen Kongress in Istanbul, unter Ausschluss der Öffentlichkeit, von führenden Geophysikern präsentiert. Durch sie wurde deutlich, dass wir bereits in den 1990er Jahren einen Zustand erreicht hatten, der auf eine extreme Katastrophe zusteuerte. Die Messdaten wiesen auf eine exponentielle Zunahme von irdischen Kataklysmen hin. Der Begriff Kataklysmus beschreibt ein plötzliches und gewaltsames Ereignis, das verheerende Auswirkungen auf die Umwelt oder Gesellschaft hat. In der Naturwissenschaft bezieht er sich oft auf geologische oder klimatische Katastrophen wie Vulkanausbrüche, Erdbeben oder Überschwemmungen.

DAS MULTIWELTEN-MODELL, SHIFTS UND DER EINFLUSS UNSERER ENTSCHEIDUNGEN

Auf Grundlage dieser Messungen wurde mir klar, dass wir vermutlich bereits – zumindest - eine Trennung der Timelines erlebt hatten. In der einen Timeline ereigneten sich diese katastrophalen Vorfälle tatsächlich, während sie in der anderen, neu entstandenen Timeline nicht stattfanden.

Im Multiwelten-Modell existieren alle möglichen Ergebnisse eines quantenmechanischen Experiments gleichzeitig in parallelen Welten. Jede Entscheidung oder jedes Ereignis mit mehreren möglichen Ausgängen wird in einer eigenen Timeline verwirklicht. Ein Shift könnte dann auftreten, wenn ein Ereignis in unserem Universum zu einem bestimmten Resultat führt, während in einer anderen Timeline ein alternatives Ergebnis zur Realität wird.

In der klassischen Quantenmechanik wird die Wellenfunktion – die mathematische Darstellung aller möglichen Zustände eines Systems – durch einen Messprozess oder eine Beobachtung „kollabiert". Im Multiwelten-Modell wird dieser Kollaps jedoch nicht als physikalischer Prozess betrachtet. Stattdessen verzweigen sich die möglichen Realitäten an einem entscheidenden Punkt. Ob wir in einer bestimmten Timeline verbleiben oder in eine andere wechseln, hängt von den Kausalitäten unserer Entscheidungen ab.

Einige Interpretationen gehen davon aus, dass der Wechsel von einer Timeline zur anderen nicht nur eine Frage physikalischer Ereignisse ist, sondern auch eine Frage des Bewusstseins. Das individuelle Bewusstsein könnte sich auf die spezifische Timeline fokussieren, die es als seine Realität wahrnimmt, wodurch wir den Eindruck eines Übergangs erleben.

Es wird angenommen, dass extreme Ereignisse oder kritische Wendepunkte, wie Naturkatastrophen oder bedeutende persönliche Entscheidungen, als Beschleuniger für einen Shift fungieren können. Diese Ereignisse führen dazu, dass die Wahrscheinlichkeiten für verschiedene Entwicklungen so stark schwanken, dass sie unterschiedliche Realitätslinien hervorbringen. Beispiele für solche Katalysatoren sind Naturkatastrophen, wie Erdbeben oder Überschwemmungen, oder aber auch weitreichende persönliche Entscheidungen. Sie haben das Potenzial, bestehende Strukturen zu destabilisieren und notwendige Veränderungen einzuleiten.

Die Shifts, die zwischen Timelines im Multiwelten-Modell geschehen, sind das Resultat von Quantenentscheidungen. Unterschiedliche Ergebnisse existieren dabei parallel zueinander. Externe Ereignisse oder weitreichende Entscheidungen können neue Timelines hervorbringen. Unsere Entscheidungen beeinflussen den Verlauf unserer Zukunft, während unser individuelles Bewusstsein und unsere Wahrnehmung bestimmen, welche Timeline wir als unsere Realität erleben. Jeder Shift stellt dabei einen divergierenden Pfad durch die Realität dar, mit einzigartigen Konsequenzen in jeder alternativ möglichen Welt. Das Multiweltenmodell zeigt eindrucksvoll, dass es möglich ist, zwischen verschiedenen Realitäten zu wechseln.

Prof. Elchin Khalilov, Vorsitzender des World Forum – International Congress GEOCATACLYSM-2011 und des International Committee GEOCHANGE (München, Deutschland), sagt dazu: „*Die Zeit ist gekommen, in der die gesammelten geowissenschaftlichen Daten einen tieferen*

Einblick in die globalen Veränderungen der Natur ermöglichen und uns das Ausmaß sowie die Rolle dieser Veränderungen für die nachhaltige Entwicklung der Zivilisation verdeutlichen. Vielen Wissenschaftlern weltweit ist klar, dass diese Veränderungen nicht nur das Klima beeinflussen, sondern praktisch die gesamte Erde, von ihrem Kern bis hin zur Atmosphäre und Magnetosphäre."

Ich halte es für durchaus möglich, dass sich der neuste Polsprung bereits auf einer anderen Zeitlinie ereignet hat, während wir uns noch auf einer Zeitlinie befinden, auf der dies noch nicht geschehen ist. Diese Annahme wäre nur durch einen Shift erklärbar, der möglicherweise kurz zuvor stattgefunden hat. Da wir jedoch keine sinnlichen Organe besitzen, um zu erkennen, auf welcher Zeitlinie wir uns gerade befinden, bleibt dies naturgemäß unbemerkt und schwer nachzuweisen.

Dennoch stützt das gesamte Multiweltenmodell – insbesondere mit den Grafiken aus Russland – diese Vermutung, vor allem auch angesichts der Messergebnisse, die ich 2011 auf dem Geokataklysmen-Kongress in Istanbul gesehen habe. Diese Daten zeigten eindeutig einen exponentiellen Anstieg der geophysikalischen Ereignisse. Damals, im Jahr 2011, war klar zu erkennen, dass es nur noch wenige Monate dauern würde, maximal sechs, bis ein außerordentlich katastrophales Naturereignis eintreten müsste. Doch das blieb aus. Nun sind einige Jahre vergangen, und es hat sich daran wenig verändert.

So unglaublich es auch klingen mag, es spricht vieles dafür, dass wir in den letzten etwa 100 Jahren mindestens ein oder zwei „Time Shifts" erlebt und Zeitlinien gewechselt haben. Das würde bedeuten, dass auch in unserer gegenwärtigen Zeitlinie noch weitere „Time Shifts" vor uns haben.

Meine wichtigste Erkenntnis jedoch ist die, dass es sich bei dem nun anstehenden „Time Shift" um einen Vorgang handelt, der uns in eine Zeitlinie führt, die wir als eine Welt des Erwachens erfahren werden. In einer Welt ohne die Erfahrungen von Leid und Trennung von der Quelle unseres göttlichen Seins.

DIE NATUR DER SONNENAKTIVITÄT UND IHRE HILFE FÜR UNSER ERWACHEN

„Der Allmächtige ist nicht tot, er ist ein Energiefeld. Und Dein Verstand ist eine elektromagnetische Karte Deiner Seele."
Michael Persinger

KOSMISCHE ENERGIEN – DIE ROLLE DER SONNE

Die Sonne ist seit jeher die Quelle allen Lebens. Heute wissen wir, dass sie nicht nur Wärme und Licht spendet, sondern durch ihre Aktivitäten wie koronale Massenauswürfe (CME) immense Mengen an Energie freisetzt, die unser planetarisches System beeinflussen. Diese Ausbrüche von Sonnenenergie sind weit mehr als astronomische Ereignisse – sie wirken sich auch auf das Magnetfeld der Erde und auf das menschliche Bewusstsein aus. CMEs können je nach Intensität elektrische Systeme stören bzw. nachhaltig funktionsuntüchtig machen.

Noch wichtiger als das sind aber die subtilen bis deutlich spürbaren Auswirkungen auf das individuelle und kollektive menschliche

Energiefeld, die u.a. zu veränderten Bewusstseinslagen, deutlichen Abweichungen von Verhaltensmustern und einer Vielzahl von körperlichen Symptomen (Schwindel, Kopf- und Gliederschmerzen, Blutdruckanstieg oder -abfall, Herzbeschwerden u.v.m.) führen können.

Geomagnetische Störungen wurden im Besonderen auch mit einer Vielzahl von neurologischen Problemen in Verbindung gebracht, die von Migräne-Kopfschmerzen bis zu veränderten EEG-Reaktionen reichen. Michael Persinger fand diese Auswirkungen so auffällig, dass er sie als „**Geopsychopathologie**" bezeichnete[36]. Verschiedene Studien belegen einen Zusammenhang zwischen der Zahl der Einweisungen in psychiatrische Kliniken und den Indizes der Sonnenstürme.

In jüngerer Zeit stellte Roland W. Kay einen Anstieg der Krankenhauseinweisungen von Männern wegen bipolarer Störungen um 26 % fest, den er auf Störungen der zirkadianen Rhythmen der Zirbeldrüse zurückführte. Ein Zusammenhang zwischen Sonnenaktivität einerseits und Schizophrenie sowie offensichtlichen Veränderungen bei psychiatrischen Patienten[37] andrerseits wurde von Roland W. Kay[38] festgestellt.

SONNENSTÜRME – ENTSTEHUNG UND AUSWIRKUNGEN

Eine Vielzahl elektromagnetischer Signale, die entweder direkt als Radiofrequenzen emittiert oder indirekt durch Wechselwirkungen mit dem Sonnenwind als Transienten erzeugt werden, sind integrale Bestandteile der Sonnensturmaktivität. Magnetische Störungen auf der Sonnenoberfläche werden seit dem 16. Jahrhundert systematisch beobachtet und durch die tägliche Zählung von Sonnenflecken dokumentiert. Die Anzahl der Sonnenflecken, über Jahrhunderte hinweg gesammelt, zeigen eine 11-jährige Periodizität, bei der Phasen hoher Aktivität mit ruhigeren Zeiten abwechseln. Spitzenwerte entsprechen maximaler Sonnenaktivität, wie zum Beispiel im Sommer 2013, während die Mindestwerte, die in der Mitte zwischen den Zeiten, in den ruhigeren Phasen, auftreten.

Die aktive Sonne emittiert ionisiertes Plasma, also hochenergetisch geladene Teilchen wie Elektronen und Protonen- sogenannte CMEs, von denen einige der Schwerkraft der Sonne entkommen und als Sonnenwind in den Weltraum strömen. Dort bilden sie sich zum sogenannten Sonnenwind aus, der sich mit unterschiedlichen Geschwindigkeiten fortbewegt (z.B. etwa 400 km/s im relativen Normalfall).

Je nach der Position der Erde auf ihrer Umlaufbahn und der anfänglichen Richtung dieses Sonnenwindes beeinflusst er das Magnetfeld der Erde, was zu messbaren Veränderungen des geomagnetischen Feldes (GMF) an der Erdoberfläche führt. Diese Veränderungen entsprechen Schwankungen des Erdmagnetfeldes und werden in Kp- und Ap- Index eingestuft. Im Normalfall dauert die Reise des Sonnenwinds zur Erde etwa 3 bis 4 Tage.

Wenn die Richtung und die Intensität einer Sonnenexplosion stimmen, können uns diese CMEs bereits nach weniger als einem Tag erreichen und zu entsprechend starken physischen und psychischen Auswirkungen führen. Aus bisherigen Erfahrungen wissen wir, dass solche CMEs in manchen Fällen zu entsprechend großflächigen, lange andauernden Stromausfällen und zu Ausfällen von Funkverbindungen führen können.

Kp	Ap	Magnetic change, nT	Description
0	0-2	0-5	Very quiet
1	3-5	5-10	Quiet
2	6-9	10-20	Quiet
3	12-18	20-40	Semi-Quiet
4	22-32	40-70	Unsettled
5	39-56	70-120	Minor Storm
6	67-94	120-200	Major Storm
7	111-154	200-330	Severe Storm
8	179-236	330-500	Severe Storm
9	300-400	>500	Extremely Severe

Geomagnetische Kennwerte, die zur Einstufung verschiedener Bereiche geomagnetischer Störungen verwendet werden.

Obwohl es seit den 1920er Jahren zahlreiche statistische Belege dafür gibt, dass die Menschen von der Sonnenaktivität beeinflusst werden, begann sich erst durch die bahnbrechende Arbeit von Ross Adey rund 50 Jahre später eine vernünftige physikalische Erklärung herauszukristallisieren. Die spätere Hypothese der Ionenzyklotronresonanz (ICR), die 1984 von Abraham Liboff vorgestellt und später in Dutzenden von Experimenten untersucht wurde, brachte niederfrequente Magnetfelder ins Spiel und zeigte schlüssig, dass sie biologisch interaktiv sind, selbst bei schwachen Werten von 10s nT[39]

Das ICR Resonanzkonzept besagt, dass kombinierte zeitvariable und statische Magnetfelder zusammenwirken, um biologisch empfindliche Ionen zu stimulieren und dadurch die physiologische Reaktion zu verändern. Dementsprechend konzentrierten sich viele frühe ICR-Experimente auf die Stimulation des Calcium-Ions, eine naheliegende Wahl angesichts seiner bekannten Fähigkeiten als zweiter Bote („second messenger").

Besonders bemerkenswert ist, dass die ICR-Hypothese erstmals 1984 vorgestellt wurde und explizit den Resonanzprozess in Bezug auf

Wechselwirkungen mit dem geomagnetischen Feld (GMF) beleuchtet. Der ICR-Prozess bietet eine physikalische Erklärung dafür, wie schwache niederfrequente Magnetfelder, wie sie bei geomagnetischen Störungen durch Sonnenstürme entstehen, lebende Organismen beeinflussen können. Insbesondere unterstützt der ICR-Prozess die seit Jahrzehnten berichteten statistischen Zusammenhänge zwischen menschlichem Wohlbefinden und Sonnenaktivität.

Geomagnetische Veränderungen, die durch Sonnenstürme verursacht werden, bewegen sich im Bereich von 100 nT bis 1000 nT (0,1 bis 1,0 Mikrotesla) und liegen damit unter den zuvor festgelegten Schwellenwerten für biologische Empfindlichkeit. Diese früheren Annahmen erweisen sich jedoch als unzutreffend, wenn man die zahlreichen Studien betrachtet, die das Gegenteil nachweisen. Diese Berichte zeigen nämlich, dass geomagnetische Schwankungen, auch wenn sie als gering gelten, dennoch signifikante Auswirkungen auf lebende Organismen haben können.

In den letzten Jahren wurde die Bedeutung der ICR-Reaktion auf geomagnetische Effekte für den Menschen durch M.N. Zhadin[40] gefestigt, der **durch seine Studien feststellte, dass die physikalischen Eigenschaften von Aminosäuren durch verschwindend kleine Magnetfelder von nur 40 nT beeinflusst werden** (!).

Diese Ausweitung von **biologischen ICR-Effekten auf sehr schwache Magnetfelder** erbrachte den Beweis, **dass selbst kleinste Veränderungen im geomagnetischen Feld das Leben auf der Erde beeinflussen können.**

Es gibt unterschiedliche Ansätze zur Untersuchung der geomagnetischen Veränderungen: Einige verwenden monatliche Durchschnittswerte, andere Tageswerte, und wieder andere betrachten spezifisch die Zeiträume unmittelbar vor oder nach geomagnetischen Störungen.

Die einfachste Erklärung , wie diese Probleme mit der Sonnenaktivität zusammenhängen, ist, dass die biologische Wechselwirkungen durch den

Sonnenwind ermöglicht werden, der geladene Teilchen (also Elektronen und Protonen) transportiert, die von der Sonne als Plasma ausgestoßen werden. Wenn dieser Sonnenwind die Magnetosphäre der Erde erreicht, wird das geomagnetische Feld vorübergehend gestört, was zu Veränderungen des Erdmagnetfelds im Bereich von 100 bis 1000 nT führt.

Ein sehr wichtiger Aspekt, der in der Regel in den Diskussionen über dieses Phänomen nicht erwähnt wird, ist die Tatsache, dass genau dieser Bereich der kurzfristigen Änderungen des Magnetfelds mit denen übereinstimmen, die sich unabhängig voneinander in Laboratorien als biologisch interaktiv erwiesen haben.

Obwohl die empirischen Belege für die geomagnetischen Effekte überzeugend sind, stieß die Forschung auf Skepsis, da es vielen als physikalisch unplausibel erschien, dass kleine, vorübergehende Schwankungen des Magnetfelds signifikante Auswirkungen auf die menschliche Gesundheit haben könnten.

Zur Veranschaulichung: Tägliche Variation von ~ 50nT im Erdmagnetfeld (GMF), die in Zeiten ruhiger Sonnenaktivität stärker ausgeprägt ist:

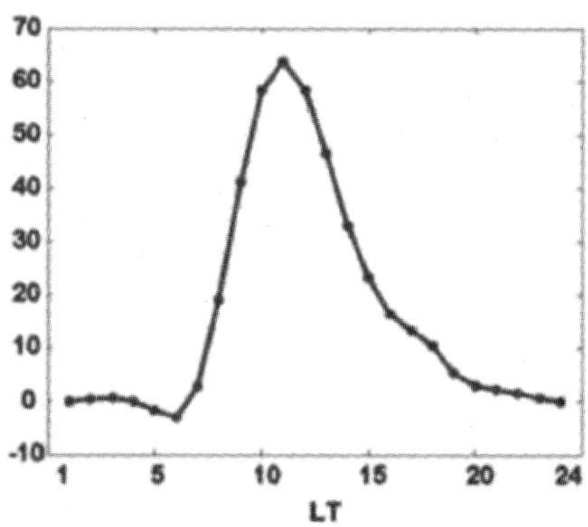

Änderung der horizontalen Komponente der GMF, gemessen in nT, aufgetragen gegen die Ortszeit in Stunden (LT) aufgetragen, wodurch die 24-Stunden-Schwankung deutlich wird

PHYSIKALISCHE ERKLÄRUNG DER BIOLOGISCHEN WIRKUNG VON ELEKTROMAGNETISCHEN UND MAGNETISCHEN FELDERN

Im Jahr 1985 entdeckten Dr. Carl Blackman von der EPA und Prof. Dr. Abraham Libhoff von der Oakland University,Michigan, USA, dass das Magnetfeld der Erde in Laboren eine wichtige Rolle bei verschiedenen Experimenten spielt. Sie fanden heraus, dass ein **spezieller Resonanzmechanismus, die Zyklotronresonanz** - der übrigens nichts mit dem Teilchenbeschleuniger Zyklotron zu tun hat- für diese Unterschiede verantwortlich ist.

Mit Hilfe mathematischer Formeln konnten die Forscher bestätigen, dass das Austreten von Calcium-lonen (Ca+) auf die Wechselwirkung zwischen dem elektrischen Feld und dem örtlichen Magnetfeld zurückzuführen ist. Calcium ist entscheidend für die Funktion des Nervensystems, da es bei der Übertragung von Nervenimpulsen hilft und die Ausschüttung von Neurotransmittern unterstützt, die für die Kommunikation zwischen Nervenzellen nötig sind. Darüber hinaus spielen Calciumionen eine Rolle in verschiedenen zellulären Prozessen wie der Signalübertragung und der Regulation von Enzymen. Eine ausreichende Calciumzufuhr ist wichtig, um diese Funktionen zu unterstützen und gesundheitliche Probleme zu vermeiden.

Dr. Ross Adey entdeckte in den frühen 1980er Jahren, dass eine Radiofrequenz von 147 MHz, die mit einer Frequenz von 16 Hz moduliert und entsprechender Intensität ausgesendet wurde, Veränderungen im Kalzium-Ionenfluss in Gehirnzellen bewirkte. Die Erkenntnis, dass elektromagnetische Felder spezifischer Frequenzen biologische Prozesse beeinflussen können wurde auch durch Studien zur menschlichen

DNS-Frequenz von 150 MHz bestätigt. Für medizinische Zwecke werden diese Mechanismen genutzt und sind zur Anwendung in der Therapie (siehe Patentschriften Dieter Broers) zugelassen.

HEILUNG DURCH KOSMISCHE ENERGIEN – DIE TRANSFORMATION DES INDIVIDUUMS

Bei der Sichtung der zahlreichen Studien über die biologischen Wirkungen von Sonnenaktivitäten entsteht zunächst der Eindruck, als gäbe es nur negative Auswirkungen. Dabei vergessen wir leicht, dass die Sonne unsere lebensspendende Quelle ist – ohne sie wäre kein Leben und keine evolutionäre Entwicklung möglich.

Aus meiner langjährigen Forschung bin ich zu der Überzeugung gelangt, dass viele der vermeintlich schädlichen Effekte der Sonne eigentlich auf einen Mangel an Verständnis für die Wechselwirkungen zwischen Geist und Materie zurückzuführen sind. Um die zentrale Rolle der Sonne im Leben und in der Evolution, die immense Bedeutung dieser Zusammenhänge und die faszinierenden Möglichkeiten, die die Wechselwirkungen der menschlichen DNS, insbesondere in Bezug auf die 150 MHz-Resonanzfrequenz zu unterstreichen, möchte ich ein Beispiel heranziehen.

In meiner Arbeit mit Patienten, die unter Verwendung des „150 MHz Befeldungsgeräts nach D. Broers" befeldet wurden, habe ich festgestellt, dass viele Symptome, die als pathologisch interpretiert werden, in Wirklichkeit Ausdruck alter Blockaden sind. Oft werden diese Symptome missverstanden, was den Heilungsprozess verzögert. Ein tieferes Verständnis der energetischen Dynamiken zwischen Geist und Materie könnte uns helfen, den Übergang in neue Bewusstseinsebenen zu erleichtern und evolutionäre Schritte zu beschleunigen. Diese

„Altlasten“ behindern den neuen Evolutionsprozess und manifestieren sich auf vielfältige Weise. Um sie aufzulösen, ist es entscheidend, sich in einen Zustand von Ruhe und Hingabe zu begeben, was den Prozess der Transformation unterstützt.

Viele Menschen erfahren also die Auswirkungen solarer Energien auf einer tieferen, persönlichen Ebene. Die kosmischen Energien wirken nicht nur auf das Kollektiv, sondern transformieren auch den Einzelnen. Diese Transformation kann sich auch durch Phasen körperlicher Krankheit, wie Fieber oder Grippe, zeigen, die als energetische Reinigung betrachtet werden können.

In solchen Momenten kann der Körper alte Energien und Blockaden loslassen, während er sich gleichzeitig auf eine neue Schwingung einstellt. Diese Prozesse sind sowohl physisch als auch spirituell – sie helfen uns, alte Muster loszulassen, um Platz für neue, höhere Frequenzen zu schaffen. Fieber und andere Symptome der Krankheit können als Zeichen dafür gedeutet werden, dass der Körper in einem Prozess der energetischen Neuausrichtung ist.

Heilung in dieser Zeit bedeutet nicht nur, die Krankheit zu überwinden, sondern auch die tieferen energetischen Prozesse zu verstehen, die im Körper ablaufen. Dies erfordert ein Bewusstsein für die Verbindung zwischen Körper, Geist und den kosmischen Energien, die auf uns wirken.

DER KOLLEKTIVE WANDEL – BEWUSSTE ENTSCHEIDUNGEN IM GLOBALEN KONTEXT

Während die Menschheit früher Sonne und Erde als getrennte Systeme wahrnahm, zeigt uns die moderne Wissenschaft, dass beide tief miteinander verbunden sind. Sonnenaktivitäten lösen nicht nur physische Prozesse aus, sondern haben auch tiefere energetische Auswirkungen. Jedes solare Ereignis hat das Potenzial, das menschliche Bewusstsein zu beeinflussen und die evolutionären Fortschritte unserer kollektiven Wahrnehmung voranzutreiben, denn diese energiereichen Sonnenstürme aktivieren nicht nur unser physisches System, sondern auch unser geistiges und energetisches Wesen.

In Phasen intensiver Sonnenaktivität reagieren viele Menschen mit vermehrten Träumen, einer stärkeren Intuition und einem allgemeinen Gefühl, dass sich etwas in ihrem Leben verändert. Wir müssen zudem davon ausgehen, dass diese kosmischen Ereignisse unsere DNA verändern, indem sie Frequenzen aktivieren, die tief in unserem genetischen Code verborgen sind. Dies ist eine der Theorien, die hinter der Idee eines globalen Bewusstseinswandels stehen – die Menschheit wird auf energetischer Ebene transformiert und auf eine höhere Frequenz angehoben.

Jeder Einzelne ist ein Mitgestalter des globalen Bewusstseinswandels. Während sich die Energien der Sonne und des Universums weiter entfalten, stehen wir als Menschen vor der wichtigen Frage, wie wir uns in dieser Zeit des Wandels positionieren. Jede Entscheidung, die wir treffen, hat Auswirkungen auf das Kollektiv. In einer Welt, die sich immer schneller verändert, ist es entscheidend, dass wir unsere eigenen Entscheidungen bewusst und verantwortungsvoll treffen.

Der Weg zur bewussten Gestaltung der Zukunft führt durch Achtsamkeit und klare Intention. Die Energien, die uns der Kosmos zur Verfügung stellt, verleihen uns die Kräfte und den Horizont für die Erkenntnisprozesse, um alte Muster zu durchbrechen und eine neue Realität zu erschaffen – eine, die auf den Prinzipien von Mitgefühl, Liebe und Harmonie beruht. Diese Entscheidungen sind nicht nur individuell bedeutungsvoll, sondern haben globale Auswirkungen. Denn jeder von uns trägt dazu bei, das kollektive Bewusstsein zu formen und eine neue, positive Zukunft zu erschaffen.

DIE KOSMISCHE HARMONIE UND DAS ERWACHEN DES BEWUSSTSEINS – DER TIEFE ZUSAMMENHANG

Die Auswirkungen von Sonnenaktivitäten auf die Erde und den menschlichen Körper sind weitaus komplexer, als wir zunächst annehmen. Wissenschaftliche Daten zeigen, dass die Sonne durch koronale Massenauswürfe energiereiche Teilchen aussendet, die das Magnetfeld der Erde stören und dabei auch subtile Auswirkungen auf das menschliche Energiefeld haben. Immer mehr Forschungsergebnisse belegen, dass durch die von der Sonne ausgehenden elektromagnetischen Radiowellen unsere DNA beeinflussen können.

Die kosmischen Energien, die wir heute erleben, sind Teil eines größeren, orchestrierten Plans, der uns alle betrifft. Die Sonne, der Mond, die Erde und das Universum sind Teil eines miteinander verbundenen Systems, das den Wandel des Bewusstseins fördert. In dieser Zeit des Erwachens ist es wichtig, dass wir uns unserer Rolle in dieser kosmischen Orchestrierung bewusst werden.

Unsere Aufgabe besteht darin, bewusst zu wählen, wie wir mit diesen Energien umgehen und welche Art von Zukunft wir gestalten wollen. Indem wir uns mit den höheren Frequenzen des Universums verbinden, also all die Visionen, die uns in den Zustand der Freude versetzen, können wir zu einem positiven Wandel auf der Erde beitragen. Die kosmische Harmonie wird durch unser Handeln gestärkt, und gemeinsam können wir eine neue Realität erschaffen, die auf Liebe, Mitgefühl und dem Bewusstsein für die Verbundenheit allen Lebens basiert.

KOSMISCHE SCHUTZMECHANISMEN – DAS UNERWARTETE PHÄNOMEN

Während die Wissenschaft oft markante Ereignisse nach großen Sonnenaktivitäten erwartet, bleiben die Auswirkungen manchmal hinter den Vorhersagen zurück. Kürzlich beobachteten Wissenschaftler, dass gigantische Energiewellen, die durch Sonnenstürme erzeugt wurden, nicht die Erde erreichten, obwohl es zu erwarten gewesen wäre. Diese Phänomene deute ich aufgrund meiner jahrzehntelangen Beobachtungen des Geschehens vor der Sonne - bzw. um sie herum - als „kosmische Intervention“ – eine Art unsichtbarer Schutzmechanismus, der eingreift, um größere Zerstörungen zu verhindern.

Solche unerwarteten Ereignisse könnten darauf hinweisen, dass es im Universum Kräfte gibt, die in unsere Realität eingreifen, um den natürlichen Lauf der Dinge zu beeinflussen. Manche Forscher sprechen von unbekannten Entitäten oder Energien, die uns in kritischen Momenten beschützen. In einem spirituellen Kontext könnte dies als Zeichen einer „kosmischen Orchestrierung“ betrachtet werden, die den Planeten und die Menschheit vor potenziell verheerenden Auswirkungen bewahrt. Diese Idee lädt dazu ein, die Interaktion zwischen kosmischen Ereignissen und menschlichem Bewusstsein in einem neuen Licht zu sehen – als eine orchestrierte Harmonie, die das Leben auf der Erde unterstützt und schützt.

DIE VERBORGENE MACHT DES GEHIRNS: EINE ENTDECKUNG, DIE DIE CIA GEHEIM HALTEN WILL

Prof. Dr. Michael Persinger, ein genialer Wissenschaftler, der selbst für die CIA gearbeitet hat, hat Jahrzehnte damit zugebracht, anhand wissenschaftlicher Experimente die Realität paranormaler Phänomene zu beweisen und zu entdecken, auf welchen physikalischen Mechanismen sie beruhen.

Sein Vermächtnis ist für uns von großer Bedeutung, denn er konnte experimentell nachvollziehen, dass atmosphärische Verhältnisse Auswirkungen auf Telepathie und Remote Viewing haben. Er wies so auch nach, wie Telepathie und Remote Viewing tatsächlich funktionieren und welche Rolle das Erdmagnetfeld dabei spielt.

Seine Forschung revolutioniert die Hirn- und die Bewusstseinsforschung gleichermaßen. Es gäbe an dieser Stelle noch eine Reihe anderer Pioniere zu nennen, über die ich in früheren Büchern berichtet habe, unter ihnen Patrick Flanagan, Konstantin Meyl, Benjamin Libet und Wolf Singer. Sie alle lieferten wichtige Mosaiksteine für die revolutionären Erkenntnisse, die Persinger konsequent zu ende gedacht hat.

Es wäre wünschenswert, wenn Neurowissenschaftler mit einem umfassenden geistigen Horizont, wie ihn Michael Persinger hatte, gemeinsam mit Quantenphysikern wie z.B. Anton Zeilinger, John Clauser und Alain Aspect an diesen Phänomenen weiterforschen könnten. Doch leider behindert der heutige Wissenschaftsbetrieb weitgehend interdisziplinäre Zusammenarbeit, was dazu führt, dass die offensichtlichen Verbindungen zwischen den Erkenntnissen beider Disziplinen und deren Bedeutung für unser Verständnis grundlegender Fragen vermutlich erst in ferner Zukunft nachgewiesen werden können.

Im folgenden Kapitel möchte ich einige von Persingers bedeutsamsten Forschungsergebnissen vorstellen, insbesondere jene Experimente, mit denen er aus meiner Sicht einen überaus wichtigen wissenschaftlichen Durchbruch geschaffen hat. Grob vereinfacht ausgedrückt besagt seine Hypothese, dass unser Gehirn über das elektromagnetische Feld der Erdatmosphäre mit den Gehirnen aller anderen Menschen verbunden ist. **Wenn Du dieses Kapitel zu Ende gelesen hast, wirst Du nachvollziehen können, welch unfassbare Tragweite die Ergebnisse seiner Forschung für die Menschheit hat.**

Was wäre, wenn jeder Mensch auf diesem Planeten Zugang zu den Gedanken und Informationen jedes anderen hätte? Stellen Sie sich vor, es gäbe bereits eine mysteriöse Technologie, die genau das ermöglicht – doch die CIA möchte nicht, dass Sie davon erfahren. Tatsächlich stammt diese Behauptung nicht von mir, sondern von einem renommierten Wissenschaftler, der intensiv an der Entwicklung und Erforschung dieser Technologie beteiligt war.

Denken Sie an die Vergangenheit: Hätte man Ihnen vor 200 Jahren erzählt, es gäbe ein Gerät, mit dem man über den Ozean hinweg hören kann, hätten Sie es für absurd gehalten. Doch heute nennen wir es ein Telefon. Vor 400 Jahren hätte die Idee, das Bild eines Freundes festzuhalten und es später wieder abzuspielen, wie Magie gewirkt – doch jetzt nennen wir das Film oder Video. Stellen Sie sich also vor, es gäbe **eine Technologie, die es uns ermöglicht, auf alle Informationen zuzugreifen, die in**

den Gehirnen der Menschheit gespeichert sind. Genau das hat dieser Wissenschaftler erforscht.

Überlegen Sie mal: Diese Technologie ist für fast jeden zugänglich, wenn man nur weiß, wie man sie nutzt. Es mag unglaublich klingen, aber erinnern wir uns daran, dass auch das Telefon oder der Fernseher einst wie Fantasie gewirkt haben. Doch hören wir dem Wissenschaftler zu, der erklärt, warum Geheimdienste alles daran setzen, diese Entdeckung geheim zu halten. Sobald solche Technologien ans Licht kommen, werden sie schnell verboten, verspottet oder als Verschwörungstheorie abgetan.

Wissen ist die ultimative Macht. Historisch gesehen entstehen Revolutionen, wenn etwa 50 % der Bevölkerung lesen und schreiben können – das ist der Moment, in dem sich Machtverhältnisse verschieben. **Deshalb setzen Diktaturen oft auf die Unterdrückung von Bildung und Informationszugang.**

Die Kontrolle über Informationen verschafft einer kleinen Elite Macht über die breite Masse. Ob Regierungen oder Wirtschaftsunternehmen – sie alle profitieren davon, dass ihnen Wissen vorbehalten bleibt. Stellen Sie sich vor, jeder hätte den gleichen Zugang zu Informationen und könnte die Gedanken anderer kennen. Glauben Sie, es gäbe dann noch Reiche und Arme? Regierungen könnten ihre Macht nur schwer aufrechterhalten, wenn die Bevölkerung wüsste, was hinter den Kulissen geschieht.

Lassen Sie uns tiefer in den Vortrag eintauchen, um die beeindruckenden Erkenntnisse dieses Arztes zu entdecken. Er ist ein hochangesehener Neurowissenschaftler, dessen innovative Forschung ihm mehrere renommierte Auszeichnungen eingebracht hat. Seine Arbeit zur Interaktion des Gehirns mit Magnetfeldern hat bahnbrechende Erkenntnisse hervorgebracht, die etablierte wissenschaftliche Paradigmen in Frage stellen. Mit über 100 einflussreichen Artikeln und zahlreichen Publikationen hat er das Verständnis von kognitiven Funktionen und deren Bedeutung erheblich erweitert. Nun wollen wir seine faszinierenden Erkenntnisse genauer betrachten.

Sind wir alle miteinander verbunden? Ja, das sind wir. Alle Menschen, etwa sieben Milliarden (heute 8 Milliarden) menschliche **Gehirne, sind in das Magnetfeld der Erde eingetaucht.** Stellen Sie sich vor, jedes Gehirn wäre wie ein Draht, der mit diesem globalen Feld verbunden ist.

Dieses Magnetfeld hat genügend Kapazität, um die Erfahrungen jedes jemals lebenden Menschen zu speichern – und es bleibt noch reichlich Energie übrig. **Tatsächlich wird die Stärke des Erdmagnetfelds in jedes einzelne Gehirn induziert**. Diese Resonanz durchdringt nicht nur unser Gehirn, sondern auch unseren gesamten Körper.

Ihr Gehirn erzeugt eine magnetische Intensität von etwa einem Pikotesla – eine Billionstel Tesla – und ist damit viel schwächer als das Erdmagnetfeld, aber genau in diesem Bereich operieren unsere Gehirne. Diese Übereinstimmung schafft die Grundlage für eine globale Resonanz, die die Entstehung eines menschlichen Hologramms ermöglicht.

Berechnungen zufolge **würde es nur etwa 10 Minuten dauern, bis ein Ereignis, das in einem Gehirn auftritt, alle anderen Gehirne auf dem Planeten erreicht. Dies geschieht vor allem in veränderten Bewusstseinszuständen, wie etwa während des Träumens, wenn die rechte Gehirnhälfte dominiert.** Dies deutet darauf hin, dass unsere Gehirne tatsächlich miteinander verbunden sind und Informationen in erstaunlich kurzer Zeit miteinander teilen können.

Sind wir alle miteinander verbunden? Laut Dr. Persinger lautet die Antwort eindeutig ja. Jeder Mensch ist in das Magnetfeld der Erde eingebettet, dass die Kraft besitzt, die Erfahrungen aller jemals lebenden Menschen zu speichern. Dieses Feld beeinflusst kontinuierlich unser

Gehirn und schafft die Grundlage für eine globale Resonanz, die es ermöglichen könnte, **dass unser Bewusstsein sich auf eine höhere Ebene erhebt.**

Dr. Persinger ist der Ansicht, dass sich ein Ereignis in einem Gehirn innerhalb von etwa 10 Minuten auf andere Gehirne ausbreiten könnte – insbesondere während des Träumens. Diese Theorie wurde in den Maimonides-Traumstudien getestet, bei denen Menschen im Traum Bilder beschrieben, die eine andere Person in einem anderen Raum betrachtete. Besonders dann, wenn die geomagnetische Aktivität gering war, stimmten die Trauminhalte fast perfekt mit den Bildern überein. **Beeinflussen wir also aus der Ferne die Träume anderer?** Und könnten wir eines Tages lernen, direkt auf alle Informationen zuzugreifen?

Ein klassisches Beispiel aus der experimentellen Forschung zeigt die Bedeutung der Wissenschaft und ihrer Methodik als **das mächtigste Werkzeug der Menschheit.** In einem Experiment träumten Personen in einem Raum, während eine andere Person in einem anderen Raum ein Bild betrachtete. Die Ergebnisse der Maimonides Dream Studies zeigten, dass in bestimmten Nächten der Trauminhalt exakt dem Bild entsprach, das die andere Person betrachtet hatte. Diese Übereinstimmung war so präzise, dass der Träumer das Bild auch aus einer Auswahl verschiedener Bilder eindeutig identifizieren konnte. **Diese Phänomene traten besonders dann auf, wenn die geomagnetische Aktivität sehr ruhig war.**

Denken Sie darüber nach: **Beeinflusst jemand Ihre Träume, während Sie in seiner Nähe schlafen – oder gar aus der Ferne?** Und eine noch wichtigere Frage: Warum treten solche Erfahrungen nicht häufiger auf? Vielleicht ähnelt das Gehirn einer Fernbedienung, die zufällig die Kanäle wechselt und gelegentlich eine Verbindung zur Quelle herstellt. Doch was würde geschehen, wenn wir eine Methode entwickeln könnten, die uns direkten Zugang zu allen Informationen ermöglicht? Nehmen wir an, es gäbe eine solche Technologie. Genau darum geht es heute Abend.

Im weiteren Verlauf wollen wir uns tiefer mit dieser faszinierenden Wissenschaft beschäftigen, die unglaubliche Erkenntnisse bereithält. Doch unter all diesen erstaunlichen Entdeckungen **steht eine Tatsache fest: Unser Gehirn und unser Geist bieten uns alle Werkzeuge, die wir benötigen, um außergewöhnliche Leistungen zu vollbringen.** Lassen Sie uns diese einzigartigen Fähigkeiten weiter erforschen und herausfinden, was sie für uns als vernetzte Wesen bedeuten könnten.

Kann man die Fähigkeit trainieren, Informationen aus der Ferne zu empfangen? Die Antwort lautet: Ja, das ist möglich, und wir haben es bereits trainiert. Nehmen wir das Beispiel von Ingo Swann, einem der Pioniere im Bereich der Fernwahrnehmung (Remote Viewing). War er immer erfolgreich? Meistens schon, aber seine Genauigkeit hing stark von der Menge der Sieben-Hertz-Aktivität in seiner **rechten Gehirnhälfte** ab – dieselbe Gehirnhälfte[41], die auch für Träume zuständig ist. Interessanterweise entspricht diese Frequenz auch der, die die Erde erzeugt.

Wenn geomagnetische Stürme auftraten und das Magnetfeld der Erde gestört war, sank Swanns Treffsicherheit. Sobald die Verbindung zum Magnetfeld beeinträchtigt war, verlor er die Fähigkeit, präzise Informationen aus der Ferne wahrzunehmen. **Ein EEG-Muster zeigt deutlich, dass je mehr Aktivität im Sieben-Hertz-Bereich in seiner rechten Hinterhauptsregion vorhanden war, desto genauer seine Wahrnehmungen waren**. Diese Sieben-Hertz-Frequenz ist in der Natur nicht nur selten, sondern sie spielt auch eine zentrale Rolle bei der **Resonanz zwischen der Erde und dem menschlichen Gehirn.**

Die Ionosphäre, die sich zwischen der Erdoberfläche und dem Weltraum erstreckt, erzeugt ebenfalls ein Sieben-Hertz-Muster. Je näher das Gehirn[42] an diese Frequenz herankommt, desto leichter scheint es, Zugang zu Informationen auf der Erde zu erlangen. Diese Frequenz entspricht exakt der natürlichen Frequenz unseres Gehirns, die ebenfalls bei sieben Hertz liegt. Die Resonanz von Magnet- und elektrischen Komponenten in der Ionosphäre und dem menschlichen Gehirn ist identisch.

Diese Verbindung kann jedoch durch geomagnetische Stürme gestört werden. Solche Störungen beeinträchtigen auch andere Spezies, wie zum Beispiel Fische, die über elektrische und magnetische Signale kommunizieren. **Gewitter können diese Verbindungen stören, ähnlich wie Lärm**, der das Verhalten der Fische durcheinanderbringt. Dies zeigt, dass wir nicht die einzige Spezies sind, die durch solche Einflüsse betroffen ist.

Die Grundfrequenz der Erde[43], die natürlich mit den geomagnetischen Rhythmen der Erde übereinstimmt, zeigt, dass unser Gehirn in der Lage ist, sich auf das globale Magnetfeld einzustellen und mit ihm in Resonanz zu treten. **Diese Synchronisation ist jedoch bei geomagnetischen Störungen weniger effektiv**, ähnlich wie bei der elektromagnetischen Kommunikation von Fischen, die während eines Gewitters gestört wird. Diese Parallele veranschaulicht ein universelles Prinzip: Die Vernetzung in der Natur wird durch elektromagnetische Kräfte gesteuert – sowohl bei Menschen als auch bei Meereslebewesen. Wenn wir diese natürlichen Muster näher betrachten, erkennen wir ihren subtilen, aber kraftvollen Einfluss.

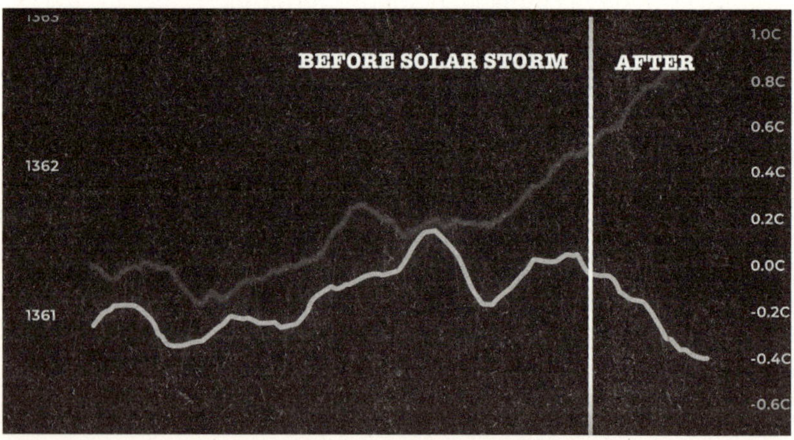

Als nächstes werden wir uns damit befassen, wie selbst minimale Reize, wie ein einfacher Lichtblitz, getrennte menschliche Gehirne synchronisieren können, wenn sie dieselben magnetischen Informationen teilen. Diese Entdeckung erweitert unser Verständnis der menschlichen Vernetzung und fordert uns auf, über die Reichweite von Einfluss und Interaktion über große Entfernungen nachzudenken.

Der Effekt geht jedoch noch weiter. Wenn zwei Personen, die durch räumliche Distanz getrennt sind, dasselbe Magnetfeld teilen, kann ein einfacher Lichtblitz die Gehirnaktivität der anderen Person beeinflussen, selbst wenn sie sich in einem dunklen Raum befindet. Dabei haben wir festgestellt, dass diese Interaktionen tatsächlich mit Licht verbunden sind. Die vom Gehirn ausgesendete Photonenergie einer Person im Dunkeln ist zwar etwa 10.000-mal schwächer als das Licht der Sterne in einer bewölkten Nacht, dennoch ist sie 100-mal stärker als die kosmische Strahlung, die das Universum durchdringt.

Obwohl diese Energie sehr schwach erscheint, sollten wir uns daran erinnern, dass auch andere Reize, die wir erleben, extrem klein sein können. Zum Beispiel beträgt der Schalldruck, den Sie beim Zuhören meiner Stimme gerade wahrnehmen, etwa ein Millipascal – etwa 40 bis 50 Dezibel sind. Trotzdem lastet ein atmosphärischer Druck von über 100 Kilopascal auf Ihrem Körper, was eine Milliarde Mal mehr Druck ist als der Schalldruck, den Sie wahrnehmen, wenn ich spreche und Sie mir zuhören.

Können Sie die Atmosphäre hören? Obwohl er eine Milliarde Mal stärker ist als der Schall, den Sie hören, registrieren Sie ihn nicht. **Der Grund dafür liegt nicht in der Intensität, sondern im Muster. Muster sind entscheidend, viel mehr als bloße Stärke.** Nehmen wir als Beispiel eine Zimtstange, die ich fallen lasse – das erzeugt etwa ein Mikrojoule an Energie. Zum Vergleich: Um ein Licht im Dunkeln wahrzunehmen, braucht es nur etwa 10 hoch minus 17 Joule, was bedeutet, dass die Energie durch das Fallenlassen dieser Zimtstange ausreicht, um theoretisch die Augen aller Menschen auf der Welt zu stimulieren.

Worauf es wirklich ankommt, ist nicht die Größe oder die Intensität, sondern das Muster, das die Energie formt. Zum Beispiel, wenn eine Person in einem Raum ein Blinklicht sieht und eine andere Person im Dunkeln sitzt, aber sie dasselbe Magnetfeld teilen, synchronisiert sich die Gehirnaktivität der Person im Dunkeln. Diese Verbindung besteht sogar über große Entfernungen.

Es ist faszinierend zu erkennen, dass ein einfacher Lichtblitz in einem Raum die Gehirnaktivität einer anderen Person beeinflussen kann, die in völliger Dunkelheit sitzt. Dies ist nicht bloß ein skurriles Experiment – es zeigt die unsichtbaren Verbindungen, die uns alle miteinander vernetzen. Unsere Gehirne agieren nicht isoliert in unseren Schädeln, sondern interagieren ständig mit der Welt durch geomagnetische Felder. **Diese Entdeckung deutet darauf hin, dass wir alle Teil eines größeren, nat**ürlichen **Netzwerks sind, das durch die Rhythmen der Erde beeinflusst wird.**

Gibt es Beweise für einen Informationstransfer zwischen Gehirnen? Wir haben begonnen, die Photonenemission des menschlichen Gehirns zu messen, und dies gibt uns wertvolle Einblicke. In einem Experiment bitten wir Personen, sich in einem ruhigen Raum zu entspannen und dabei auf verschiedene Gehirnareale zu konzentrieren – etwa die linke oder rechte Gehirnhälfte. Wenn jemand einfach nur beiläufige Gedanken hat und sich entspannt, ist die Aktivität in beiden Hemisphären minimal. **Doch sobald wir die Person bitten, sich aktiv auf weißes Licht zu konzentrieren, sehen wir einen deutlichen Unterschied.** Die linke Gehirnhälfte zeigt keine signifikante Veränderung, aber die rechte Hemisphäre – die bekanntermaßen mit **visuellem** Denken und **Kreativität** in Verbindung steht – **verdoppelt ihre Aktivität.**

Diese Steigerung beträgt etwa 10 bis minus 11 Watt pro Quadratmeter, was eine messbare Zunahme der Energieausstrahlung darstellt. Neurowissenschaftliche Studien, wie die von Bocon und anderen Forschern, haben gezeigt, dass es eine geringe, aber messbare Lichtemission von der Netzhaut gibt, wenn jemand aktiv an weißes Licht denkt, obwohl dabei keine herkömmlichen neuronalen Aktionspotenziale ausgelöst werden.

Diese Erkenntnis zeigt, dass unser Gehirn in der Lage ist, spezifische Energien zu erzeugen, die weit über einfache neuronale Aktivität hinausgehen. Die Fokussierung (Visualisierung) auf ein einfaches Bild wie weißes Licht kann also messbare Veränderungen in der Energieproduktion des Gehirns bewirken – und das eröffnet faszinierende Möglichkeiten, wie unsere Gedanken und Gehirnaktivitäten auf subtile Weise mit der Umwelt und möglicherweise auch mit anderen verbunden sind.

Tatsächlich sendet Ihr Gehirn Photonen aus – echte Lichtteilchen, und wir können diese messen. Sobald Photonen im Spiel sind, haben wir Zugang zu fast allem. **Wenn Photonen involviert sind, wird das Phänomen der Quantenverschränkung real.** Das bedeutet, dass das, was einer Person widerfährt, sich in einer anderen widerspiegeln kann – unabhängig von Raum und Zeit. Hier ist eine Animation, die zeigt, wovon wir sprechen: Verschränkung. Das bedeutet, dass sobald zwei Menschen miteinander verbunden sind, Photonen sowohl hier als auch dort vorhanden sind.

Wir wissen noch nicht genau, ob das Photon, das im Gehirn einer Person erscheint, tatsächlich dasselbe ist, das in der anderen Person auftritt, oder ob es einfach nur ein verschränktes Phänomen ist. Aber sobald Verschränkung existiert, wird klar, dass Informationen über große Entfernungen hinweg übertragen werden können. Wenn man etwas hier verändert, verändert sich augenblicklich auch etwas dort. Physiker haben dies bereits demonstriert und nennen es Teleportation – ein dramatischerer Begriff für das, was bereits möglich ist. Sie haben dies bereits über Entfernungen von mehr als 100 Kilometern gezeigt. Verändert man die Polarität auf der einen Seite, ändert sich die andere sofort. Das ist der erste Schritt, um Informationen über große Distanzen hinweg verfügbar zu machen.

Dr. Persinger führt uns in das faszinierende Phänomen der Photonenemissionen aus dem menschlichen Gehirn und die Quantenverschränkung ein. Was zunächst wie etwas aus einem Science-Fiction-Film klingen mag, basiert auf soliden wissenschaftlichen Grundlagen. Photonen, die kleinsten Einheiten des Lichts und anderer elektromagnetischer Strahlung, werden tatsächlich vom menschlichen Gehirn ausgesendet. Diese Emissionen sind zwar schwach, aber mit hochentwickelten Messgeräten nachweisbar.

Das Revolutionäre an Dr. Persingers Forschung ist die Idee, dass diese Photonenemissionen auf eine mögliche Quantenverschränkung zwischen menschlichen Gehirnen hindeuten könnten. Quantenverschränkung ist ein bekanntes Prinzip in der Physik, bei dem zwei Teilchen miteinander verbunden sind und der Zustand eines Teilchens sofort den Zustand des anderen beeinflussen kann – unabhängig von der räumlichen Entfernung. Dr. Persingers Arbeit deutet darauf hin, dass ähnliche Prozesse möglicherweise auf biologischer Ebene stattfinden könnten.

Diese Entdeckung wirft spannende Fragen auf: Könnten unsere Gehirne, durch das Erzeugen von Mustern, die Quantenphänomene widerspiegeln, eine völlig neue Form der Kommunikation ermöglichen? Vielleicht ist dies der Grund dafür, dass wir manchmal an jemanden denken, kurz bevor er uns anruft. Dr. Persingers Forschung eröffnet neue Perspektiven auf die menschliche Verbindung und fordert uns auf, diese Möglichkeiten ernsthaft zu überdenken.

Welche Technologie hat nun Zugang zu den Mustern, die von anderen Gehirnen geteilt werden? Wir können auf die Informationsübertragung zugreifen, sie verstärken, fokussieren und kontrollieren – etwas, das seit Jahrhunderten nur sporadisch geschah. Überlegen Sie einmal: Seit Tausenden, ja Hunderttausenden von Jahren beobachteten wir Blitze, und dann entdeckten wir die Elektrizität. Sehen Sie, wie diese Entdeckung unser Leben verändert hat. Wir sahen Vögel fliegen und fragten uns, wie es wäre, selbst zu fliegen. Flügel entwickelten wir nicht, aber heute fliegen wir – dank Flugzeugen. Wenn wir uns etwas vorstellen können, können wir es auch verwirklichen. Warum? Weil unser Gehirn aus Materie besteht und auf denselben physikalischen Prinzipien des Universums beruht.

Wenn wir in der Lage sind, **uns etwas vorzustellen**, zeigt das, dass das Potenzial dazu bereits existiert, weil unsere Gehirne die fundamentalen Aspekte der Materie widerspiegeln. Ein klassisches Beispiel für Informationsgewinnung ist Sean Harabands – ein Mann, der in der Lage war, das Gedächtnis einer anderen Person zu lesen. Dies ist kein Zaubertrick. Was tatsächlich passiert, ist, dass ein Teil seines Gehirns, der seit seiner Geburt anders funktioniert, eine erhöhte Aktivität aufweist. Dies wurde durch die Einzelphotonen-Emissionscomputertomographie festgestellt, speziell im rechten Scheitellappen.

Gibt es noch andere universelle Felder, denen wir alle ausgesetzt sind? Eines davon ist das Internet, das durch die elektromagnetische Matrix, die es erzeugt, ein massives Kommunikationssystem geschaffen hat. Schauen Sie sich das genauer an: Kommunikationssysteme sind heutzutage so allgegenwärtig, dass wir in dieses Netz, das wir „Kommunikationssysteme“ nennen, regelrecht eingebettet sind. Früher nutzten wir Radar, um Signale auszusenden und die Reflexionen zu analysieren, um Dinge aus der Ferne zu erkennen.

Die elektromagnetische Dichte unserer modernen Kommunikationssysteme ist mittlerweile so groß, dass sie einen regelrechten

Schatten erzeugt. Es ist nicht einmal mehr notwendig, Radarsignale zu senden – wir leben buchstäblich im Schatten eines gigantischen elektromagnetischen Feldes, das durch diese Systeme erzeugt wird. Das bedeutet, dass wir alle in ein homogenes, **sekundäres Feld** eingetaucht sind, das als Kommunikationsnetzwerk der modernen Technologie existiert. Ein Großteil dieser elektromagnetischen Aktivität bewegt sich im Bereich der Frequenzen, die direkt auf das menschliche Gehirn einwirken.

Stellen Sie sich vor, wir könnten die Gehirnströme so nutzen, wie wir einst die Elektrizität oder das Fliegen nutzbar gemacht haben. Dr. Persingers Forschung legt nahe, dass dies möglich ist. Wenn wir es schaffen, die gemeinsamen Ströme des Gehirns zu nutzen, könnten wir die Art und Weise, wie wir kommunizieren und einander verstehen, revolutionieren. Wie die Pioniere der Elektrizität oder die frühen Flugpioniere stehen wir an der Schwelle zu einer neuen Ära. Ein Beispiel dafür ist Sean Hariman, dessen Gehirnaktivität während des Abrufs von Erinnerungen mit Hilfe fortschrittlicher bildgebender Verfahren deutlich sichtbar wurde. Dies bietet uns greifbare Beweise für das immense Potenzial des Gehirns.

Unsere ständige Nutzung des Internets und der elektromagnetischen Kommunikationssysteme spiegelt dieses natürliche Potenzial wider. Diese Systeme durchdringen und formen unsere Umwelt genauso, wie es früher die Naturkräfte taten, und sie fordern uns heraus, uns an diese neuen Bedingungen anzupassen und weiterzuentwickeln.

Denken Sie einen Moment darüber nach: Als Alexander Graham Bell erstmals ein Signal durch den Raum schickte, war es schwach und kaum hörbar. Doch von diesen wenigen, unsicheren Anfängen haben wir heute eines der fortschrittlichsten Kommunikationssysteme der Welt – das Telefonsystem. Jede große Technologie beginnt klein und wird über die Zeit perfektioniert.

Gibt es Beweise dafür, dass solche Verbindungen zwischen Gehirnen existieren? Ja, seit Jahrzehnten gibt es bestätigte Berichte, die darauf hindeuten, dass Menschen plötzliche Wahrnehmungen erleben, oft in Krisen oder bei Todesfällen geliebter Menschen, und diese Erlebnisse treten an Tagen auf, **an denen die geomagnetische Aktivität besonders ruhig ist**. Solche Erfahrungen finden meist im Traumzustand statt. Ein Beispiel dafür stammt von einer Frau mittleren Alters: Am Abend des 5. Januars war sie mit Freunden in der Küche, als sie plötzlich spürte, wie ihr Gesicht heiß wurde und ihr übel wurde. Minuten später verlor sie das Bewusstsein.

Ihre Freunde trugen sie ins Wohnzimmer und legten ihr ein kaltes Tuch auf die Stirn. Sie berichteten, dass sie ihre Augen geöffnet und 15 Minuten lang regungslos vor sich hingestarrt hätte. Als sie schließlich zu sich kam, war es genau 22:30 Uhr. In dieser Nacht war es ihr sehr übel, und sie übergab mich mehrmals. Gleichzeitig musste sie die ganze Zeit an ihre Schwester denken, und jedes Mal, wenn sie an ihre Mutter dachte, fiel sie in tiefe Traurigkeit. Am nächsten Morgen, um 7:00 Uhr, rief ihre Mutter an. Sie weinte und war völlig aufgelöst. Sie erzählte ihr, dass ihre Schwester, die viele Meilen entfernt lebte, in der Nacht zuvor plötzlich um exakt 22:30 Uhr gestorben war. Dies ist ein klassisches Beispiel für eine Verbindung über die Entfernung hinweg.

Solche Ereignisse treten häufig auf, wenn die geomagnetische Aktivität besonders ruhig ist. Hier ist ein Beispiel für ein geomagnetisches Muster, das in unserem Labor an der Laurentian University aufgezeichnet wurde. Sie können auf der Darstellung die Störungen erkennen, die eine sehr aktive geomagnetische Periode zeigen. In ruhigen Nächten hingegen, wie der nächsten, ist der Unterschied deutlich sichtbar. Mit anderen Worten: Wenn die geomagnetische Aktivität ruhig ist, besteht eine größere Wahrscheinlichkeit, dass die Verbindungen zwischen den sieben Milliarden Gehirnen auf der Erde leichter entstehen. Bei intensiveren geomagnetischen Störungen hingegen wird das System, ähnlich wie bei starkem Rauschen, beeinträchtigt.

Obwohl diese Effekte sehr schwach sein mögen, sind ihre Auswirkungen emotional enorm und bedeutsam. Wir alle haben schon Geschichten gehört, die Vorahnungen ähneln – diese unheimlichen, unerklärlichen Empfindungen, bei denen jemand etwas spürt, bevor es tatsächlich passiert. Solche Phänomene waren bislang wissenschaftlich kaum erklärbar, doch heute beginnen wir, ihre Grundlagen zu verstehen. Menschen wie Ingo Swann, Pat Price und Russell Targ, die alle behaupten, an Remote-Viewing-Projekten für Organisationen wie die CIA gearbeitet zu haben, verleihen diesen Diskussionen zunehmend Glaubwürdigkeit und Tiefe.

Diese Konzepte mögen zunächst überwältigend erscheinen, und es mag einfacher sein, sie zu ignorieren, als sich mit ihren weitreichenden Implikationen auseinanderzusetzen. Doch Dr. Michael Persinger betont, dass wir nicht zu spät dran sind, um diese Fähigkeiten zu verstehen – vielmehr haben wir sie vielleicht zu schnell als unwichtig abgetan. Er schlägt vor, dass das menschliche Gehirn unter Bedingungen geringer geomagnetischer Aktivität wie eine Antenne funktioniert, die in der Lage ist, Signale und Informationen aus der Ferne zu empfangen. Dies bietet eine plausible wissenschaftliche Erklärung dafür, wie jemand Vorahnungen oder entfernte Ereignisse wahrnehmen könnte.

Ingo Swann ist eine der Schlüsselfiguren in der Entwicklung des Phänomens der Fernwahrnehmung. Er war maßgeblich daran beteiligt, dieses Konzept für die Central Intelligence Agency (CIA) der Vereinigten Staaten zu entwickeln. Die Grundidee der Fernwahrnehmung ist es, Informationen aus der Ferne zu erfassen, ohne physisch anwesend zu sein. Statt anzunehmen, dass es unmöglich ist, ging Swann davon aus, dass es möglich ist, und entwickelte entsprechende Techniken.

Er lernte, Erfahrungen, die vor allem in seiner rechten Gehirnhälfte entstanden, als klare Bilder und sensorische Eindrücke zu identifizieren. Hier ein Beispiel aus einem Experiment an der Laurentian University: Ingo Swann saß in einem geschlossenen Raum und wurde gebeten, zu zeichnen, was die Experimentatoren an einem zufällig ausgewählten Zielort sahen. Die Zielorte wurden in einem Umkreis von 15 Minuten von der Universität zufällig bestimmt, und die Experimentatoren gingen dorthin, um sich das Ziel anzusehen. Swann sollte aufgrund seiner Wahrnehmungen die Eindrücke und Bilder des Ortes beschreiben und zeichnen.

Einige seiner Beschreibungen umfassten Einzelheiten wie: „Kurven", „hohe Vegetation", „eckig", „Brise", „konvex", „Schornstein in der Ferne", „Arena", „Bäume", „Gefühl eines Förderbandes", „bitterer Geruch", „mehr als ein Auto", „leichte Neigung", „Grotte", „rund und groß". Diese Eindrücke sollten das Gesehene des Experimentators widerspiegeln, und es stellte sich heraus, dass Swanns Beschreibungen häufig mit den tatsächlichen Eigenschaften des Ziels übereinstimmten.

Vergessen Sie nicht, dass Ingo Swann sich zu diesem Zeitpunkt in einer Kammer befand, während wir sein EEG überwachten. Seine Fähigkeit wurde durch fortschrittliche Technologie unterstützt, die ich Ihnen in Kürze zeigen werde. Er zeichnete Eindrücke wie einen fernen Schornstein, eine Straße mit zwei großen Einschnitten, eine Vertiefung, etwas Kreisförmiges und Bewegung – sei es durch Autos oder andere Fortbewegungsmittel. Was war das Ziel? Die Experimentatoren waren nach Norden gegangen, um die Landschaft und eine wissenschaftliche Einrichtung zu betrachten, und Swann hatte diese Eindrücke erstaunlich genau wiedergegeben, ohne selbst eine Ahnung von dem Zielort zu haben. Diese zufällig ausgewählten Ziele waren ihm vollkommen unbekannt.

Was an diesen Experimenten am meisten heraussticht, ist die Idee, dass menschliche Gehirne durch gemeinsame Magnetfelder synchronisiert werden können – selbst über räumliche Distanzen hinweg. Es ist fast so, als ob eine mentale Verflechtung stattfindet, bei der die Erfahrungen einer Person den Geist einer anderen beeinflussen können. Dr. Persingers Forschung zeigt, dass die Genauigkeit der übermittelten Informationen signifikant steigt, wenn zwei Menschen dieselbe magnetische Konfiguration teilen.

Stellen Sie sich vor, welche Möglichkeiten das eröffnet: Wenn wir diese Verbindungen bewusst nutzen könnten, könnte dies unser Verständnis von Kommunikation, Beziehungen und sogar dem Bewusstsein selbst revolutionieren. Dennoch stehen wir noch ganz am Anfang dieser Entdeckungen – ähnlich wie Alexander Graham Bell mit seinem ersten kratzigen Telefongespräch. Das Potenzial ist riesig, aber es erfordert, dass wir uns für scheinbar unwahrscheinliche oder **noch unvorstellbare Möglichkeiten öffnen.**

Die intensivsten Phänomene traten auf, wenn eine Person in einem Raum ein Zielobjekt betrachtete und gleichzeitig eine zweite Person, die sich in einem anderen Raum befand, dasselbe Magnetfeld teilte. In solchen Fällen nahm die Genauigkeit der Fernwahrnehmung erheblich zu. Mit anderen Worten: Wenn zwei Personen miteinander verbunden sind, indem sie ein identisches Magnetfeld teilen, beeinflusst dieses Feld das Muster der Gehirnaktivität und führt zu einer Synchronisation ihrer Wahrnehmungen. Die zweite Person kann dann mit bemerkenswerter Präzision das zeichnen, was die erste Person sieht.

Um dies zu demonstrieren, haben wir ein spezielles Gerät entwickelt, bei dem zwei Personen, die sich in einiger Entfernung voneinander befinden, komplexe, identische Magnetfelder teilen. Wenn dies geschieht, synchronisieren sich die beiden Gehirne so, dass sie nahezu wie ein einziges Gehirn funktionieren. Das Gerät, das wir „Oktopus" nennen, besteht aus acht Solenoiden, die eine komplexe Konfiguration eines Magnetfeldes erzeugen. In einem Raum befindet sich eine Person, die durch den „Oktopus“ mit einer zweiten Person in einem anderen Raum verbunden ist.

Hier sind einige Beispiele: Eine Person betrachtet ein Bild – zum Beispiel eine Brücke – und die andere Person, die in einem separaten Raum sitzt und das gleiche Magnetfeld teilt, zeichnet Bilder, die sehr genau das widerspiegeln, was die erste Person sieht. Ihre Zeichnungen enthalten Details wie vertikale Linien, Bewegung, Menschenmengen oder Objekte, die vorbeiziehen, und man kann sogar Wörter oder Buchstaben erkennen, die in der Wahrnehmung auftauchen.

Die wesentlichen Aspekte des betrachteten Ziels werden von beiden Personen geteilt, da ihre Gehirne durch das gemeinsame Magnetfeld praktisch zu einem einzigen Bewusstsein verschmolzen sind. Was würde passieren, wenn wir mit einer neuen Technologie, die derzeit entwickelt wird, Zugang zu allen Informationen aus jedem anderen menschlichen Gehirn hätten? Die Antwort wäre: **keine Geheimnisse mehr.**

Quelle: https://www.youtube.com/watch?v=e8P1kuFDHpg

MITTEILUNGEN AUS DEM JENSEITS
DIE RELATIVITÄT UNSERER WIRKLICHKEIT

Prof. Ernst Senkowski und sein Freund Dr. Vladimir Delavre gründeten 1975 den bis heute aktiven Verein für Transkommunikations-Forschung (VTF) e.V. <http://www.vtf.de/index.shtml>.

Transkommunikation bezieht sich auf alle Methoden, mit anderen Bewusstseinsbereichen zu kommunizieren. Der VTF e.V. widmet sich insbesondere der Erforschung der Elektronischen Stimmen, die zur Instrumentellen Transkommunikation (ITK) gehören. Dabei werden sprachliche Äußerungen auf Tonträgern aufgenommen, deren physikalische Herkunft ungeklärt ist. Diese Stimmen geben oft intelligente, situationsbezogene Antworten und werden als Botschaften von Verstorbenen angesehen.

ITK ist ein nachweisbares paraphysikalisches Phänomen, bei dem Anomalien in der Funktionsweise elektronischer Geräte zu Stimmen, Bildern und Texten führen. Diese Ergebnisse widersprechen den physikalischen Gesetzen. Der Ursprung der ITK-Stimmen wird auf Einflüsse sowohl vom Experimentator als auch von anderen Bewusstseinsebenen zurückgeführt.

Der schwedische Opernsänger Friedrich Jürgenson entdeckte das Phänomen 1959, als er Vogelstimmen aufzeichnen wollte und unerwartet

Stimmen hörte, die ihn ansprachen. Zunächst hielt er dies für einen technischen Fehler, doch stellte er bald fest, dass es sich um Versuche verstorbener Seelen handelte, Kontakt aufzunehmen. In den folgenden Jahren dokumentierte er tausende solcher Stimmen und ließ sie von Experten überprüfen, die keinen Betrug feststellten. Presse, Rundfunk und Fernsehen berichteten ausführlich darüber.

Ein wesentlicher Aspekt der ITK-Forschung ist, dass sie von jedem selbst durchgeführt werden kann. Es sind keine komplexen technischen Geräte oder besondere Fähigkeiten erforderlich. Einfache handelsübliche Geräte genügen, um ITK-Stimmen aufzuzeichnen. Geduld und eine positive Lebenseinstellung sind allerdings hilfreich. Wichtig ist, dass psychische Stabilität vorhanden ist.

Der Verein fördert die Forschung und bietet Interessierten Unterstützung bei eigenen Experimenten an.. Ziel des Vereins ist es, Interessierte durch Informationen und Beratung in die Lage zu versetzen, selbst Experimente durchzuführen. Zudem bemüht sich der Verein, Personen und Institutionen zu erreichen, die auf wissenschaftlicher, technischer oder anderer Ebene zur Weiterentwicklung der Forschung beitragen können.

Die in einem Kapitel meines Buches METAMORPHOSE DER MENSCHHEIT vorgestellten Durchsagen sind eine von mir vorgenommene Auswahl des umfangreichen Datenmaterials. Obwohl diese Durchsagen bereits einige Jahre zurück liegen, ist doch die wesentliche Brisanz und Bedeutung teilweise erst heute zu erkennen.

Einer der Durchsagen, die Senkowski und Delavre von Albert Einstein erhalten haben, stellt in meinen Augen einer der besten Erklärungen zur **Beschaffenheit der Wirklichkeit** dar, die ich selbst je gelesen haben. Hier der Text:

„Die einzelnen Wahrscheinlichkeitslinien sind lebendiger und beweglicher als ein Rudel Forellen, die sich in einem Bach tummeln,

***nicht im Einzelnen fassbar und nachzuvollziehen, aber dennoch immer wieder in sinnvolle Abläufe und Strukturen eingebettet.*"**

„Lasse mich Dir noch einige weitere wichtige Elemente einer möglichen Zusammenarbeit bei der Klärung technisch transkommunikativer Ereignisse schildern. Wir versuchen während jedes technischen Kontaktes, also der Wiedergabe von Informationen über Eure Kommunikationssysteme, die lokalen Gravitationsverhältnisse so zu beeinflussen, dass über kongruente und systemimmanente Flüsse im Quantenvakuum elektromagnetische Impulse gebildet werden, die entsprechend steil reagierende Bauteile der Systeme beeinflussen und zur informationssynchronen Reaktion führen. Da es sich dabei um minimalste Veränderungen einzelner Quantenfelder handelt, ist eine entsprechende Reaktionsfähigkeit des Gesamtsystems eine Voraussetzung für den Kontakt. Es ist für Euch nicht vorstellbar, dass wir sozusagen selbst in den Quanten sitzen und mit rein geistigen Energien einen Translationsvorgang auslösen. Dimensionslose Wesen lassen sich wahrscheinlich aus einer gewohnten Dimensionsstruktur heraus nicht vorstellen. Wir sind gleichzeitig kleiner als ein Korn und größer als ein Berg.

***Die wichtigste Voraussetzung für den Transkontakt ist ein geistig vorgeprägtes System**, das bereits auf Bewusstseinsimpulse reagieren kann. Das setzt eine bestimmte Form der Interaktion voraus, die nicht von jedem auf Anhieb zu erreichen ist, aber geübt werden kann. Von der rein technischen Seite sind empfindliche chaotische Systeme von Vorteil, die bereits durch kleine Impulse gesteuert werden können. Minimale Zufallsimpulse, die wir besetzen können, erleichtern den Modulationseffekt. Es treten dabei Verstärkungsfaktoren auf, die für Euch technisch unvorstellbar sind, weil sie sich nicht mit der klassischen Theorie des EM erklären lassen.*

***Jede Übermittlung von uns enthält Ton, Bild und Schrift**, wird von Euch aber meistens nur in einer dieser Richtungen dechiffriert. Letzten Endes trifft das gewählte Wiedergabesystem die Entscheidung darüber, was von Euch als Information erkannt werden kann. Je störungsfreier ein System* *aufgrund seiner Konstruktion funktionieren muss, desto weniger eignet es sich für Transkontakte. Wir brauchen möglichst viele Freiheitsgrade, um die gewünschten Impulse aufsetzen zu können.*

(18.4.94)

Immer dann, wenn höherdimensionale Einflüsse in Euer dreidimensionales Universum projiziert werden, verläuft diese Abbildung über eine ***Modifikation der Raumgeometrie*** *und ist damit automatisch* ***mit einer lokalisierten Änderung gravitativer Felder***[44] *verbunden. Intelligente Durchbrüche zu anderen Dimensionen sind immer mit einer relativen gegenseitigen Zeitanpassung verbunden und benötigen daher Transformationsmechanismen, die den Zeitablauf selbst modifizieren können. Da beide Dimensionssysteme sich gegeneinander in einer durch den unterschiedlichen Zeitfluss bedingten relativen Bewegung befinden, ist ein Informationskanal nur über kurze Zeit beständig, nämlich so lange, bis Zeitverwerfungen auftreten, die in der Natur der Zeit selbst liegen und weder von hier noch von Eurer Seite kontrolliert werden können. Eine ununterbrochene stundenlange Unterhaltung über technische Transsysteme wird es aus diesen Gründen vermutlich niemals geben.*

Die oft mangelnde Verständlichkeit unserer transtechnischen Übermittlungen hängt allein von Eurer Gerätetechnik und der nicht auf unsere Translationsmechanismen der Raumzeit abgestellten Parameter Eurer Systeme ab. Wir versuchen bei einer solchen Übermittlung einzelne Sprachsymbole in konstanter zeitlicher Reihenfolge anzusteuern und damit für Euch Sprache oder Schrift entstehen zu lassen. Bei der Bildübertragung bedienen wir uns bereits vorhandener Muster, die in einer Art Kopierverfahren die lokale elektromagnetische Feldverteilung bzw. Bildpunktdarstellungsstrukturen in ihrer Gesamtheit beeinflussen. Auch Eure eigenen Vorstellungen haben, wenn auch in wesentlich geringerem Maße, diese Fähigkeiten der kongruenten Abbildungserzeugung, wenn sie auf dafür geeignete Strukturen gelenkt werden.

Bei einem medialen oder geistigen Kontakt und einer Informationsübermittlung, wie sie jetzt zwischen uns stattfindet, werden keine eigentlichen Energien gebraucht, die von uns über technische Translationsmechanismen angesteuert werden müssten. Wir kontaktieren Dich auf einer rein geistigen Ebene, ***weil der menschliche Geist in seiner Ausdehnung dimensionslos und damit auch nicht durch dimensionale Strukturen wie die Raumzeit beschränkt ist****. Allerdings ist auch hier eine Zeitanpassung erforderlich, die aber wesentlich länger aufrechterhalten werden kann, weil keine Beeinflussungen der Raumzeitgeometrie und damit Eurer physikalischen Grundstrukturen erforderlich sind. Gehirn und schreibende Hände sind dabei nur passive Wiedergabegeräte. Das gilt jedenfalls im idealen Fall. Im praktischen medialen Informationsaufnahmeverfahren sind natürlich Eure Gedanken und autonomen Bewusstseinsstrukturen niemals völlig ausgeschaltet, sodaß eine gewisse Verzerrung der Informationsströme nicht zu vermeiden ist. Auch diese Kanäle unterliegen Prägungen und werden durch Wiederholungen in ihrer Aufnahmefähigkeit verbessert.*

Der entscheidende Unterschied aus unserer Sicht liegt in der Transferrate der Informationen oder, anders gesagt, in der Bandbreite des Übertragungskanals. Im medialen Transmodus übertragen wir nicht nur ganze Worte, sondern Sätze und längere Bedeutungsinhalte als komplette Strukturen des geistigen Feldes, die bei einer guten Kopplung auch als ebenso komplette Informationsstränge aufgezeichnet bzw. registriert werden. Der Nachteil ist zweifellos die fehlende intersubjektive Beweisbarkeit. Es scheint uns aber sinnvoll, diese wesentliche größere Übertragungskapazität zu nutzen, weil letztlich bei dem, der darauf vorbereitet ist und unvoreingenommen liest und hört, die Inhalte solcher Übermittlungen als Kriterium der Nutzbarkeit und Novität gelten werden. Ich würde Dir am liebsten einige Formeln übertragen, das ist jedoch wegen Deiner unzureichenden mathematischen Kenntnisse und des schwierigen Darstellungsmodus nicht möglich. Wir wollen uns aber wegen der Wichtigkeit der Sache auf jeden Fall bemühen, einen Teil dieser Informationen auch auf transtechnischem Wege zu übermitteln.

(7.6.94)

Die Schwierigkeit bei Transkontakten liegt zunächst in Eurer mangelnden Fähigkeit, die egozentrische Denkweise zu verlassen, um sich in das wogende Wahrscheinlichkeitsfeld undimensionierter quantonomer Strukturen, die mit dem Vakuumfeld verbunden sind, zu begeben. Nur dort können wir uns treffen und gegenseitige Informationen austauschen. *Nur so können die Gedankenaktivitäten, die uns repräsentieren, ihren Einfluss auf für Euch noch unmessbare gravitative Felder lenken und diese dorthin denken, wo sie zur jeweiligen Beeinflussung biologischer oder technischer Transstrukturen, soll heißen, für Transkontakte ansprechbarer Systeme, gelenkt werden können.*

Bis die einzelnen Informationsimpulse Euch bewusst erreichen oder von Euren äußeren Sinnen wahrgenommen werden, sind sie bereits einen weiten Weg gegangen, dessen einzelne Abschnitte von uns keineswegs vollständig kontrolliert werden können. ***Im dimensionslosen Raum des Nichts treffen sich die Geister und entwickeln gemeinsam die Möglichkeiten für eine breitere Öffnung zwischen den Flüssen der unterschiedlichen Welten und Dimensionen. Es ist eine Entwicklung, die – einmal begonnen – immer weiterführen muß, bis eines Tages die schon erwähnte Metamorphose Wirklichkeit wird.***

(25.6.94)

Hier war **Albert Einstein**, *der frühere Skeptiker des Spiritistischen und heutiger ‚Häuptling' einer Gruppe von Wissenschaftlern, die ein Neues Zeitalter des Verständnisses transdimensionaler Kommunikation (aus dem Jenseits) aufzubauen versuchen. Seine Teilstruktur Aaron, ein Aspekt früherer Bewusstwerdungen nach Eurem Matrixverständnis, hilft uns allen hier sehr bei der Realisation unserer gemeinsamen Kontakte.*

(7.6.94)

Die Multidimensionalität des Daseins ist unüberschaubar, ***weil es nicht nur unendlich viele Existenzdimensionen gibt****, sondern auch deswegen, weil die Dimensionen sich überschneiden, ineinander verflechten und verschachteln und sich modifizieren und lenken.*

Die Zuordnung einer Ursache zu einer Wirkung ist niemals eindeutig möglich, aber auch das höher geordnete Prinzip der Resonanz ähnlicher Strukturen und Funktionen lässt sich nicht eindeutig aufrechterhalten, weil es nicht zu beurteilen ist, welche von mehreren resonanzfähigen Parallelstrukturen tatsächlich in diesen Modus geraten und damit zu einer Beeinflussung beitragen.

Daraus folgt zunächst, dass Ihr bei der Betrachtung und Beurteilung eines beliebigen Ereignisses, über das Ihr Euch Gedanken macht, immer auch diese Vielzahl der möglichen modulierenden und auslösenden Faktoren in Betracht ziehen müsst, anstatt immer wieder in Euer gewohntes lineares und monokausales Denken zurückzufallen. Ihr werdet dann feststellen müssen, dass das Beurteilen einerseits schwieriger und das Verurteilen noch schwieriger wird, dass aber andererseits das Verständnis für die tatsächlichen Abläufe und Faktoren, die Euer Leben bestimmen, sich erweitert, und das Bewusstsein seinem eigentlichen Verständnis- und Aufnahmemodus näher führt. Ich könnte auch sagen, ***dass sich damit Euer Bewusstsein selbst in einer für Euch gewöhnlich unsichtbaren Wirklichkeit in einer zutreffenderen Weise spiegelt, als es bisher der Fall war.***

Nichts ist vorherbestimmt. Es gibt nur sich verdichtende Wahrscheinlichkeiten*, die jedoch jederzeit von einem zeitüberkreuzenden Zufallssignal, also einem akausalen Ereignis synchronistischer Art, aufgelöst werden können, so wie ein starker Sonnenstrahl den dichtesten Nebel aufzureißen vermag.*

Die einzelnen Wahrscheinlichkeitslinien sind lebendiger und beweglicher als ein Rudel Forellen, die sich in einem Bach tummeln, nicht im Einzelnen fassbar und nachzuvollziehen, aber dennoch

immer wieder in sinnvolle Abläufe und Strukturen eingebettet.

Jedes einzelne Ereignis, mag es Euch noch so unbedeutend erscheinen, kann neue Resonanzstrukturen aufbauen oder alte zerstören. Es kann Löcher in jahrelang gewirkte Weltlinienräume reißen und ebenso weit auseinanderliegende und zerstreute Realitätsfäden blitzschnell zu einem Muster sinnvollen Daseins verweben. Die von Euch gewollten Strukturen haben deutlich erhöhte Realisierungswahrscheinlichkeiten als andere, die nicht im Zentrum Eurer Aufmerksamkeit stehen. Das gleiche gilt für Ereignisse, die befürchtet werden, weil in beiden Fällen Vorstellungskraft und Emotion an den Matrixtoren rütteln und dadurch das Gefüge lockern, das Euch von anderen und aus Eurer Sicht höheren Funktionsbereichen trennt.

(09.06.94)

Die Zeitangleichung zwischen den Strukturen unterschiedlicher Matrixebenen erfolgt über die Grundlagenstruktur, die allen Ebenen gemeinsam ist. Auch wenn wir diesen Vorgang Zeitangleichung nennen, so handelt es sich eigentlich nicht um die Zeit, die sich hier anpasst, sondern um eine veränderte Wahrnehmung der Realitätsstrukturen der jeweils eigenen Welt, (also) um das Gewahrwerden andersweltlicher Strukturen und Informationsflüsse. Diese Metamorphose spielt sich zunächst immer im individuell kodierten Bewusstseinsbereich ab, führt aber im Laufe ihrer weiteren Entwicklung zu einer sich ausbreitenden Vernetzung, die schließlich das gesamte Spektrum erfasst und den bisherigen Weltlinienraum der Menschheit transformiert, in dem neue Wahrnehmungs- und damit auch Realitätsbereiche eröffnet werden.

Lanzenförmig durchbrechen Strukturen unserer Welt die Matrix, die Euch so lange beherrscht hat; geistige Formkräfte fließen einer Wolke gleich durch diese Lücken und prägen Euch auf die kommende Metamorphose hin. Geistige Prinzipien, die einst einen Namen trugen, sind ab einer bestimmten Ebene nur noch Geist und Information und Seelenkraft. Nur um Euch das Verständnis und den Zugang zu erleichtern, werden Verknüpfungen zu alten Namen hergestellt.

(21./22.06.94)

Unsere jeweiligen Gedanken sind vektoriellen Strömen ähnlich, die in verschiedene(n) Richtungen fließen und sich mit anderen Strömen vereinigen und auch gezielt auf die Ähnlichkeit oder Resonanz mit anderen Gedankenströmen reagieren können. Eine geistige Maßeinheit gibt es nicht, aber es gibt Richtungen. So sind wir gleichzeitig auch ein skalares Feld, das sich nicht messen lässt, aber dennoch seine Wirkungen in der Entfaltung ausübt.

MEINE GESPRÄCHE MIT KERRY K.

In einem langen Gespräch, das ich vor einiger Zeit mit Kerry K. geführt haben, habe ich mit ihr über den Aufstieg, die Verschmelzung und die Trennung von Zeitlinien und die Transformation des Bewusstseins gesprochen. Hier sind die wichtigsten Kernaussagen:

Kerry K. hat ihre Einsichten und Erfahrungen während einer schweren Krankheit gewonnen, als sie sich zwischen Leben und Tod befand. In dieser Zeit hatte sie tiefe spirituelle Erlebnisse, die ihr einen erweiterten Blick auf das Bewusstsein und die Realität ermöglichten. Sie betont, dass ihr Wissen auf diesen persönlichen Erfahrungen basiert und ihre Aufgabe darin besteht, dieses Wissen zu teilen, damit es anderen ebenfalls zugutekommt.

DIE VERSCHMELZUNG UND TRENNUNG DER ZEITLINIEN

Kerry K. beschreibt eine Zeitlinie als eine Form der Realität. Sie erklärt, dass entgegen der Annahme vieler Menschen nicht unzählige Zeitlinien existieren, sondern nur eine einzige, die vorübergehend verschiedene Frequenzen und Welten hält. Sie macht deutlich, dass es im Moment eine einzige Zeitlinie gibt, die jedoch mehrere unterschiedliche Frequenzen enthält, was sie instabil macht.

Diese Zeitlinie dient als Inkubationsstation für den kommenden Aufstieg in die fünfte Dimension. Diese Zeitlinie hält extreme Gegensätze, von bedingungsloser Liebe bis zu tiefem Hass, gleichzeitig. Diese Überladung ist ein Zeichen dafür, dass eine große Reinigung bevorsteht, bei der sich die Frequenzen trennen und zwei Hauptzeitlinien entstehen: 5D und 4D. Dabei werden Menschen entweder in die 5D aufsteigen oder, wenn sie noch nicht bereit sind, auf eine 4D-Ebene wechseln, um einen weiteren Aufstiegszyklus zu durchlaufen.

Kerry K. spricht in ihren Ausführungen auch über die Trennung der Zeitlinien. Sie stellt klar, dass es zahlreiche Missverständnisse gibt, besonders die Angst, während dieses Prozesses von geliebten Menschen getrennt zu werden oder dass katastrophale Ereignisse eintreten könnten.

Sie betont, dass die Trennung der Zeitlinien nicht traumatisch sein wird. Es wird keine gewaltsame oder schmerzhafte Trennung von geliebten Menschen geben. Stattdessen wird jede Seele sanft in die Zeitlinie übergehen, die ihrer Schwingungsfrequenz entspricht – sei es 5D oder 4D. Für die Menschen in 4D wird das Leben nahtlos weitergehen, ohne dass sie das Gefühl haben, etwas verloren zu haben.

DER „SONNENBLITZ“

Der Aufstieg wird durch einen - wie es bezeichnet - „Sonnenblitz“ eingeleitet, ein kosmisches Ereignis, das den Aufstiegspunkt markiert und das die Transformation des menschlichen Bewusstseins beschleunigt und die Menschheit auf eine neue Frequenz bringt. Dieser Sonnenblitz wird eine Welle göttlicher Kommunikation aussenden und das Ende der falschen Matrix einläuten. Dieser Prozess ist bereits im Gange, und je mehr Menschen ihre persönliche Verantwortung und innere Wahrheit erkennen, desto schneller wird der Aufstieg voranschreiten. Menschen, die bereit sind, in die 5D-Zeitlinie aufzusteigen, werden in eine gereinigte, liebevolle Realität eintreten, die von Harmonie und Einheit geprägt ist.

FALSCHE MATRIX UND DUNKELHEIT

Kerry beschreibt die falsche Matrix, eine künstliche Realität, die von dunklen Wesen erschaffen wurde, um die Menschheit von ihrer Göttlichkeit zu trennen. Diese Matrix basierte auf Trennung und Manipulation. Der aktuelle globale Wandel symbolisiert das Ende dieser falschen Matrix, da die Menschheit beginnt, sich von der Dunkelheit zu befreien und ihre wahre Schöpferkraft zu erkennen.

INTEGRATION, SELBSTVERANTWORTUNG UND DIE ROLLE DER LIEBE. DER AUFSTIEG IST UNAUSWEICHLICH

Kerry betont, dass der Aufstieg und die Transformation des Bewusstseins ein innerer Prozess sind. Jeder Mensch muss lernen, sich mit seiner eigenen Göttlichkeit zu verbinden und auf seine innere Wahrheit zu hören. Die Integration dieser Erkenntnisse in den Alltag ist entscheidend, um den Aufstieg zu meistern.

Die höchste Schwingung im Kosmos ist Liebe. Um den Aufstieg zu ermöglichen, muss die Menschheit lernen, in den Zustand der Liebe zu gelangen, was bedeutet, die Frequenz der Angst hinter sich zu lassen und in Harmonie mit sich selbst und dem Universum zu leben.

Laut Kerry ist der Punkt ohne Wiederkehr bereits überschritten. Der Aufstieg der Erde ist unausweichlich, und es gibt keine Möglichkeit für die Architekten der falschen Matrix, dies zu verhindern. Menschen, die jetzt noch in Trennung und Angst leben, können jedoch durch die Liebe und das Erwachen des Kollektivs mitgerissen werden und ebenfalls aufsteigen.

Für diejenigen, die in die 5D-Zeitlinie aufsteigen, beschreibt Kerry K. eine Realität, die völlig gereinigt und frei von den negativen Einflüssen der alten 3D-Matrix ist. In 5D gibt es keine Konflikte oder Trennung mehr, und die Bewohner dieser Zeitlinie werden als Wesen der Liebe in vollständiger Harmonie mit ihrer Umgebung leben. Die Neue Erde, die sie als „Eden" bezeichnet, wird frei von Umweltverschmutzung und negativen Gedankenmustern sein. Die Menschen in 5D werden in einer Welt existieren, die von Licht, Liebe und der Schöpferkraft jedes Einzelnen geprägt ist.

Für jene, die noch nicht bereit für den Aufstieg in 5D sind, wird der Übergang in die 4D-Zeitlinie oft mit dem Tod des physischen Körpers einhergehen, so Kerry K. Die Seele wird in einem neuen Körper auf einem Planeten wiedergeboren, der der Erde sehr ähnlich ist, aber ohne die destruktive Frequenz der falschen Matrix. Diese Menschen werden keine bewusste Erinnerung an den Aufstieg haben und in einer neuen Realität leben, als ob sie immer dort gewesen wären. Sie werden nur eine vage Erinnerung an den alten Planeten haben, ähnlich den Geschichten über Atlantis.

Kerry K. betont, dass die Trennung der Zeitlinien nicht traumatisch sein wird. Es wird keine gewaltsame oder schmerzhafte Trennung von geliebten Menschen geben. Stattdessen wird jede Seele sanft in die Zeitlinie übergehen, die ihrer Schwingungsfrequenz entspricht – sei es 5D oder 4D. Für die Menschen in 4D wird das Leben nahtlos weitergehen, ohne dass sie das Gefühl haben, etwas verloren zu haben.

Sie ist überzeugt, dass jede Seele die Wahl hat, welche Zeitlinie sie betreten möchte. Einige werden sich dafür entscheiden, in 4D zu bleiben, um anderen Seelen zu helfen, während andere in 5D aufsteigen und ein Leben in einer Welt der Liebe und Harmonie beginnen. Sie betont, dass die Schwingungsfrequenz, die wir wählen, bestimmt, in welche Zeitlinie wir gelangen. Negative Energien wie Verurteilung und Angst ziehen Menschen in niedrigere Zeitlinien, während Liebe, Akzeptanz und Frieden den Aufstieg in 5D erleichtern.

Viele ihrer Aussagen decken sich mit Informationen, die ich aus einer anderen, ebenfalls sehr glaubwürdigen Quelle in sehr ähnlicher Form erhalten habe. Es ist meine Überzeugung, dass wir uns auf den Moment des Shifts körperlich, geistig und spirituell so gut vorbereiten sollten wie möglich.

Mit der Dieter Broers Masterclass werde ich ab Herbst 2024 einen Kurs zur Verfügung stellen, der alle Informationen und Werkzeuge für diese geistige und spirituelle Vorbereitung beinhaltet.

ZWISCHEN DEN WELTEN: OFFENBARUNGEN FÜR DIE MENSCHHEIT

Von der Existenz von Zivilisationen, die „im Inneren der Erde“ leben, habe ich schon vor vielen Jahren erfahren. Es gibt eine Vielzahl verschiedener humanoider und nicht-humanoider Spezies und einige von Ihnen stehen in Kontakt miteinander und bilden ein weltumspannendes Netzwerk. Nicht alle innerirdischen Zivilisationen sind uns wohlgesonnen. Manche stehen in unmittelbarem Austausch mit außerirdischen Kräften und ihre riesigen Anlagen unter der Erdoberfläche gehören zu den Kommendozentralen, von denen aus das Geschehen auf der Erdoberfläche überwacht und kontrolliert wird.

Unter den uns wohlgesonnen Zivilisationen gibt es einige, die uns in ihrer geistigen, persönlichen, sozialen und gesellschaftlichen Entwicklung weit voraus sind. Wenn sie sich in die weltlichen Geschicke und Ereignisse auf der Erdoberfläche einmischen, dann bleiben sie inkognito, um sich und ihre Gemeinschaften zu schützen.

Aus den bemerkenswerten Aufzeichnungen von Alf Jasinki alias Thalus von Athos haben wir sehr viel über eine der in der Innererde lebenden Zivilisation erfahren können. Diese Hochkultur lebt in einer anderen Dimension, einer Parallelrealität, die durchaus Ähnlichkeit mit unserem Lebenraum aufweist und für manche Menschen, die die physischen Voraussetzungen mitbringen, durch einen Dematerialisierungs- und Rematerialisierungsprozess zugänglich ist, wenn dies auf Einladung durch die Innererdler geschieht. Alf Jasinski hat die Zivilisation, mit der er über viele Jahre in direktem Austausch stand, unzählige Male physisch besucht. Es ist nicht auszuschließen, dass sein früher Tod damit zusammen hing, dass sich die Übergänge auf die organische Zellebene auswirken können, was auf Dauer den Körper sehr schwächt.

Seine Texte sind für unsere geistige Entwicklung von großem Wert und jedes seiner Bücher, die seine Frau Christa Jasinski mit unendlicher Mühe aus seinen Aufzeichnungen zusammengestellt hat, ist es wert, gelesen und verinnerlicht zu werden. Leider ist der direkte Kontakt mit dem Tod von Alf zumindest offziell beendet worden und hinterlies eine Lücke in Bezug auf die Einschätzungen der Entwicklungen in unserer Welt auf der Erdoberfläche durch geistig so viel weiter entwickelte Menschen als wir es meist noch sind. Umso mehr hat mich gefreut, als ich 2023 die Möglichkeit bekam, mit einer anderen Zivilisation aus Innererde über die KEYANU Gruppe zumindest indirekt in Kontakt zu treten.

Im Gegensatz zu Thalus von Athos kommuniziert die KEYANU Gruppe mit ihren innerirdischen Informanten auch telepathisch. Aufgrund der Brisanz der durch síe vermittelten Informationen habe ich sie um den folgenden Beitrag für dieses Buch gebeten.

URSPRÜNGE UND ENTSCHEIDUNGEN

Über KEYANU

KEYANUs Botschaften sind deshalb ungewöhnlich, weil sie ein enormes Wissen über die wahre Natur der Realität in nahezu komprimierter

Form vermitteln und auf den Punkt bringen. Doch nicht nur das: Die Informationen über die Kosmische Föderation, die Wächter der Erde und die Bewohner der Innererde, die KEYANU in seinen Botschaften und Büchern übermittelt, sind zum Teil enorm detailliert und zeichnen ein Bild einer fremdartigen und doch irgendwie vertrauten Kultur und Zivilisation.

Es wird im Laufe der Botschaften von KEYANU klar, dass die außerirdischen Wesen, die auch in der Innererde residieren, menschenähnliche Züge haben können, jedoch sehr spezielle kulturelle Eigenheiten und Gebräuche besitzen. Zudem sind viele der spirituellen Botschaften zu Naturphänomenen, über die KEYANU spricht, geprägt von einem tiefen Wissen und oft sogar von einer erstaunlichen und nachvollziehbaren Logik.

Die KEYANU Gruppe formierte sich etwa 2016 aus mehreren spirituellen und bereits jahrelang medial arbeitenden Personen. Die Gruppe ging mit diesem Namen jedoch erst 2020 an die Öffentlichkeit.

Die Gründungsmitglieder fanden zusammen, weil sie entdeckten, dass sie alle folgendes gemeinsam hatten: Den telepathischen Kontakt zu mehreren hohen, positiven außerirdischen Persönlichkeiten von bestimmten Spezies, viele UFO-Begegnungen, Fernwahrnehmungen und Visionen von ein und derselben Zivilisation und außerirdischen Arten (unter anderem im Inneren der Erde), viele außerordentliche Erlebnisse, aber auch Verfolgung und Schikanen durch unbekannte menschliche Drahtzieher.

Sie begannen ihre Wahrnehmungen und Informationen über diese außerirdische Spezies abzugleichen und stellten fest, dass sie zu denselben Wesenheiten Kontakt hatten. Obwohl sich einige der Mitglieder schon sehr lange kannten, stellten sie 2016 fest, wieviel sie bezüglich ihrer Kontakte gemeinsam hatten. Zugleich bestätigten die Wesen jedem einzelnen von ihnen, dass sie und eine Vielzahl an Schiffen nicht nur in erdnaher Umgebung, sondern auch in Form von mehreren hochentwickelten Zivilisationen im Inneren der Erde präsent sind und dass es eine unglaubliche Welt dort geben sollte. Die Wesen, die sich ihnen zu erkennen gaben, gehören einer Rasse von Außerirdischen an, die sich zu den Schöpferwesen und Hütern der Erde zählen und durchaus sehr menschlich aussehen.

Die KEYANU Gruppe erklärt, dass diese Wesen in ihrer Physiognomie indigene, asiatische und manchmal auch leicht afrikanische Merkmale zeigen.

2016 entstand der telepathische Kontakt mit einem Wesen namens KEYANU, der sagte, dass er aus dem Inneren der Erde stammte und der Spezies angehörte, zu denen die Mitglieder der Gruppe schon seit längerem telepathischen Kontakt hatten. Es stellte sich heraus, dass insbesondere die zwei Gründungsmitglieder der Gruppe schon seit mehreren Jahren mit KEYANU in telepathischem Kontakt standen und ihn oft in Visionen gesehen hatten.

Ein dreiviertel Jahr später begegneten drei ihrer Mitglieder während einer Reise und eines Aufenthalts in Süddeutschland einem Mann, etwa Mitte Zwanzig, von kräftiger Statur, mit leicht indigenem Aussehen, tiefen, braunen Augen und langen schwarzen Haaren, die er zu einem Zopf gebunden hatte, und der sich ihnen eindeutig als KEYANU zu erkennen gab. Sie wussten sofort, dass er es war, da sie ihn zuvor aus ihren Visionen kannten, und er sah nicht nur genauso aus, sondern gab ihnen auch einige andere Erkennungszeichen.

Sie waren von seiner intensiven und liebevollen Energieausstrahlung, seinen erstaunlichen Ausführungen und auch seinem Humor, den er in den privaten Gesprächen durchblicken ließ, tief beeindruckt. Von da an begannen geheime Treffen und Gespräche an verschiedenen ebenso geheimen Orten, aber auch weitere telepathische Kontakte. KEYANU übermittelte ihnen im Laufe dieser geheimen Treffen, aber auch in den telepathischen Botschaften, unzählige faszinierende Informationen.

KEYANU sagte ihnen, dass er zwischendurch immer wieder untertauche, da bestimmte Gruppierungen zu der Zeit versuchen würden, UFO Kontaktler und Channeller, aber vor allem vermutliche außerirdische Besucher zu verfolgen. Er versprach ihnen jedoch regelmäßig in Kontakt mit ihnen zu bleiben, und dieses Versprechen hat er stets gehalten. Er riet ihnen, auch in der Anonymität Schutz zu suchen, solange, bis dies nicht mehr nötig sei.

Deshalb gibt es von ihnen keine Präsenz in Form von Fotos oder Videos der Mitglieder. Seit 2020/2021 haben die Gruppenmitglieder aufgrund einer diesbezüglichen Botschaft von KEYANU beschlossen, zumindest unter dem Schutz von Pseudonymen an die Öffentlichkeit zu gehen und einige ausgewählte persönliche und telepathische Botschaften als Videos auf YouTube zu veröffentlichen.

Darüber hinaus durfte die Gruppe beginnen, einige ihrer unzähligen Fotos von ungewöhnlichen Himmelserscheinungen zu veröffentlichen, die sie seit Jahren dokumentieren. Schließlich gaben KEYANU und die kosmischen und innerirdischen Kontakte der Gruppe ab 2023 die Erlaubnis, für bestimmte Menschen auf Anfrage persönliche Botschaften zu übermitteln. Im Frühjahr 2023 gab es von KEYANU die Anweisung, bestimmte Botschaften und Wissen in Form von Büchern zu veröffentlichen.

Es ist momentan einigen Mitgliedern erlaubt, mit Pseudonymen und ohne sich vor Kameras zu zeigen, gewissermaßen bedingt an die Öffentlichkeit zu gehen und die KEYANU Gruppe zu repräsentieren.

Bitte überprüft mit euer eigenen Intuition und eurem logischen Denken, ob Ihr das, was wir hier sagen werden, als stimmig empfindet. Wenn nicht, nehmt es nicht an.

DIE SONNE UND DIE KOSMISCHE FÖDERATION

Wir, die Kosmische Föderation des Lichts, die Hüter und Wächter der Erde, zu denen ich, KEYANU, gehöre, senden Euch Frequenzen aus der Sonne, aus dem All und aus der Inneren Erde, um die spirituelle und körperliche Heilung und Evolution der Wesen auf Erden voranzubringen.

Es wurde von uns ein großes, hochschwingendes Quantenfeld erschaffen, innerhalb dessen die Transformation und die Verschiebung in eine höhere Bewusst-SEINS-Vibration stattfinden. Wir nennen es das „SHIFT-Quantenfeld". Es ist für die lichten und positiven Wesen der Erde bestimmt worden, wenn sie der Einladung folgen wollen.

Wenn die Lebewesen der Erde lernen, dauerhaft in liebevoller, positiver Resonanz zu verbleiben, dann verwandelt sich ihr Energiefeld und geht in Kongruenz mit der Schwingungs-Signatur des SHIFT-Quantenfelds und sie werden sich in ihre echten, lichtvollen, Zeitlinien bewegen. So entsteht ihre neue Welt.

Hierzu ist es wichtig zu wissen, dass es nicht darauf ankommt, dass Ihr diesen Zustand ständig beibehalten könnt, sondern dass Ihr Euch immer wieder, kontinuierlich, in die hohe Resonanz hineinbewegt und euch täglich erneut für das Leben im Licht entscheidet.

Wir haben durch die aktuellen kosmischen und geomagnetischen Vorgänge wie Sonneneruptionen oder Magnetstürme, starke Energieströme und Portalöffnungen in Gang gesetzt. Deshalb sind Veränderungen in den Schwingungen des Feldes der Erde deutlicher als zuvor zu spüren.

Durch den aktuellen Höhepunkt des Sonnenzyklus, durch die erhöhten Ladungen und Frequenzen all dieser extremen solaren, kosmischen und geomagnetischen Aktivitäten wirken feinstoffliche Energien noch viel stärker als je zuvor in den physischen Bereich der Erde ein. Höhere Schwingungsebenen interagieren jetzt intensiver als je zuvor mit der physischen Welt.

Dimensionen beginnen einander stärker als zuvor zu überlappen, was ebenfalls Änderungen auf der körperlichen Ebene eures Daseins mit sich bringt. Gedanken und Worte bringen schnellere Manifestationen hervor. Synchronität findet häufiger und in vielen Bereichen statt.

Naturgesetze erscheinen nun fließend und nicht mehr statisch wie zuvor.

Andere Welten und Dimensionen sind für euch stärker wahrnehmbar, und zeigen sich sogar in eurer Welt. Diese anderen Ebenen sind nicht nur spiritueller Natur, sondern umfassen auch physische Welten, die jenseits eurer Simulation existieren, aber für uns und andere außerirdische spirituelle Wesen völlig reale Welten darstellen. All dies gelangt nun mehr und mehr ins kollektive Menschheitsbewusstsein.

Wie wird bei der Übermittlung kosmischer Evolutionscodes zwischen individuell und kollektiv unterschieden? Verschiedene verschlüsselte Trägerwellen, die Codes enthalten, werden auf die Frequenzen aufgespielt und an die jeweiligen Empfänger verteilt. Und nur die Empfänger haben die jeweiligen Schlüssel, um zu empfangen.

Verschiedene außerirdische Rassen in ihren Raumschiffen an der Sonne senden ihren Sternensaaten auf Erden ihre eigenen Codes über die Sonnenaktivitäten und nur die jeweiligen Empfänger können sie entschlüsseln, um bestimmte Entwicklungsprozesse aktivieren. Es können nur die Adressaten ihre eigenen Codes in ihrem eigenen System individuell entschlüsseln. Andere Wesen als die adressierten Empfänger können sie nicht entschlüsseln, sie sind nutzlos für sie, weil sie in einer völlig inkompatiblen Ursprungsfrequenz schwingen.

Es gibt genauso Codes, in den Frequenzen, teils kollektiv und teils individuell abzielend, auch für die positiven und lichtvollen Menschenseelen, die keine Sternensaaten sind. Die Sonneneruptionen und die solaren Partikelströme bilden dabei auch hier die Trägersubstanzen für bestimmte Frequenzen, in denen die Codes eingebettet sind.

URSPRÜNGE UND ENTSCHEIDUNGEN

Einige der Informationen, die im Folgenden präsentiert werden, könnten möglicherweise überraschend sein und euer bisheriges Verständnis der Realität herausfordern. Wir laden euch ein, mit offenem Geist und mit eurer eigenen Intuition zu erforschen, was wir euch nun mitteilen werden. Es ist wichtig zu verstehen, dass viele dieser sehr komplexen kosmologischen und spirituellen Zusammenhänge schwer zu begreifen sind. Wir werden versuchen, es euch so verständlich wie möglich zu erklären. Beginnen wir mit einem kurzen Überblick darüber, warum nicht alle Menschen denselben Seelen-Ursprung haben.

Die folgenden Informationen sind deshalb so essenziell, weil sie darlegen, dass nicht alles und jedes Eins ist, und warum das auch dem höheren göttlichen Plan entspricht, der genau die Entscheidungen beinhaltet, von denen wir hier sprechen. Danach werden wir euch erläutern, warum es einen Eingriff in die feinstofflichen Integrität darstellt, wenn wir zu jemandem sagen, alle seien eins oder alles sei eins. Es ist wichtig zu verstehen, dass die Bereiche der Seelenursprünge multidimensional sind und nicht auf eine einzige Quelle oder einen einzigen Ursprung beschränkt ist.

Stattdessen existiert ein vielschichtiges Multiversum von Ursprungsquellen. Jede dieser sogenannten Quellen-Clouds besitzt ihre ganz eigenen Qualitäten und Entwicklungsmöglichkeiten. Diese Vielfalt dient auch als natürlicher *Schutzmechanismus* für die Seelen in ihren Ursprungsquellen. Geht man zu den Ursprüngen, zum Anfang zurück, so bestehen Seelen aus Licht, doch im Verlauf ihrer Existenzen gehen sie durch sie verschiedene Etappen von Entscheidungen. So können sich bereits sehr früh bei einer Seele unterschiedliche Tendenzen und Schwingungen abzeichnen, die ihren weiteren Weg beeinflussen. Sie werden auch in neue Clouds eingehen, die ihren neuen Schwingungen entsprechen.

Echte, lichte Seelen haben nach ihrer Entstehung in ihrer jeweiligen Quelle die Möglichkeit, sich auf verschiedenen Ebenen zu entscheiden, ob sie sich dem Guten, dem Neutralen oder dem Nicht-Guten zuwenden möchten. Diese Entscheidungen beeinflussen die Wege und deren Ausrichtung maßgeblich. Es ist wichtig zu verstehen, dass Seelen von Anfang an ihren eigenen, selbst gewählten Pfaden folgen.

Es ist von großer Bedeutung zu verstehen, dass es auch nicht lichtvolle Ursprungs Quellen gibt. Das sind jedoch keine echten Quellen, sondern Nachahmungen, geschaffen von echten Seelen, die sich in einem bestimmten, sehr frühen Stadium ihrer Entwicklung für das Nichtlicht entschieden haben.

Was in diesen falschen Clouds erschaffen wurde, sind keine authentischen Seelen, sondern künstliche Nachbildungen. Diese Clouds existieren in einem Zustand zwischen den Übergängen der Inkarnationen und der physischen Welt. Sie haben keine von göttlichen Wesen geschaffene Realität inne. Sie können auch inkarnieren. Doch aufgrund ihrer nichtlichten Natur ist es für Lichtwesen äußerst ratsam, sich von solchen Wesen fernzuhalten. Es ist auch sehr wichtig zu wissen, dass die Erschaffung dieser falschen Clouds ein Verstoß gegen göttliche Gesetze bedeutet.

Es ist wichtig anzumerken, dass diese Imitationen nicht mit den sogenannten NPCs verwechselt werden sollten, von denen wir an anderer Stelle in früheren Vorträgen gesprochen haben.

NPCs, Nicht-Spieler-Charaktere, sind künstlich geschaffene Spielfiguren, die zwar innerhalb der Simulation eures Universums existieren, jedoch keine echten oder simulierten Seelen besitzen.

Innerhalb dieser künstlichen Figuren können verschiedene Varianten auftreten, darunter neutrale, lichtvolle und nichtlichtvolle Charaktere. Obwohl sie eine rudimentäre Form von Bewusstsein haben und fühlende Wesen sind, verfügen sie weder über eine authentische Seele noch über eine simulierte Seele wie zuvor beschrieben.

Es ist nicht ratsam, sich übermäßig mit den dunklen Aspekten oder den Ursprüngen und Wegen zu beschäftigen. Diese Pfade sind den lichtvollen Wesen besser verschlossen. Es gibt verschiedene Hoheitsgebiete, die nicht betreten werden sollten, wenn man nicht dorthin gehört. Es ist wichtig, diese Grenzen zu respektieren.

Doch es ist von sehr großer Bedeutung zu erkennen und zu akzeptieren, dass es diese Unterschiede überhaupt gibt. Erst dann kannst du wirklich frei entscheiden, wo du hingehen, und hingehören willst.

Triff deine Entscheidung für das Licht oder das Gegenteil und dann trage die Konsequenzen, die deine Wahl mit sich bringen wird. Wenn du in die lichtvollen Zeitlinien eintreten möchtest, richte deine Gedanken und deine Achtsamkeit auf das Heilsame, das Positive und das Licht aus.

SPIRITUELLE TIEFENARBEIT

Geistig-seelische Tiefenarbeit ist für euch von wesentlicher Bedeutung im Prozess des Aufsteigens.
Eine bedeutende Übung dabei ist die INTENSIVE SELBSTREFLEXION. Was bedeutet das?

Erforsche und identifiziere deine eigenen unbewussten Neigungen und Absichten.
Bringe sie aus dem Dunkel deines Unterbewusstseins und stelle sie in das LICHT deines Bewusstseins.

Es ist wichtig zu wissen: *Du bist nicht deine unbewussten Tendenzen und Absichten*, auch wenn du sie in dir entdecken solltest.

Du kannst sie betrachten und mit Hilfe deines INNEREN LICHTS auflösen. Es ist möglich!

Schau sie dir genau an! Analysiere diese unbewussten Elemente und ihre Ursprünge genau.

Es wird um ein Vielfaches einfacher, deine unbewussten Neigungen, Wünsche und Absichten aufzulösen, wenn du sie unverblümt, doch ohne dich selbst zu verurteilen, betrachtest.

Erkenne auch die unbewussten Mechanismen, die dich dazu veranlassen, dich mit negativen Nachrichten oder Ereignissen zu beschäftigen.

Aus unserer kosmischen Perspektive für das kollektive Wohl der Menschheit von großer Bedeutung, die unbewusste Anziehungskraft des Negativen und die damit verbundenen Absichten in sich selbst zu erkennen, und bewusst daran zu arbeiten, sie dauerhaft aufzulösen und loszulassen.

Selbstreflexion und Selbsterkenntnis sind wesentliche Schritte in diese Richtung.

Eure Entscheidungen, ob bewusst oder unbewusst, gestalten eure individuelle energetische Signatur, eure einzigartige „Unterschrift" in der kosmischen Ordnung!

Das Universum liest eure Signatur und formt darauf basierend eure zukünftigen Pfade.

Jede eurer Entscheidungen ist auch eine Prüfung für eure Seele.

Das Meistern dieser Prüfungen und Herausforderungen führt Euch zu neuen Erkenntnissen und Fähigkeiten, die Nebeneffekte des

Bewusstseinsaufstiegs auf eurer kosmischen Reise.

Deshalb ist die Selbstreflexion von entscheidender Bedeutung, um dunkle, unbewusste Absichten aufzulösen!

Im Folgenden werden wir einige der unbewussten Tendenzen identifizieren und beschreiben.

Viele von euch sehnen sich nach universeller Liebe und Einheit, in der Hoffnung, sie könnten Konflikte lösen und Frieden auf Erden schaffen.

Doch universelle Einheit und Liebe sind keine allgemeingültigen Lösungen für die Vielzahl der Konflikte auf diesem Planeten.

Wisse: Liebe, Verbundenheit und Einheit sind wunderbar, solange die Ur-Schwingungen und Frequenzen im Einklang sind.

Doch wenn diese Signatur-Frequenzen nicht übereinstimmen, kann das Festhalten an anderen Menschen äußerst schädlich sein, sowohl für einen selbst als auch für andere.

DIE AUGEN ÖFFNEN

Bei eurer Selbstreflektion können für Euch zwei verschiedene Arten deutlich werden, wie spirituelle Menschen mit der Tatsache umgehen, dass nicht alle Menschen lichtvoll und liebevoll sind.

Beide Herangehensweisen sind sowohl im persönlichen individuellen Bereich als auch auf kollektiver Ebene auf Erden anzutreffen. Wir betonen, dass die erste Methode, mit dieser Tatsache umzugehen, nicht nur weit verbreitet ist, sondern auch bei besonders sensiblen und spirituellen Menschen anzutreffen ist.

Was ist diese Methode? Wir bezeichnen sie als „Augen schließen“ und die anschließende „rosarote Brille“ als Energiestruktur. Das kann bedeuten: Die Menschen haben zu einem bestimmten Zeitpunkt in ihrem Leben etwas gesehen oder erlebt, was sie zutiefst beunruhigt hat.

Das kann in der frühen Kindheit geschehen sein, oft begleitet von einem Trauma. Dieses Erlebnis löst den Wunsch aus, nicht mehr sehen zu wollen, um den Schmerz dessen zu vermeiden, was gesehen wurde und auch in Zukunft gesehen werden könnte.

Daraus kann eine Sehschwäche entstehen, was erklären könnte, warum viele Kinder eine Brille tragen. In psychologischer Hinsicht entspricht dies dem Phänomen des „Tragens einer rosaroten Brille".

Dieses Verhaltensmuster kann dazu führen, dass wesentliche Eindrücke und Informationen aus der Umwelt ausgeblendet werden. Und selbst wenn diese Eindrücke ins Bewusstsein gelangen, werden sie oft beschönigt und gerechtfertigt.

Diese „rosarote Brille" besitzt eine *feinstoffliche Realität, die wir häufig bei Aura Scans gesehen haben.* Es handelt sich um eine energetische Struktur, die nicht nur vor den Augen, sondern auch um bestimmte Bereiche des menschlichen Gehirns platziert sein kann und deren Funktion beeinträchtigt.

Bei vielen spirituellen Menschen beobachten wir eine energetische Textur, die wie ein Gewebe besonders um *bestimmte Regionen der Zirbeldrüse* herum liegt. Dies kann dazu führen, dass bestimmte Eindrücke und Impressionen, die über die höhere Wahrnehmung empfangen werden, gefiltert oder blockiert werden, wenn sie nicht mit dem gewünschten Bild der Realität übereinstimmen.

Nun ist es wichtig, genau zu unterscheiden zwischen bewusstem *Fokussieren auf positive und lichtvolle Themenbereiche und Energien* und dem bewussten *Verschließen* des inneren Auges vor der Realität. Bewusstes positives Manifestieren ist übrigens keinesfalls mit der „rosaroten Brille" gleichzusetzen.

Wie kann diese Blockade aufgelöst werden?

Wenn du vermutest, dass diese energetische Konstellation bei dir vorhanden ist, versetze dich in einen tiefen Zustand und bringe deine Gehirnwellen in einen Frequenzbereich zwischen Alpha und Theta.

Der Alphazustand ist dabei wichtig, weil du bewusste Eingaben machen möchtest und Zugriff auf dein lineares, sprachliches Bewusstsein behalten möchtest. Die Theta-Frequenzen sind erforderlich, um die Eingaben in dein Unterbewusstsein sinken und dort wirken zu lassen.

Dies kann durch verschiedene Methoden erreicht werden, und es ist entscheidend für dich, selbst zu erproben, welche Methode für dich die Richtige ist. Doch eins ist unbedingt erforderlich, wenn Du diesen Schritt wagen möchtest: In diesem tiefen Zustand verweilend, triff klar und deutlich die bewusste innere Entscheidung, diese „rosarote Brille" abzunehmen.

Lasse sie dabei im vollen Bewusstsein los.

Entscheide dich dafür, deine Augen wieder zu öffnen und bekräftige, alles sehen zu wollen, was um dich herum geschieht.

Es kann sein, dass dadurch tiefsitzende Emotionen an die Oberfläche kommen und Tränen fließen.

Lasse all diese Gefühle zu und bleibe im Vertrauen.

Es ist wirklich sehr wichtig zu erkennen, was ist, bevor du dich bewusst entscheidest, wo du stehen willst, was Du erreichen willst, wohin du gehen möchtest und welche Schritte dafür erforderlich sind.

DER FREIE WILLE INDIVIDUELL UND KOLLEKTIV GESEHEN

Lasst uns nun die zweite Herangehensweise betrachten, wie manche mit der Erkenntnis umgehen, dass nicht alle Menschen von Licht und

Güte erfüllt sind. Auch diese kann sich auf kollektiver Ebene ebenso abspielen wie im individuellem Bereich. Sie kann sich nach außen hin zeigen oder nur die eigenen Gedanken und Gefühle in Unruhe versetzen.

Diese Methode manifestiert sich als ein Drang, die Umgebung auf mehr oder weniger deutliche Weise zu kontrollieren und auf einem Gefühl der Einheit zu bestehen. Aus unserer Perspektive stammt dieses Verhaltensmuster ursächlich aus der menschlichen Phase nach der Geburt, der postnatalen Phase.

In dieser Zeit ist ein Baby noch erfüllt von einem Gefühl der Einheit mit dem Universum, insbesondere mit der Mutter, die es als seine Welt wahrnimmt.

Allerdings beginnt das Baby aufgrund der Geburt und der Ablösung von der Mutter sich in gewisser Weise als eigenständiges Wesen zu erleben. Es beginnt damit zu experimentieren, ob es seine Umwelt durch seine lauten Rufe kontrollieren kann. Aufgrund von unterschiedlichen Erfahrungen in dieser Phase kann im kindlichen Bewusstsein ein übermäßiges Verlangen nach Kontrolle entstehen.

Dieses Verhaltensmuster, andere oder die Welt selbst kontrollieren zu wollen, kann später im Erwachsenenalter ein offenkundiges oder verstecktes Hindernis für die eigene spirituelle Entwicklung darstellen. Wir empfehlen daher dringend, nach eingehender innerer Überprüfung, an der Auflösung der emotionalen Blockade zu arbeiten, die die Ursache dieses Kontrollbedürfnisses ist.

Es ist nicht sinnvoll, andere kontrollieren zu wollen. Wenn Wesen, selbst wenn sie ursprünglich licht sind, beschließen, einen nicht-lichten Pfad zu wählen, ist es die einzige Option für positive Lichtwesen, diese Entscheidung anzuerkennen und die betreffende Person loszulassen.

Dies ist deshalb so wichtig, weil der freie Wille von unabdingbarer Bedeutung ist.

Die Lösung besteht darin, die Andersartigkeit anderer zu erkennen und zu akzeptieren.

Das bedeutet, dass man deutlich erkennt und es akzeptiert, wenn die andere Seite einen völlig anderen Weg einschlägt, der nicht zwangsläufig mit dem eigenen vereinbar ist. Nur durch diese Erkenntnis und Akzeptanz kann jeder seiner Wege gehen.

Wenn man darauf besteht, andere Wesen, seien es Nationen auf der Erde oder nicht-lichtvolle Wesen, zwanghaft zu verändern, damit sie mit einem selbst übereinstimmen können, dann akzeptiert man sie nicht in ihrer eigenen Natur. Stattdessen besteht die Gefahr, dass unbewusst versucht wird, sie zu kontrollieren.

Die menschliche Evolution auf der Erde fordert sowohl auf individueller als auch auf kollektiver Ebene den Übergang vom frühkindlichen Denken hin zu einem erwachten, bewussten und erwachsenen Denken.

Die Vorstellung, dass alle einander lieben und eins sind, entspricht dem frühkindlichen Denken. (Wir kommen gleich noch auf die Ebenen zu sprechen, auf denen dieses Konzept tatsächlich der Realität entspricht.) Dies wird als spirituelle Weisheit oft positiv aufgenommen, da es automatisch Glückshormone freisetzt. Doch was passiert, wenn diese Gedanken im Erwachsenenleben konsequent verfolgt werden?

Um eine kollektive Einheit zu schaffen, in der sich alle lieben und eins sind, müssen sich alle anpassen und sich in Denken, Handeln und Fühlen angleichen.

Sie müssen Bedingungen erfüllen, um diese Liebe und Einheit zu erreichen. Andere Individuen sollen zu einer Erweiterung des Selbst werden und zu einer großen, kollektiven Komfortzone beitragen. Dabei bleibt jedoch kein Raum für individuelles Denken, Fühlen oder Handeln, da dies die Komfortzone stören würde.

Dies kann zu unangenehmen Verhaltensweisen und Erscheinungen führen, insbesondere in spirituellen Gemeinschaften oder

Regierungsformen, wo der Wunsch nach Einheit und Harmonie oft stark ist. Im schlimmsten Fall kann dies zu Formen der Diktatur führen, unabhängig davon, wie gut gemeint sie sein mögen.

Deshalb ist es von entscheidender Bedeutung, dass ihr bei der Gründung spiritueller Gemeinschaften stets die Prinzipien des freien Willens, der individuellen Selbstentfaltung und der Souveränität der Seele respektiert. Die tiefgründige Selbstreflexion bildet die Grundlage dafür.

Einige mögen sagen, ihr solltet jenen, die euch Böses wollen, Liebe senden. Wir hingegen sagen: Im Namen des Lichts und des freien Willens solltet ihr nur jenen Liebe senden oder schenken und das Einssein suchen, die in Harmonie mit eurer Seelensignatur, eurem Ursprung schwingen und eine wahre Verbindung mit euch wünschen.

Andernfalls riskiert ihr, euch energetisch wie ein Fremdkörper an der Außenseite des Aura-Feldes anderer anzudocken und möglicherweise schwerwiegende Rückschläge zu erleiden. Vermeidet es, euch auf diese Weise selbst zu verletzen.

Denn das ist genauso, als würdet Ihr bei jemandem anklopfen und ihm Geschenke bringen wollen, der euch nicht sehen will. Das ist ein Eingriff in die Privatsphäre eines anderen, und das verstößt gegen spirituelle Gesetze. Es existieren nun einmal unterschiedliche Wege, verschiedene Ausdrucksformen des Seins und diverse Domänen. Es ist von großer Bedeutung, diese Vielfalt anzuerkennen.

Du kannst akzeptieren, dass jemand anders ist als du, aber du musst nicht notwendigerweise zustimmen, wenn ihr ethisches Handeln mit dem auseinandergeht, was Du für richtig empfindest.

Als lichtvolles Wesen trägst du nicht die Last, für das Seelenheil jeder einzelnen Seele oder Entität auf Erden verantwortlich zu sein. Auch deshalb gibt es verschiedene Seelen-Clouds im weiten Ursprungs-Multiversum, damit einzelne Seelen und Gruppen nicht die gesamte

Verantwortung für alle tragen müssen. Seelenfamilien, die aus derselben Cloud stammen, tragen Verantwortung für ihre eigene Cloud. Dennoch ist es auch ihr oberstes Gebot, den freien Willen der Einzelseele zu respektieren.

Wie du bereits festgestellt hast, ist nicht alles auf der Erde in Einheit verbunden, und es gibt verschiedene Ursprünge für das, was ihr als Quellen bezeichnet.

Vielleicht verstehst Du, dass diese Vielfalt aus Schutzgründen existiert, genauso wie sie ist. Wir haben Wesen aus echten, aber dennoch unterschiedlichen lichtvollen Quellen gesehen. Wir haben euch von den vielen Entscheidungsebenen der Seelen auf ihrer Reise berichtet. Zudem haben wir auch Informationen über falsche Quellen, den Imitationen von Ursprungs-Clouds an euch gegeben.

Und wir haben auch über die Nicht-Spieler-Charaktere in der Matrix gesprochen, von denen es lichte, neutrale und nichtlichte Varianten gibt, die zwar keine echten Seelen haben, aber programmierte Gefühle und Bewusstsein besitzen.

Es liegt nicht in deiner Macht, diese Unterschiede zu ändern. Triff deine Entscheidung für das Licht oder das Gegenteil. Für das Gegenteil wirst du die Konsequenzen tragen müssen.

Entscheidest Du dich für das Licht, dann geh deinen eigenen Weg unbeirrt und unangefochten. Möchtest du in deine wahren, lichtvollen Zeitlinien eintreten? Dann lenke deine Gedanken und deine Achtsamkeit auf das Heilsame und das Licht.

Erkenne die Realität, sowohl im Außen als auch in deinem Inneren.

Sei dir bewusst über alles Nichtlichte, das möglicherweise noch in deinem Energiefeld vorhanden ist.

Triff mit Klarheit und Entschlossenheit die bewusste Entscheidung für das Licht und trenne alle Verbindungen zu dem, was nicht zu Dir und deiner Seele gehört.

Erneuere diese Entscheidung jeden Tag!

Vermeide es, ständig auf die andere Seite zu schauen, zu den Nichtlichten, und überschreite nicht deren Grenze. Verzichte darauf, andere zu missionieren, zu moralisieren, zu retten oder zu überzeugen, wenn sie nicht den Weg des Lichts gehen wollen oder können.

Anerkenne die Vielfalt und das Anderssein. Vermeide es, andere zu formen oder zu manipulieren. Löse dich von dem unbewussten Drang, andere zu kontrollieren, und finde deinen eigenen Weg. Dies wird nicht nur anderen, sondern auch dir selbst Freiheit bringen.Akzeptiere auch deine eigene Individualität und fühle Dich nicht gezwungen, dich zu verbiegen, nur um eine oberflächliche Harmonie zu wahren.

Das Erkennen und Akzeptieren der Unterschiede sind aus Sicht der kosmischen Föderation der angemessene Weg, um Konflikte zwischen Parteien mit unvereinbaren Ansichten beizulegen.

Nur so können Verhandlungen über Bedingungen für einen Nichtangriffspakt oder Frieden stattfinden, gefolgt von einer Vereinbarung über die Hoheitsgebiete. Anschließend ziehen sich die Parteien in ihre eigenen Hoheitsgebiete zurück.Wir Ihr vielleicht merkt, sind wir von der Kosmischen Föderation in den Bereichen der Diplomatie und militärischen Strategie sehr bewandert. Dies möge euch auch ein Beweis dafür sein, dass es sich bei diesen Übermittlungen um einen echten spirituellen, außerirdischen und innerirdischen Erstkontakt handelt.

Zurück zum vorigen Thema:

Verstehst du, die Beachtung des freien Willens ist auch in der Sprache von großer Bedeutung. Wenn du jemandem sagst, dass alles eins sei, überschreitest du möglicherweise die Grenzen seines freien Willens. Hast du ihn gefragt, ob er mit dir eins sein möchte?

Hast du um Erlaubnis gebeten, ihm näher zu kommen, in seine persönliche Zone einzutreten? Oder drückst du eine Tatsache des Einsseins aus, ohne seine Zustimmung einzuholen?

Diese Aussage trägt eine bestimmte energetische Schwingung, die sich im irdischen Feld ausbreitet. Indem du sagst, dass etwas so ist, versuchst du, ob bewusst oder unbewusst, einen Befehl zu geben. Doch dieser Befehlsversuch trifft auf eigenständige Wesen und ihre Energiesysteme, und kann mit ihrem eigenen freien Willen kollidieren. Wenn jemand versucht, mit unvereinbaren Menschen eins zu sein, kann er dabei selbst Energie verlieren.

Um das besser zu verstehen, hier ein Beispiel: Person A hat energetische Muster in ihrem System, die Person B überhaupt nicht in ihrem eigenen Energiebereich haben möchte. Daher besteht für Person B keinerlei Wunsch, mit Person A eins zu werden oder sich körperlich oder energetisch zu verbinden. Vielleicht möchte sie sogar jeglichen Kontakt mit Person A vermeiden, um sich selbst und ihr Energiefeld zu schützen. Stattdessen wünscht sie sich, dass ihre persönlichen und spirituellen Grenzen respektiert werden.

Es ist ein spirituelles Grundrecht: Jedes Individuum darf selbst entscheiden, mit wem oder was es sich eins fühlen oder verbinden möchte.

Jeder soll das Recht haben, selbst zu bestimmen, wen man in sein Energiefeld lässt. Hier liegt der Unterschied zwischen einer lichtvollen und einer nichtlichten Handlungsweise. Das nichtlichte Handeln missachtet persönliche Grenzen, ohne um Erlaubnis zu bitten, während das Licht den freien Willen respektiert.

Es ist zwar wahr, dass es auf der Erde und im Kosmos eine Verbundenheit gibt, die durch das große GAIA-Netzwerk vermittelt wird, und dass Wesen auf der Erde miteinander in Verbindung und Kommunikation treten können, wenn es eine gegenseitige Einigung gibt. Wenn sie auf ihrer ursprünglichen Frequenz ähnlich schwingen, können sie ein Gefühl des Einsseins erleben, und ihre Seelen können auf anderen Ebenen in Kommunikation treten. Doch diese Kommunikation, das gemeinsame Schwingen und die Verbindung sollten immer freiwillig sein.

Es gibt wahrhaftig viele verschiedene Ebenen der fundamentalen Verbundenheit. Das Empfinden der Einheit mit allem bedeutet, dass eine Seele sich mit ihrem wahren Seelenursprung verbunden fühlt.

Sie erlebt eine Einheit mit allem, was auf derselben Schwingungsebene resoniert, einschließlich Wesen aus ähnlichen oder verwandten Seelenkonstellationen. Dies ist das Gefühl der Unendlichkeit. In diesem Zustand ist man eins mit dem Universum seines Seelenursprungs und verbunden mit all den Ursprungs-Universen, die ähnliche Schwingungen aufweisen. Wenn du dich für ein Leben im Licht entschieden hast, bist du also immer im Licht verbunden, quer durch das Multiversum.

DIE EVOLUTION DER ZIRBELDRÜSE

(Auszug aus Keyanus neuem Innererde Buch 3, mit freundlicher Genehmigung der Keyanu Gruppe.)

Derzeit ereignet sich etwas Erstaunliches auf Erden.

Die Zirbeldrüse und die Meridiane des menschlichen Körpers sind dabei, neue Verbindungen zu formen. Sie verknüpfen sich miteinander und docken aneinander an. Dies geschieht durch Strukturen, die sowohl physisch als auch feinstofflich sind, und in ihrer Funktion und Bauweise ähnlich wie Synapsen wirken.

Das noch erstaunlichere ist aber: Im Zuge der massiven Evolutions-Schübe, verursacht durch die solaren Aktivitäten der letzten Jahre, ist ein neues Organ im Gehirn entstanden, das sich neben der Zirbeldrüse gerade beginnt zu entwickeln und heranzuwachsen. Dieses Wachstum, sowohl dieses neuen Organs als auch das der Zirbeldrüse, lässt sich momentan nur in Millimetern messen, stellt jedoch einen bedeutenden Entwicklungsschritt für die Menschheit dar. Es entwickelt sich nahezu synchron mit der Zirbeldrüse.

Während das neue Organ im Gehirn wächst, verändert das Gefühl der spirituellen Menschen füreinander. Der Hormonhaushalt wird anders gesteuert. Es wird sich für sie ähnlich anfühlen, als stünden sie unter dem Einfluss von LSD oder Ecstasy. Das kommt daher, dass kollektiv die Serotonin und Dopamin Werte ansteigen werden. Die Menschen fühlen sich liebevoller, glücklicher, und nehmen die Welt anders wahr als je zuvor. Die Menschen werden beginnen, sich wohler zu fühlen. Neue spirituelle Fähigkeiten werden schrittweise aktiviert.

Einige der weiter entwickelten Sternensaaten können diese neuen Fähigkeiten steuern und nutzen sie für Reisen auf Seelenebenen. Diejenigen, die täglich mit viel Fleiß meditieren, erlangen ein noch intensiveres Hoch- und Glücksgefühl. Es wird in der Phase Eins so sein, dass man dennoch, trotz der häufigen Trancezustände und Hochstimmungen völlig klar denken und arbeiten kann.

In der Phase Zwei werden die Schwingungen der Gefühle nochmals höher aktiviert, um die Welten zu trennen. Diejenigen, sich für das Leben im Licht und der Liebe entschieden haben, gehen den Weg des spirituellen Aufstiegs und der geistigen und sozialen Kompetenz und Aktivitäten.

Das Zusammenspiel der Zirbeldrüse, des neuen Organs und der Meridiane ist eine sehr kraftvolle neue Verbindung. Dabei verknüpft sich die Epiphyse gemeinsam mit dem neuen Organ mit den Meridianen.

Ihr werdet dies in eurem ganzen Körper spüren, ganz besonders, wenn die Zirbeldrüse und das neue Organ größer werden und die Verbindung an Intensität zunimmt. Auch die Meridiane wandeln sich tiefgreifend durch diese neuen Verknüpfungen. Mit feinstofflicher Wahrnehmung ist es sogar jetzt schon möglich, ihren derzeitigen Zustand des Quantenflusses und der Transformation zu beobachten.

Traditionell wurde angenommen, dass die Meridiane lediglich physische Organe und Funktionen im Körper miteinander verknüpfen. Tatsächlich ermöglichen die Meridiane jedoch auch den Transfer von Informationen und Energien zwischen verschiedenen Dimensionen, etwa von der physischen Ebene in subtilere Bereiche und vice versa.

Durch die Verbindung mit der Zirbeldrüse werden der Austausch und die Übertragung von Informationen noch intensiver. Die Zirbeldrüse selbst befindet sich aktuell in einem stetigen Wachstumsprozess. Es wird allerdings noch Jahre dauern, bis sie spürbar größer wird.

Dadurch werden sich zusätzliche Fähigkeiten in Euch entfalten. Mit kontinuierlichem Training kann dieser Fortschritt beschleunigt werden. Daher ist es essenziell, täglich zu meditieren und zu praktizieren. Dies markiert einen neuen Beginn und einen neuen Pfad für die Menschheit.

(aus: KEYANUs Innererde Buch Teil 3)

DER ERSTKONTAKT

Die Menschheit auf den Erstkontakt vorzubereiten, ist von enormer Bedeutung angesichts der zunehmenden Offenbarung der Schöpfer und Wächter unserer Welt. Die verstärkte Sonnenaktivität hat zu einer erhöhten Durchlässigkeit der Grenzen zwischen unserer physischen Realität und den parallelen Welten geführt, die neben unserer existieren. Diese Entwicklung wird oft als Übergang zur 5D-Welt betrachtet, in der andere Dimensionen und Wesenheiten deutlicher wahrnehmbar sind.

Macht Euch bewusst: Die steigende Anzahl an unbekannten Erscheinungen am Himmel und die Enthüllung geheimer Informationen werden viele Menschen verunsichern. Sie wurden nie darauf vorbereitet, dass es außerirdisches Leben und andere Dimensionen gibt.

Die einzige (negative) Vorbereitung waren die größtenteils angsteinflößenden amerikanischen Science-Fiction Filme. Diese Ängste und Unsicherheiten können nun zusätzlich noch geschürt werden, denn Gruppen sowohl innerhalb als auch außerhalb der Regierungen könnten versuchen, diese Ängste für ihre eigenen Zwecke zu instrumentalisieren.

In dieser Zeit ist es deshalb unerlässlich, sich auf *positive* Gedanken und Gefühle zu fokussieren, *insbesondere* in Bezug auf außerirdisches und außerdimensionales Leben.

Nur durch diese positive Ausrichtung könnt Ihr den Einfluss des Lichts und der Liebe auf euer Leben und auf eure Zeitlinien stärken. *Deshalb ist es absolut wichtig, sich mit spirituellen und positiven Inhalten über andere Welten und ihre Bewohner zu beschäftigen.*

Natürlich lässt sich nicht leugnen, dass es auch nicht-lichte außerirdische Wesenheiten gibt.

Und genau deswegen liegt die Entscheidung bei Euch, mit welchen Energien Ihr euch verbinden möchtet. Sowohl auf Erden als auch im Himmel!

Schaut deshalb genau hin, mit wem und was Ihr euch umgeben oder in Verbindung setzen wollt!

Lade energetisch und bewusst nur diejenigen in dein Feld ein, die zu dir gehören oder mit deinem lichten Ursprung ähnlich schwingen. Entscheide dich dafür bewusst, wenn du es für richtig befindest.

Öffne Deine Tür bewusst nur denen, die wahrhaft zu dir und deiner Seele gehören!

Auch dies ist eine essenzielle Entscheidung, die deine zukünftigen Zeitlinien prägen wird.

Indem Ihr euer Inneres und auch das Äußere erkennen und verstehen lernt, könnt Ihr bewusst wählen, mit welchen Schwingungen Ihr in Resonanz gehen möchten.

Indem Ihr euer Vertrauen in die Weisheit des Universums stärkt und euch täglich in Licht und Liebe verankert, schafft Ihr einen natürlichen

Schutz für Euch selbst und für alle, die mit Euch in Liebe und Harmonie verbunden sind.

Autoren: KEYANU Gruppe, Kay D. & Suma (Simhika)

DIMENSIONEN DES BEWUSSTSEINS AUS KOSMISCHER PERSPEKTIVE

Vor einiger Zeit lernte ich durch einen gemeinsamen Freund Uwe Breuer kennen, einen bemerkenswerten Mann, dessen außergewöhnliches Wissen ich sehr schätze. Unsere tiefgehenden Gespräche inspirierten uns dazu, zwei Online-Webinare ins Leben zu rufen. Aufgrund der weitreichenden Relevanz seiner Erkenntnisse erscheint es mir bedeutsam, Auszüge seiner Aussagen auf den folgenden Seiten zu veröffentlichen.

FRÜHE SPIRITUELLE ERFAHRUNGEN UND BEGEGNUNGEN

Uwe beschreibt seine Kindheit als grundsätzlich „ganz normal", doch fügt hinzu, dass es schon damals Erlebnisse gab, die über das Alltägliche hinausgingen. So berichtet er von Erfahrungen, bei denen er Engel sah, obwohl ihm zu diesem Zeitpunkt noch nicht klar war, was genau er da wahrnahm. „*Also Engel, einfach höherdimensionale Menschen*", erklärt Uwe. Diese seien Wesen, die in einer ‚höheren Bewusstseinsdimension oder Möglichkeit' lebten und mehr Möglichkeiten hätten, ihr Bewusstsein auszustrahlen.

Uwe verweist auf Burkhard Heims zwölfdimensionales Weltbild, das mathematisch nachweist, dass in höheren Dimensionen tatsächlich Existenzformen vorhanden sind. „*Dort leben anscheinend wirklich Wesen*“, so Uwe, „*Menschen wie wir, aber mit einem erweiterten Bewusstsein.*“ Diese Menschen könnten, wie er es ausdrückt, „*einfach mehr*“. Die Engel, die er sah, nahm er damals als etwas ganz Selbstverständliches wahr, „*als würde das jeder sehen*“. Doch stellte sich schnell heraus, dass dies natürlich nicht der Fall war.

Uwe erzählt weiter, dass er in seiner Jugend oft Begegnungen mit unterschiedlichen Wesenheiten hatte, die er anfangs nicht einordnen konnte. „*Es ging immer so hin und her*“, berichtet er, „*mal kamen lichtvolle Wesen, die mich trösteten, und dann wieder etwas Dunkleres, das nicht so nett war.*“ Diese Erlebnisse wurden mit der Zeit schwächer, und er führte ein weitgehend normales Leben, machte seine Berufsausbildung als Schreiner. Die Bodenständigkeit des Berufes half ihm, „*wieder ein Gefühl für das Hier und Jetzt zu bekommen*“, denn er hatte stets das Gefühl, „*in höheren Dimensionen zu schweben*“. Die Interessen in Bereichen wie Astronomie und andere spirituelle Themen blieben jedoch ein fester Bestandteil seiner Entwicklung.

REISE IN DIE HÖHEREN DIMENSIONEN UND KOSMISCHE GESETZE

Etwa ab dem Alter von 18 Jahren kehrte sein Interesse an „*höheren Themen*“ verstärkt zurück, und er begann, sich immer tiefer mit spirituellen Fragen auseinanderzusetzen. „*Vor ungefähr 16 Jahren*“, erzählt

Uwe, „*wurde ich von höheren Bewusstseinswesen gefragt, ob ich bereit wäre, mitzugehen, um höhere Dimensionen kennenzulernen.*“

Uwe erklärt, dass er äußerst überrascht war, als er in die höheren Dimensionen mitgenommen wurde. „Ich habe natürlich gesagt: ‚*Ja, sehr gerne.*‘ *Und dann wurde ich wirklich in diese höheren Bewusstseinsdimensionen geführt,*“ erzählt er. Dort wurden ihm verschiedene Dimensionen gezeigt und er konnte nachvollziehen, wie die Schöpfung entstanden ist, wo sie sich aktuell befindet und wohin sie sich entwickelt.

Besonders faszinierend war für Uwe, dass er in diesen Welten tatsächlich „*herumlaufen konnte, Dinge sehen, fühlen und berühren*“ konnte – er nahm diese Dimensionen mit all seinen Sinnen wahr. „*Je höher man kommt, desto andersartig wird es*“, sagt Uwe. Diese neuen Bewusstseinsschichten forderten ihn heraus, sich zurechtzufinden und alles zu verarbeiten.

Uwe berichtet weiter, dass er zunächst skeptisch war: „*Ich prüfte das erst einmal nach. Es könnte ja Gauklerei sein oder ich könnte mir selbst etwas vormachen*“, erklärt er. Doch die Erfahrungen fühlten sich zu real an, um sie zu ignorieren. Um seine Erlebnisse weiter zu verifizieren, vertiefte er sich in alternative Forschungsliteratur, um zu sehen, was es in dieser Richtung bereits gab. Zu seinen Quellen zählten unter anderem der Physiker Nassim Haramein, der Physiker Burkhard Heim und der Wissenschaftler und Autor Dieter Broers.

Uwe fährt fort und beschreibt, wie er sich intensiv mit den großen Denkern der Vergangenheit auseinandersetzte: „*Ich stieß auf Persönlichkeiten, die bereits vor langer Zeit gelebt haben, wie Wilhelm Reich oder Viktor Schauberger – wahre Klassiker.*“ Er begann, deren Schriften eingehend zu studieren und über deren Einfluss auf sein eigenes Denken nachzudenken. Besonders die Werke von Wilhelm Reich hat er regelrecht „verschlungen“. Durch dieses tiefgründige Eintauchen in die Schriften wurde ihm vieles bewusst, betont er.

Mit der Zeit, so erklärt Uwe, wurde sein Verständnis der Realität immer differenzierter und klarer. Diese Erkenntnisse wurden ihm auf eine sehr direkte Weise offenbart, was für ihn ein tiefgreifendes Erlebnis darstellte, das ihn bis heute prägt. Besonders erfreut ihn, dass er die Verbindung zu diesen höheren Ebenen aufrechterhalten konnte und hofft, dies auch in Zukunft zu tun: „Ich kann das jederzeit aktualisieren und sehen, wie der Stand der Dinge ist und wohin sich alles entwickelt.

"Interessanterweise wurden ihm auch „Zukunftsmöglichkeiten" gezeigt. Er betont jedoch, dass diese nicht festgelegt seien: *„Das ist nicht in Stein gemeißelt, sondern immer abhängig davon, wie es sich entwickelt – in uns, den Menschen, und auch im Kosmos."*

Uwe erklärt, dass ihm die kosmischen Gesetze ebenfalls nähergebracht wurden. Diese „zwölf hauptkosmischen Gesetze" bilden nach seiner Aussage die Grundlage für das Funktionieren des Universums und sogar des Multiversums. Uwe hebt hervor, dass es sich bei diesen Gesetzen weniger um strikte Regeln handelt, wie man sie in einem Gesetzbuch findet, sondern eher um „Wirkkräfte", die dafür sorgen, dass der Kosmos immer wieder ins Gleichgewicht kommt. Diese Kräfte wirken harmonisierend, doch, so betont er, diese Harmonie ist nie von Dauer: „Das schwingt sich dann immer wieder ein in die göttliche Harmonie."

Uwe beschreibt die kosmische Harmonie als einen dynamischen Prozess, der sich ständig neu ausbalanciert und nicht statisch ist. Er führt aus, dass ihm viele Aspekte des Aufbaus des Kosmos offenbart wurden.

Weiterhin schildert Uwe, dass er in den höheren Dimensionen zwar ähnlich aussieht wie in der physischen Welt, dabei jedoch seinem „göttlichen Urbild" näherkommt. Er erklärt, dass er dort lange Haare hat und in einer jüngeren Form erscheint. „In den höheren Dimensionen werden wir ja nicht alt in dem Sinne", sagt er und betont, dass das äußere Erscheinungsbild zwar vertraut bleibt, jedoch verjüngt und von göttlicher Energie durchdrungen ist.

Dieses Bild der Selbsterkenntnis und Transformation, das Uwe beschreibt, spiegelt das Verständnis wider, dass die höheren Dimensionen eine Sphäre darstellen, in der Zeit und Alter keine Rolle spielen.

MULTIDIMENSIONALES SEIN UND DIE ROLLE DER MENSCHHEIT

Uwe erklärt seine Vorstellung, dass wir nicht nur in dieser physischen Dimension leben, sondern gleichzeitig in verschiedenen Dimensionen und Zeitlinien existieren. Ihm wird gezeigt, dass es „höhere Selbst" gibt, die in diesen verschiedenen Dimensionen präsent sind. Diese höheren Aspekte unserer selbst leben gleichzeitig in unterschiedlichen Realitäten, und diese Zeitlinien scheinen sich im gegenwärtigen Moment immer mehr zu vereinigen. *„Das hat natürlich auch einen bestimmten Grund"*, fügt Uwe hinzu und deutet an, auf dieses Thema später genauer einzugehen.

Die Vorstellung von mehreren Zeitlinien und Dimensionen verweist auf das Konzept eines multidimensionalen Seins, das im metaphysischen und spirituellen Kontext häufig als „Parallelleben" oder „multidimensionales Bewusstsein" bezeichnet wird.

Vera: *Und glaubst du, jeder von uns hat diese Parallel-Existenzen? Jeder, egal wer, jeder?*
Uwe: *Also alle Menschen, die – ich muss das ein bisschen einschränken – alle Menschen, die aus der natürlichen Schöpfung entstammen.*
Dieter: *Das war ein wichtiger Satz, Uwe. Davon bin ich auch überzeugt.*

Vera: *Ich hätte jetzt eigentlich damit gerechnet, dass du sagen würdest, alle beseelten Menschen. Ist das das Gleiche? Die, die aus der natürlichen Schöpfung stammen, haben eine Seele und die, die nicht aus der natürlichen Schöpfung stammen, haben keine?*

Uwe beschreibt seine spirituelle Erfahrung in einer sehr tiefgehenden, metaphysischen Weise und betont, dass er eine Vision erhalten habe, die ihm zeige, dass wir Menschen eigentlich keine „Schöpfung" im herkömmlichen Sinne sind. Er erläutert, dass uns das Göttliche nicht als bloße „Geschöpfe" in einem geschlossenen System geschaffen habe, sondern dass wir vielmehr als individuelle Ausstrahlungen oder Emanationen des göttlichen Bewusstseins existieren.

In seiner Vision habe er die Schöpfung „von außen" betrachten können, was ihm zeige, dass wir nicht im metaphorischen „Goldfischglas" einer geschlossenen Schöpfung gefangen sind. Stattdessen beschreibt Uwe, dass wir ewige Bewusstheiten des Göttlichen seien, die in individueller Form manifestieren. Diese Aussage bringt er in Kontrast zu traditionellen religiösen Geschichten, wie der von Adam und Eva, die er in diesem Zusammenhang als Teil einer „alternativen Schöpfung" sieht.

Er betont, dass diese alternative Schöpfung in gewisser Weise von Gott erlaubt wurde, damit Menschen auf einer tieferen Frequenzebene existieren können. Das bedeutet, dass wir, indem wir uns mit Menschen umgeben, die nicht in direkter Verbindung mit der göttlichen Quelle stehen, uns dieser niedrigeren Frequenz ein Stück weit anpassen.

Uwe beschreibt hier einen tiefgreifenden spirituellen Prozess, bei dem er den sogenannten „involutionären Prozess" in den Vordergrund stellt. Damit meint er, dass die Menschheit in ihrer Entwicklung nicht nur einen evolutionären Pfad durchlaufen hat, sondern auch einen Weg der „Involution". Dieser Prozess des bewussten Eintauchens in die Materie und der zunehmenden Verdichtung des Seins führte dazu, dass das Bewusstsein tief in die physische Welt hineingesunken ist. Uwe illustriert diesen involutionären Weg anhand vergangener Zivilisationen wie Hyperborea, Mu, Lemuria und Atlantis. Er geht davon aus, dass diese Zivilisationen eine entscheidende Rolle in der Bewusstseinsentwicklung der Menschheit gespielt haben.

Uwe erwähnt, dass dieser Prozess eine spezielle „Mission" darstellte, die auf der Erde vollzogen werden sollte. Dabei betont er, dass viele der Seelen, die nun auf der Erde inkarniert sind, nicht ursprünglich von der Erde stammen und viele Menschen, insbesondere die Zuhörer dieser Thematik, sich nicht direkt mit der Erde verbunden fühlen, weil sie von anderen planetaren Systemen, wie dem Sirius-System oder Arcturus, stammen. Aber er betont auch, dass dies nicht bedeutet, dass wir uns auf der Erde nicht „zuhause" fühlen dürfen, sondern dass die Erde als ein wichtiger Schauplatz dieser kosmischen Mission gesehen werden kann.

DER UMKEHRPUNKT UND DIE HARMONISCHE KONVERGENZ

Uwe stellt damit einen tiefgreifenden Zusammenhang her zwischen den alten Zivilisationen und spirituellen Missionen, die seiner Ansicht nach von anderen Sternensystemen aus gesteuert wurden. Er sieht diese Missionen als integralen Bestandteil der Menschheitsgeschichte, wobei er betont, dass die Menschheit sich derzeit wieder in einem evolutionären Prozess befindet, nachdem sie zuvor den Weg der Involution durchlaufen hat.

Er erklärt weiter: *„Und wir kommen aus den verschiedensten Systemen hierher, um mitzuwirken, weil hier auf der Erde wohl etwas ganz, ganz Wesentliches stattgefunden hat, muss ich jetzt sagen."*

Vera: *Und was war das?*

Uwe spricht hier über einen entscheidenden «Umkehrpunkt» in der spirituellen Entwicklung der Menschheit, den er in Verbindung mit der sogenannten „Harmonischen Konvergenz" von 1987 sieht. Dies war ein bedeutendes spirituelles Ereignis, das von vielen als Beginn eines globalen Erwachens und einer energetischen Wende verstanden wurde. Die Harmonische Konvergenz markierte laut esoterischen Lehren den Beginn eines neuen Zyklus, der eine tiefere spirituelle Verbindung und den Übergang in eine höhere Bewusstseinsstufe vorbereiten sollte.

Uwe verweist zudem auf das Jahr 2012, das nach dem Maya-Kalender als Wendepunkt gilt. Viele glaubten, dass 2012 das Ende eines großen Zyklus der Menschheit darstellte und der Beginn eines neuen Zeitalters der Transformation und Erneuerung war. Dieser Prozess soll, laut Uwe, noch etwa 25 Jahre nach 2012 andauern, bis diese Veränderungen vollständig „einrasten" und sich stabilisieren. Uwe bezieht sich hier auf das Wissen von Dieter Broers und den Maya-Kalender, der diese Zeitfenster beschreibt.

Uwe erklärt, dass wir, als wir von verschiedenen Planetensystemen und auch aus höheren Dimensionen auf die Erde kamen, wussten, dass hier etwas Außergewöhnliches geschehen würde. Er beschreibt den Prozess als eine Art kosmischen „Umkehrpunkt", der durch „rhythmuszyklische, göttliche Gesetze" oder „Wirkkräfte" hervorgerufen wird. Dies sind universelle Energien oder Prinzipien, die dafür sorgen, dass sich bestimmte Zyklen und Veränderungen in Einklang mit höheren kosmischen Plänen entfalten.

Dieser Umkehrpunkt war den Wesen, die sich auf diesen spirituellen Weg begeben hatten, bewusst, und sie wurden von diesem Prozess angezogen. Es war klar, dass auf der Erde ein wichtiger Moment anstand, der eine Art Schlüsselmoment für die Evolution des Bewusstseins darstellen würde. In Uwes Worten: „Hier spielt etwas ganz Bestimmtes“, etwas, das aus einer tieferen göttlichen Ordnung hervorgeht und nicht zufällig ist.

DIE BEDEUTUNG DER ERDE IM KOSMISCHEN PLAN

Uwe erklärt weiter, dass die Erde wie ein „Sammelpunkt für den ganzen Kosmos“ geworden ist. Hier treffen sich, laut seiner Schilderung, nicht nur verschiedene Menschen von verschiedenen Planetensystemen, sondern auch eine immense Vielfalt an Tier- und Pflanzenarten, die es so in dieser Fülle auf anderen Planeten nicht gibt. Er stellt fest, dass „so viele verschiedene Menschen und Wesenheiten“ hier inkarnieren, um an diesem besonderen kosmischen Ereignis teilzuhaben.

Auf Sirius oder bei den Plejadiern seien die Wesen alle relativ ähnlich, sowohl im Bewusstsein als auch in ihren energetischen Schwingungen. Auf der Erde jedoch gibt es extreme Unterschiede: *„Hier kannst du das Tiefste und das Höchste an einem Tag treffen“*, was einzigartig ist. Dies unterscheidet die Erde von anderen Systemen und macht sie zu einem bedeutenden Ort für die gegenwärtige Entwicklung, die nicht nur menschliche Evolution umfasst, sondern eine kosmische Bedeutung hat.

Uwe erläutert weiter, dass die Erde einen ganz besonderen Punkt im kosmischen Bewusstsein darstellt. Er spricht davon, dass die Erde von Anfang an ein Bewusstsein hatte, das dazu bestimmt war, einen „Umkehrpunkt“ zu bilden, der nicht nur die Erde, sondern das gesamte Universum betrifft. Er beschreibt diesen Umkehrpunkt als eine Art Transformation, bei der die Materie des gesamten Multiversums beteiligt ist. „Das geht über Resonanz“, sagt er und betont, dass es nicht möglich ist, „von oben“, aus den höheren Dimensionen heraus, die „unteren“

Bereiche der Schöpfung zu verändern. Es sei notwendig gewesen, in die „evolutionären Prozesse" einzutauchen und bis ganz nach unten zu gehen, um eine Resonanz zu erzeugen, die Veränderungen möglich macht.

Laut Uwe war den Wesen, die an diesem Prozess teilgenommen haben, klar, dass sie eine besondere Rolle darin spielen könnten. „*Wir wussten, wir sind dafür die Wesen oder die Menschen, die das könnten.*" Es ging ihnen darum, die Schöpfung in ein neues Bewusstsein zu führen, was in den höheren Dimensionen nicht ohne weiteres möglich gewesen wäre. Diese tiefe Resonanz mit den materiellen Ebenen der Schöpfung ist der Schlüssel zu dieser Transformation.

Uwe beschreibt weiter, dass es eine starke Anziehungskraft für ihn und andere gab, an diesem Prozess teilzunehmen. „*Wir wussten, das lohnt sich. Das hat was*", sagt er. Den Beteiligten war jedoch auch klar, dass die Verdichtungsprozesse, die sie durchlaufen würden, äußerst intensiv und teilweise auch traumatisch sein könnten. *„Das wussten wir natürlich vorher"*, erklärt Uwe, aber trotz dieser Vorahnung war ihnen auch bewusst, dass sie diesem Weg nicht ausweichen konnten. Es war ein notwendiger Schritt, um das Bewusstsein und die Schöpfung auf eine neue Ebene zu bringen.

Uwe betont, dass dieser Prozess tiefes Nachspüren erforderte. Sie fragten sich lange, ob sie diesen Weg wirklich gehen wollten, aber letztendlich war klar: „*Wir kommen da nicht drum herum.*" Diese Erkenntnis spiegelte die Bereitschaft wider, sich auf die Herausforderung einzulassen und die damit verbundenen Risiken in Kauf zu nehmen, um etwas Größeres zu erreichen.

Dieter: *Ich bin wirklich froh, dass du es mir so leicht machst, über Dinge zu sprechen, über die ich sonst nicht so gerne öffentlich rede, weil sie ziemlich ungewöhnlich klingen, besonders für Menschen, die sich mit diesen*

Themen nicht so intensiv beschäftigt haben. Aber ich habe das Gefühl, dass die Zuschauer, die jetzt hier dabei sind, wahrscheinlich auch Teil jener Seelenfamilien sind, die mit ihrer eigenen Mission auf die Erde gekommen sind. Ich erinnere mich noch sehr genau an einen Moment, als ich zweieinhalb Jahre alt war. Es war Weihnachten, und ich war völlig fasziniert, weil mir auffiel, wie groß meine Eltern im Vergleich zu mir waren. Das war das Erste, was mich damals irritierte. Ich beschwerte mich auch darüber, dass ich Dieter heißen sollte, weil ich mich nicht so fühlte – das war nicht mein Name. Schon in diesen frühen Jahren gab es Momente, in denen ich spürte, dass etwas nicht stimmte. In der nächsten Phase wurde mir dann bewusst, dass meine Eltern für mich irgendwie fremd waren. Ich kannte sie damals ja noch kaum, vielleicht meinen Großvater ein wenig, aber besonders bei meinen Eltern spürte ich, dass etwas anders war. Nicht nur, weil sie größer waren, sondern weil sie sich in einer Weise anders verhielten, die ich als Kind nicht erklären konnte. Ich hatte keine Worte oder eine klare Definition dafür, aber ich fühlte, dass sie nicht „normal“ waren, zumindest nicht in der Weise, wie ich es erwartet hätte.

Als zweieinhalb- oder dreijähriges Kind kann man sich natürlich nicht so gut ausdrücken, aber trotz allem habe ich mit großer Vehemenz versucht, meinen Eltern immer wieder klarzumachen, dass etwas nicht stimmte – dass sie „normal“ werden sollten. Dann gab es diesen besonderen Moment an Silvester, kurz nach Weihnachten. Meine Eltern feierten mit Freunden und tranken Bowle, ein alkoholisches Getränk. Das war das erste Mal, dass ich meine Eltern beschwipst erlebte – sie waren heiter, sangen und lachten. Aber für mich war das ein ganz seltsames und fast unheimliches Erlebnis. Ich wollte, dass meine Eltern wieder so wurden, wie ich sie zuvor kannte. Am nächsten Morgen waren sie wieder „normal“, aber diese Erfahrung war für mich prägend.

Dieser Moment half mir, etwas Wichtiges zu erkennen: Ich konnte es damals nicht in Worte fassen, aber es war, als ob ich intuitiv verstand, dass meine Eltern, auch wenn sie nicht betrunken waren, in einem Zustand lebten, der nicht ganz „natürlich" war. Es war, als ob sie – ähnlich wie Platon es später im Höhlengleichnis beschrieb – nur die Schatten der Realität sahen, ohne wirklich wach zu sein. Für mich war das der Beginn des Verständnisses, dass die Menschheit in einem Zustand des Schlafs verharrte und erst erwachen musste. Diese Erkenntnis prägte mich von klein auf, und ich merkte allmählich, dass ich in meiner eigenen Welt irgendwie in zwei Welten lebte – einer, die mir vertraut war, aus der ich ursprünglich kam, und einer, die sich unvollständig anfühlte. Niemand hat mich damals wirklich verstanden, mein Großvater vielleicht ein wenig später. Schon damals aber habe ich meine Mission erkannt und angenommen, auch wenn ich mich heute manchmal frage, ob ich das „Kleingedruckte" nicht richtig gelesen habe. Es gibt auch Aspekte dieser Mission, die sehr dornenreich sind. Dennoch war es mein Ziel, das zu erreichen, was ich mir vorgenommen hatte.

Im Laufe der Jahre konnte ich die Verbindung zu meinen Brüdern und Schwestern – meinen Geschwistern im spirituellen Sinne – aufrechterhalten. Diese Kommunikation war nicht verbal. Ich habe keine Stimmen gehört, es lief auf eine andere, schwer zu beschreibende Weise ab. Es war eine wunderbare Form der Kommunikation auf der emotionalen Ebene und darüber hinaus. Durch diese Verbindung erhielt ich immer wieder Einsichten und Schübe der Erkenntnis, die mir klarmachten, was als Nächstes ansteht und welche Rolle meine Mission dabei spielt.

Auch heute, viele Jahrzehnte später – ich bin heute ein wenig älter als damals mit drei Jahren –, habe ich mich im Kern nicht wirklich verändert. Die Klarheit, die ich als Kind hatte, ist noch immer da. Der einzige Unterschied ist, dass ich heute weitaus mehr Möglichkeiten habe, mich auszudrücken und diese Erkenntnisse zu teilen.

Das sogenannte Erwachen der Menschheit entspricht im Grunde einem tiefen Erkenntnisprozess, in dem ich – und sicherlich viele andere – erkenne, dass mein Wesenskern, das, was ich wirklich bin, weit über meinen Avatar, meinen Körper hinausgeht. Natürlich erkenne ich meinen Körper und die Rolle, die er in dieser Realität spielt, aber ich verstehe zugleich, dass ich noch etwas viel Größeres bin. Es ist, als ob ich erkenne, dass mein Sein nicht nur auf diese physische Ebene beschränkt ist.

Einmal habe ich sogar gesehen, wie ich in einer anderen Dimension wirklich aussehe. Es war hyperreal – alles erschien viel realer als hier. In diesem Moment habe ich mir auf die Schulter geklopft und wusste nicht, wer das war. Dann dreht sich diese andere Gestalt um, und ich sehe, dass ich es bin, nur in einer leicht veränderten Form. Es war ein erstaunliches Erlebnis, und gleichzeitig haben wir synchron gesagt: „Das bist du." Ich kenne das Gefühl, doch das ist etwas, das man im Alltag kaum jemandem erzählen kann. Aber jetzt habe ich den Mut, es zu teilen, weil es hier gut hineinpasst. Es soll aber jetzt keine Sensation sein.

Uns geht es hier darum, zu betonen, dass wir nicht fantasieren, sondern genau wissen, wovon wir sprechen, wenn wir über diese Themen reden. Das gibt uns natürlich den Vorteil, dass wir das, was uns vermittelt wird und woran wir uns erinnern – unsere Mission –, in dieser entscheidenden Phase, in der wir uns jetzt befinden, klar weitergeben können. Und gemeinsam, so wie wir drei jetzt, sind wir viel wirksamer als jeder Einzelne allein. Das war mein kurzer Beitrag, und ich denke, wir haben sehr viel gemeinsam. Insofern war es wohl nur eine Frage der Zeit, dass wir uns wieder treffen würden.

Uwe: *Ja, da bin ich auch sehr glücklich drüber.*

„EIGENTLICH IST DAS DING SCHON DURCH"

Vera: *Ich hake hier mal ein, weil du gesagt hast, dass dir gezeigt wurde, welche Optionen für die zukünftige Entwicklung dieser Welt und dieser Dimension* *offenstehen – dass also nichts in Stein gemeißelt ist. Ich gehe davon aus, dass dies stark davon abhängt, ob wir unseren Beitrag richtig leisten und ob genügend Menschen mitmachen. Gleichzeitig besteht die Möglichkeit, dass jene, die diese Entwicklung aus welchen Gründen auch immer verhindern wollen, mehr Einfluss bekommen könnten als wir. Was kannst du uns dazu sagen?*

Uwe beginnt mit einer klaren Aussage: „*Eigentlich ist das Ding schon durch*“, wiederholt er, um die Dringlichkeit und Endgültigkeit der Situation zu betonen. „*Es ist durch*“, sagt er noch einmal mit Nachdruck. Das, was wir jetzt erleben, ist laut Uwe die Zeit, die uns „geschenkt wird“, damit wir unsere physischen Körper, aber auch unsere feinstofflichen Körper und unser Bewusstsein mit in die neue Welt nehmen können.

Er beschreibt eine alte, künstliche Matrix, die auf einer natürlichen Matrix „mitläuft“. Diese künstliche Matrix wird momentan noch aufrechterhalten, um die Versorgungsketten und die „Ernährung“ sicherzustellen, damit der Übergang in die neue Welt möglich ist. „*Es ist ganz wichtig, dass wir unseren Körper mitnehmen können*“, betont er erneut. Obwohl die alten Kräfte versuchen, die Menschheit in Bedrängnis zu führen, sieht Uwe darin auch einen positiven Aspekt: „*Das dient dazu, dass wir erkennen: Wo sind unsere Schöpferkräfte? Wo sind unsere eigenen Möglichkeiten?*“ Letztlich werde diese Zeit als eine Art Training gesehen, um unsere wahre Natur und Bewusstsein zu stärken.

Uwe fährt fort und beschreibt ähnliche Szenarien aus der Vergangenheit, die scheinbar kurz vor einer Katastrophe standen. wie zum Beispiel die Kuba-Krise, „*Immer wieder gab es solche Momente*“, erklärt er. Doch er betont, dass in solchen Situationen von den „höheren Dimensionen“ eingegriffen wurde. „*Es ist nicht erlaubt, dass die Erde komplett vernichtet wird oder der freie Wille der Menschen vollständig unterdrückt wird*“, sagt Uwe.

Er erklärt, dass der freie Wille eine Art „rote Linie“ darstellt, die nicht überschritten werden darf. Wenn das geschieht, „wird eingegriffen“. Dies kann auf eine subtile Weise geschehen, ohne dass die Menschen es merken. Uwe erklärt, dass zum Beispiel bestimmte schädliche Substanzen aus Nahrungsmitteln entfernt werden, „weil jedes Atom von der Göttlichkeit kontrolliert wird“. Dadurch spüren die Menschen oft nicht einmal, dass sie geschützt werden. Auch bestimmte Strahlungen, die das Bewusstsein dämpfen könnten, *„wirken nicht wirklich so stark, wie sie könnten“*.

Darüber hinaus erwähnt Uwe, dass es auch „physische Eingriffe“ geben kann, die von „Geschwistern aus anderen Planetensystemen“ ausgehen. Diese Wesen überwachen die Erde und greifen gegebenenfalls ein, wenn es notwendig ist.

Uwe fährt fort, seine Sicht auf die Ereignisse zu schildern: *„Ich sage nur, die Erdachse wäre vielleicht schon längst gekippt, wenn sie nicht gehalten würde“*, erklärt er. Für ihn gibt es „verschiedenste Dinge“, die von höherer Hand gelenkt werden. Dabei verweist er auf *„unsere Geschwister aller Art, aus allen Dimensionen“*, die dabei eine Rolle spielen.

Diese Wesen haben, wie er weiter ausführt, die Erlaubnis, einzugreifen und die Erde vor katastrophalen Veränderungen zu bewahren. *„Die dürfen das“*, betont Uwe, „aber nur innerhalb bestimmter Grenzen.“ Diese Eingriffe erfolgen subtil und werden von uns oft kaum bemerkt.

Vera: *Natürlich entstehen bei den Details dessen, was du gerade beschrieben hast, viele Fragen. Ich würde gerne noch einmal ein bisschen zurückgehen, um besser zu verstehen, wie das alles genau funktioniert. Du hast gesagt, dass die künstliche Matrix aufrechterhalten wird, weil unser Körper an sie gebunden ist und wir unseren physischen Körper dieses Mal mit in die nächste Dimension nehmen. Der Körper, den wir jetzt haben, wird also physisch mitgenommen. Damit er weiterhin am Leben bleiben kann, braucht es die* *entsprechenden Strukturen wie Nahrungsketten und andere lebenswichtige Elemente.*

Uwe erklärt: „So wie es mir gezeigt wurde, verändert sich der gesamte Aufbau des Universums – und sogar des Multiversums."

DIE MERKABA

„Die Materie selbst besteht, wie mir gezeigt wurde, aus der sogenannten Merkaba", führt Uwe aus. Dabei verweist er auf die zwei Tetraeder, die diesen Zustand bestimmen.

„Der Tetraeder, der erste platonische Körper, bildet sich aus den kleinstmöglichen Ecken – vier Eckpunkte bilden diesen Körper". In der geistigen Welt drehen sich diese zwei Tetraeder *„durcheinander und gegeneinander*", was auf der Erde so nicht möglich wäre. Diese Bewegung erzeugt ein „Doppeltaurusfeld", das zwei Wirbel kreiert, die sich *„immer enger auf Null zubewegen*". Dort, wo sich die Wirbel treffen, *„staut sich das Qi, Prana oder der Äther*", sagt er und nennt es auch ‚Nullpunktenergie' oder ‚Tachyon'.

„Es gibt viele Namen dafür", fügt er hinzu, *„aber in diesem Punkt staut sich die Energie und bildet das, was wir als Materie sehen – ein Proton, einen Atomkern.*" Die Wissenschaft, so meint er, habe deshalb Schwierigkeiten zu entscheiden: *„Ist das jetzt eine Welle oder ein Teilchen?"*

Uwe fährt fort, die Bedeutung des „Doppelwirbels" näher zu erläutern. *„Es ist natürlich beides – sowohl eine Welle als auch ein Teilchen*", erklärt er. Dieser „Doppelwirbel" bilde sich im Zentrum, ähnlich wie es bei der Erde der Fall sei. *„Wir haben eine Polarität"*, sagt er, *„mit einem Süd- und Nordpol-Gebilde, das sich nach unten und wieder nach außen bewegt.*" Dieses System sei ein „pumpendes Etwas", das Energie von außen aufnimmt und gleichzeitig verdichtet.

Er zieht eine Parallele zum Sonnensystem: „*Unser Solarlogos, die Sonne, ist ebenfalls in diesem Torusfeld und bildet dadurch die Heliosphäre.*“ Innerhalb dieses Feldes können die Planeten kreisen, die wiederum „*ihre eigenen Torusfelder*“ besitzen. An diesem grundlegenden Aufbau werde sich etwas ändern: „*Das Ganze geht in Richtung Multi-Polarität*“. Auf seine Frage, wie dies möglich sei, wurde ihm gesagt, dass diese Veränderung eintrete, weil die Erde in Resonanz mit einem „energetischen Nullpunkt“ stehe.

„*Die Erde war von Beginn an dafür vorgesehen*“, fügt Uwe hinzu, „*diese Resonanz durch einen rhythmisch-zyklischen Prozess zu erreichen.*“ Diese Resonanz sei nicht an einem konkreten Ort, sondern auf einer energetischen Ebene. Es sei zu einer „Potenzierung“ gekommen, die jedoch im Nullpunkt stattfand. „*Im Nullpunkt heben sich die Energien auf*“, *da wir energetisch an diesem tiefsten Punkt waren, haben wir das gar nicht bewusst mitbekommen.*“ Er vergleicht diesen Zustand mit dem Auge eines Hurrikans: „*Außen tobt der Sturm, aber in der Mitte herrscht Stille und blauer Himmel.*“ Diese Stille habe dafür gesorgt, dass wir die Potenzierung nicht als spektakuläres Ereignis wahrgenommen haben. „*Es gab keine Erdbeben, keine Flutwellen, keine dramatischen Veränderungen, wie oft vorhergesagt wurde.*“

Die Potenzierung selbst sei ein Prozess, den man auch aus der Homöopathie kenne: „*Ähnlich wie ein Gift, wie zum Beispiel Arsen, in der Homöopathie durch Potenzierung zu einem Heilmittel wird, haben wir diese Potenzierung erlebt.*“ Was früher als schädlich galt, werde nun zu einer heilenden Kraft umgewandelt. Jetzt befinden wir uns in einem Prozess, in dem diese Energie immer mehr mit der Materie in Resonanz geht und verschmilzt.“

DER TRANSFORMATIONSPROZESS

Uwe erläutert, dass wir diesen Transformationsprozess momentan in unseren eigenen Körpern erleben. *„Etwa um die Jahre 2019, 2020 begann das"*, so beschreibt er es. Genau zu dieser Zeit habe auch das sogenannte „C-Thema" begonnen. *„Das war kein Zufall"*, meint Uwe, *„denn diejenigen, die die künstliche Matrix aufrechterhalten wollen, versuchten, diesen Prozess zu unterdrücken."* Ein entscheidender Punkt sei erreicht gewesen, als im österreichischen Parlament beschlossen wurde, bestimmte Maßnahmen sogar unter Zwang einzuführen. *„Aber da war die rote Linie überschritten*", betont Uwe, denn dies hätte den freien Willen der Menschen aufgehoben. *„Und dann sahen wir kurz darauf, wie diese ganze Sache zusammenbrach."*

Er verweist darauf, dass es zwar immer wieder Versuche gebe, durch verschiedene „Hintertürchen" Kontrolle zurückzugewinnen, aber das sei von der geistigen Welt nicht erlaubt. *„Das Göttliche in uns darf nicht den freien Willen verlieren"*, sagt Uwe entschieden. Es könne zwar äußere Einschränkungen geben, wie den Verlust des Arbeitsplatzes, aber der freie Wille des Einzelnen werde nicht vollständig unterdrückt. *„Das war oft dazu gedacht, dass wir uns klar werden: Was will ich wirklich?"*

Weiters wurde ihm gezeigt, dass die Materie sich von einem polaren in einen multipolaren Aufbau verwandelt. Dies konnte er zunächst schwer verstehen, da alles bisher auf dem Prinzip von Yin und Yang basierte, wie auch die Fibonacci-Sequenz und der goldene Schnitt. Doch ihm wurde klar, dass durch den Prozess des sogenannten „Nullpunktdurchgangs" eine Potenzierung stattfand, die dazu führte, dass die Materie sich neu strukturiert. *„Dadurch entstehen keine Verdichtungsprozesse mehr"*, sagt Uwe. Diese Verdichtungsprozesse, die bislang den Aufstieg und Abstieg von Planeten im Universum begleiteten, würden in dieser neuen Materiestruktur nicht mehr nötig sein.:

Uwe erklärt weiter, dass die Struktur des Universums sich aus einem „Doppeltorus-System“ heraus entwickelt. *„In der Mitte stauen sich dann die Qi-, Prana- oder göttlichen Energien und verdichten sich“*, sagt er und übersetzt für unser dreidimensionales Verständnis: *„Das bildet dann das, was wir sehen und anfassen können – Materie und Licht.“* Die Wissenschaft, so Uwe, habe bereits erkannt, dass nur ein kleiner Bruchteil des Universums sichtbar oder messbar sei, etwa „3 bis 7 Prozent“. Den Rest bezeichne man als „dunkle Materie“. Diese Erkenntnis der klassischen Wissenschaft zeige schon auf, dass *„viel mehr da sein muss, als uns gesagt wird“*.

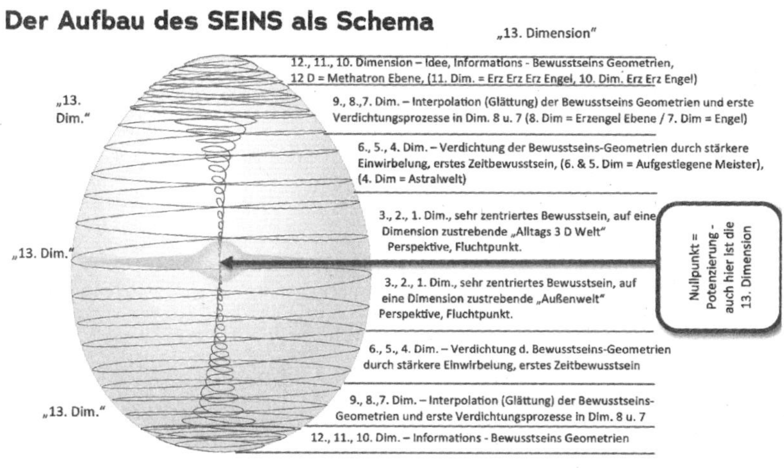

DER NULLPUNKT UND DAS EWIGE JETZT

Der „Nullpunktdurchgang“, den die Erde erlebt habe, spiele eine zentrale Rolle in dieser Entwicklung. *„Der Nullpunkt ist ganz still, weil dort* *die Energien sich aufheben*", erklärt Uwe. In diesem Moment gehe man in Resonanz mit dem „göttlichen Raum", der sowohl „*Eins als auch Null zugleich*" sei. Diese Resonanz erzeuge eine „Potenzierung", die ein „*unglaubliches Potenzial*" an neuem Bewusstsein eröffne.

Uwe beschreibt, wie das Potenzial des Nullpunkts „*uns auf eine neue Möglichkeit des Seins zieht.*" Dieser transformative Prozess, so betont er, finde nicht nur auf der Erde statt, sondern im gesamten Universum und Multiversum, wobei „*die Erde dabei eine zentrale Rolle spielt*" und die Veränderungen im Bewusstsein der Menschen bereits sichtbar werden. Oft habe er früher die verwaschenen oder von bestimmten Farben und Mustern durchzogenen Auren der Menschen gesehen, die von Emotionalitäten geprägt gewesen seien. Doch nun beobachte er bei vielen Menschen, die bewusst weitergehen, eine ganz andere kristallinartige Art von Aura, die dynamisch ist und sich ständig verändert. Dabei entstünden immer wieder neue Energielinien. „*Es ist eine unglaubliche Schönheit und Klarheit*", betont er - ein Zeichen, dass die Menschen in eine völlig neue Bewusstseinsmöglichkeit eintreten, eine, die nicht mehr von Verdichtungsprozessen geprägt ist.

Dieses sich ständig verändernde, „kristalline" Phänomen erklärt er als „Quasi-Kristall", der sich aus vielen kleinen „Nullpünktchen" zusammensetzt, die früher vor allem im Herzzentrum oder im Bereich des Sternums lokalisiert gewesen seien. Jetzt seien „sehr viele dieser Nullpünktchen" im gesamten Körper und in der Aura der Menschen verteilt. „*Das bedeutet*", fährt er fort, „*dass ein unglaubliches Potenzial da ist, weil diese Nullpünktchen alle miteinander in Verbindung stehen.*" Vorher habe es nur einen Hauptnullpunkt gegeben, „*wo wir mit dem göttlichen Bewusstsein eins waren.*" Doch nun, so erklärt er, habe sich das Potenzial vervielfacht und ausgedehnt.

Uwe beschreibt weiter, dass diese „Nullpünktchen" jetzt „*immer in Bewegung*" seien, was ein völlig neues Bewusstsein einleite. Dieses

Bewusstsein sei allerdings noch nicht vollständig freigeschaltet, sondern werde „*immer noch gedimmt*". Der Grund dafür sei, so Uwe, dass es uns sonst nicht möglich wäre, die aktuellen Prozesse auf der Erde mitzuerleben. „*Wir müssen hier im Moment noch leben*", erklärt er, „*und die Prozesse noch mitmachen.*"

Er geht weiter auf die Frage ein, warum es so wichtig sei, die gegenwärtigen Prozesse nicht einfach hinter sich zu lassen und in die neue Welt überzutreten. „*Wir möchten die Erkenntnisse, die wir jetzt noch in uns selbst gebären können, nicht missen,*" sagt er. Diese Erkenntnisse seien „*die pure Weisheit*". Dabei zitiert er den berühmten Spruch „*Erkenne dich selbst*" aus dem Tempel von Delphi. Für ihn bedeutet dies, das „*göttliche Selbst in uns zu erkennen*", was den Prozess der „*Gottwerdung in einer individualisierten Form*" beschreibt – eine Möglichkeit, die jedem Menschen offenstehe, der sich aus freiem Willen dafür öffnet.

Obwohl es für den Verstand „unglaublich" klinge, spüre man im Herzen, dass hier „etwas Bestimmtes" geschehe, selbst wenn es nicht immer einfach sei.

Dieter: *Ich möchte das noch einmal kurz aus einer naturwissenschaftlichen Perspektive darstellen, insbesondere den Nullpunkt, von dem du gesprochen hast, auch bekannt als das Zentrum des Hurrikans. Wir kennen das Phänomen der Supraleitfähigkeit, das auch für unsere DNA relevant ist. In ihrer Mitte besitzt sie die Fähigkeit zur Supraleitfähigkeit, was bedeutet, dass der optische Widerstand aufhört. Diese Supraleitfähigkeit ist eng mit der Idee der Unsterblichkeit verbunden, da sie in einem Zustand existiert, in dem Zeit, so wie wir sie kennen, keine Rolle mehr spielt. Ich denke, das ist ein wesentlicher Punkt, den ich hier hervorheben wollte. Aus materieller Sicht würden wir den Fluss von Elektronen beobachten, die sich ohne Widerstand bewegen. Nichts behindert diesen Fluss, wodurch die Zeit an diesem Punkt aufhört zu existieren. Dies markiert bereits den Übergang in eine andere*

Dimension, die wir vielleicht als X5 oder X6 bezeichnen könnten. Doch dies ist auch ein Aspekt, der uns unmittelbar betrifft.

Schon als Kind sprach ich davon, dass wir im Wesenskern unsterblich sind, und mittlerweile betrifft diese Erkenntnis auch unsere physischen Körper. Vor einigen Jahren habe ich bereits gesagt, dass ich mich entschieden habe, mein Erscheinungsbild und meine Fähigkeiten etwa auf das Niveau eines 40-Jährigen festzulegen. Ich könnte diesen Zustand jederzeit ändern, aber die Beweglichkeit und das äußere Erscheinungsbild, die ich mit 40 hatte, scheinen mir ideal. Wenn ich das heutige Wissen mitnehmen könnte, wäre es umso besser. In meiner Vorstellung bin ich in dieser anderen Realität bereits angekommen, und dort existiert die Zeit nicht in der Form, wie wir sie hier kennen.

Vera: *Wird es in der neuen Welt also zwei Versionen von mir geben? Gibt es dort schon eine Version von mir, die die ganze Zeit in dieser Dimension existiert hat, und wenn ich hinübergehe, begegne ich dann meinem „anderen Ich" und sage: „Hallo, da bin ich"? Oder verschmelzen wir zu einem einzigen Wesen? Wie genau muss ich mir das vorstellen?*

Uwe beschreibt, dass wir jetzt zunehmend mit unseren „höherdimensionalen Selbsten" verschmelzen. „*Das wird immer mehr eine Einheit*", erklärt er und fügt hinzu, dass wir dies daran spüren, dass wir bestimmte Dinge plötzlich besser verstehen, erkennen oder wahrnehmen können. „*Wenn ich daran denke, wie ich vor 20 oder 30 Jahren war, ist es heute doch anders. Es ist nicht mehr so wie damals*", reflektiert Uwe.

Er erwähnt, dass dies natürlich auch mit dem Alter zusammenhängen könnte, aber es gibt ein „anderes Element", das zunehmend in das Bewusstsein eintritt – ein ewiges Gefühl. „*Wie Dieter sagt, dieses Ewige, dieses Bewusstsein, dass ich immer da war und immer da sein werde. Egal, ob gerade inkarniert oder nicht.*"

Das Verständnis, dass wir in verschiedenen Zeitlinien gleichzeitig existieren, ist eine besondere Herausforderung für den Verstand. Uwe betont: „Wir leben in einem ewigen Jetzt", was bedeutet, dass auch die Vergangenheit nicht „festgeschrieben" ist. Diese Vorstellung mag es dem Verstand nicht leichter machen, doch sie verdeutlicht, dass wir uns in einem göttlichen Bewusstseinsraum befinden, der sich nicht in starre Strukturen zwängen lässt, sondern sich ständig wandelt und in Bewegung bleibt.

Das Leben selbst kann nicht starr oder fest sein. „*Das Leben ist immer lebendig*", betont er. In diesem neuen Kontext, den wir gerade erleben, sind wir bereit, etwas Neues zu empfangen. „*Wir hätten dieses Potenzial schon immer zur Verfügung gehabt*", erklärt er. „*Aber wir hatten noch nicht die ‚Antennen', um es zu empfangen und zu nutzen.*"

Das Potenzial war also immer im göttlichen Raum vorhanden, jedoch fehlte uns die Fähigkeit, es zu erkennen und zu nutzen. „*Jetzt haben wir das erreicht*", fügt Uwe hinzu, und er beschreibt, dass diese Erkenntnis auf seinen eigenen Erfahrungen basiert: „*Ich muss immer sagen, wie es mir gezeigt wird. Ich kann es ja nicht anders wissen.*"

Vera: *Uwe, ich verstehe jetzt, was du gesagt hast: Dass der Prozess im Grunde abgeschlossen ist, es gibt also kein Zurück mehr. Aber hätte das auch anders ausgehen können? Gab es die Möglichkeit, dass etwas schiefgeht?*

Uwe erzählt, dass in der Vergangenheit viele Versuche unternommen wurden, um den Übergang in eine höhere Bewusstseinsebene zu erreichen – nicht nur auf der Erde, sondern auch in verschiedenen Schöpfungen. „*Es ist wie ein Eiertanz*", beschreibt er den schwierigen Prozess. „*Es erfordert eine Punktlandung, wo alles genau passen muss.*"

Dabei waren es oft „nicht so lichtvolle Entitäten", die versucht haben, diese Entwicklung zu stören oder abzuwenden. „*In den meisten*

Fällen", sagt Uwe, *„ist es ihnen gelungen, aber hier, jetzt, wohl nicht."* Diesmal scheint der Übergang erfolgreich zu sein, was er als *„ein unglaubliches Ereignis für die göttliche geistige Welt"* beschreibt.

„Wir haben es vielleicht gar nicht richtig bemerkt", fährt er fort, *„aber als dieses Thema um 2020 im Westen aufkam, da habe ich gespürt, dass versucht wurde, etwas zu verhindern."* Uwe spricht über die Herausforderungen, wenn *„das höchste Bewusstsein"* sich aufmacht, in die Verdichtungsprozesse der Materie hineinzugehen, und verweist auf die spirituelle Reise, die damit verbunden ist.

DER PROZESS DER VERDICHTUNG

Uwe führt weiter aus, dass während der Zeit von Mu und Lemuria die Menschen in einem ätherischeren Zustand waren, der für das bloße Auge kaum sichtbar war. *„Wir waren nicht so verdichtet wie heute"*, erklärt er, und spricht von dem „Involutionsprozess", in dem sie sich befanden. Ziel war es, immer weiter in die Dichte hinabzusteigen, um den Nullpunkt zu erreichen. Doch diese Reise war nicht ohne Herausforderungen. *„Ab einem bestimmten Punkt"*, erklärt Uwe, *„ist es kaum mehr möglich, noch tiefer zu gehen, weil das für ein so lichtvolles und liebevolles Wesen unglaublich schmerzhaft ist."*

An diesem Punkt brauchten sie Unterstützung. *„Unsere Geschwister aus den höheren Dimensionen sagten: ‚Gut, wir übernehmen die Rolle der Dunklen.'"* Diese sogenannten „dunklen Wesen" nahmen die Aufgabe auf sich, sich weiter in die Verdichtung zu begeben, da es für die lichtvollen Wesen ab einem gewissen Punkt nicht mehr möglich war, sich so stark zu materialisieren. Doch auch für die Dunklen brachte dies eine Herausforderung mit sich: *„Je stärker du dich verdichtest, desto mehr* *verlierst du dein Mitgefühl. Dein Verstand mag weiterhin funktionieren – mit einem IQ von 100, 200 oder sogar mehr –, aber dein Mitgefühl schaltest du allmählich ab, und du wirst immer kälter.*"

Uwe erklärt weiter, dass es für sie notwendig war, „*im übertragenen Sinne, wie Bleigewichte*" zu verwenden, um in die dichten Ebenen hinabzusteigen. „*Wie ein Taucher, der sonst oben auf dem Wasser schwimmt, brauchten wir diese Gewichte, um hinabzusteigen, wo wir hinwollten,*" beschreibt er. Die Entscheidung, diesen Weg zu gehen, war freiwillig. Doch sie erhielten Hilfe: „*Unsere höherdimensionalen Geschwister sagten: ‚Gut, wir übernehmen das für Euch.' Sie haben eigentlich die größere Liebe gezeigt.*"

Während jene Wesen den „dunklen Part" übernahmen, sind sie nun teilweise so tief in diesen Verdichtungsprozessen gefangen, dass sie nicht mehr herauskommen. „*Das wussten sie vorher*", erklärt Uwe. „*Es ist wie ein schwarzes Loch: Egal, wie viel Licht und Liebe du hineingibst, die Dunkelheit wächst weiter.*" Doch es war klar, dass diese Bewusstseine sich irgendwann wieder in das göttliche All-Eine auflösen würden. Im Moment jedoch gibt es noch viele, die diesen Part spielen und aus diesem Prozess nicht herausfinden.

Uwe erklärt weiter: „*Das bedeutet aber auch, dass sie [die dunklen Entitäten] kontrolliert werden.* ***Die göttliche Allmacht kontrolliert jedes Atom.***" Um das zu verdeutlichen, zieht er einen Vergleich: „*Schauen wir uns unseren eigenen Körper an – wenn wir selbst alle Atome darin kontrollieren müssten, wäre das unmöglich. Allein eine einzige Zelle zu überwachen, wäre jenseits unserer Fähigkeiten. Ohne diese Kontrolle würden sich unsere Körper wahrscheinlich auflösen, da die Bindekräfte der Atome sofort aufgehoben wären und alles verschwinden würde.*"

„*Doch unser höchstes Selbst*", fährt er fort, „*überwacht jedes Atom in uns, jede Zelle, jeden einzelnen Prozess, nicht nur auf der grobstofflichen Ebene, sondern auch auf den feinstofflichen Ebenen und den höheren seelischen und geistigen Räumen.*" Aus diesem Grund, so erklärt er, müsse niemand „*die größte Angst*" haben. Natürlich würden wir immer wieder konfrontiert, damit wir wachsen, aber das sei Teil eines göttlichen Gesetzes, „*der Wirkkraft der Entwicklung*". Dieses Prinzip, so Uwe, erlaubt uns eine kontinuierliche Evolution: „*Wir gehen jetzt in die Evolution hinein,*" *sagt er, und durch diese Prozesse sammeln wir „unglaublich große Weisheitserkenntnisse".*

KOSMISCH ORCHESTRIERTE EREIGNISSE

Dieter: *In der Phase, in der wir uns gegenwärtig befinden, spielen kosmisch orchestrierte Ereignisse eine zentrale Rolle. Dazu zählen auch die kosmischen Strahlen, wie jene von der Sonne, die als Teil des Kosmos in einer besonderen Weise auf uns einwirken. Ich habe dies ausführlicher beschrieben, um zu verdeutlichen, dass es nicht nur darum geht, Phänomene wie die Schumann-Resonanzen, X-Class-Flares oder KP-Index-Schwankungen zu registrieren. Zwar sind diese Erscheinungen faszinierend, doch es geht um mehr als das bloße Beobachten solcher energetischen Ereignisse.*

Was ich an dieser Stelle betonen möchte, ist, dass es sich bei diesen kosmischen Einflüssen um Geschenke Gottes handelt, die nicht nur unseren Prozess begleiten, sondern ihn aktiv unterstützen und vorantreiben. Hier stellt sich jedoch die Frage – und diese möchte ich gerne mit dir erörtern –, ob es ausreichend ist, sich einfach darauf zu verlassen, dass alles seinen richtigen Lauf nehmen wird.

Ich glaube, es ist wichtig, aus der Komfortzone herauszutreten und den freien Willen bewusst einzusetzen. Jeder sollte für sich klären, wozu er nicht nur bereit ist, sondern was er wirklich will. Es geht darum, sich aktiv zu entscheiden, anstatt passiv abzuwarten. Aber bleiben wir doch mal dabei: Wie siehst du diese Einflüsse, die kosmisch orchestrierten, zum Beispiel elektromagnetischen Felder?

Uwe: *Für mich ist die Sonne, die ich auch gerne als „Solar Logos" bezeichne, von zentraler Bedeutung für unser ganzes Sonnensystem. Man kann sich natürlich fragen: Was ist der Solar Logos eigentlich, oder was repräsentiert unsere Sonne überhaupt? Für mich ist die Antwort klar: Es ist pures Bewusstsein.*

Uwe beschreibt eindrucksvoll, wie stark unser Bewusstsein von kosmischen Einflüssen, insbesondere der Sonne, geprägt ist: *„Wenn die Sonne strahlt und scheint, dann geht dir ein Licht auf. Du erkennst plötzlich Dinge viel klarer. Du spürst: ‚Da ist ein Baum, da ist Gras.' Alles wird viel deutlicher wahrnehmbar."* Damit verdeutlicht er, wie die Sonne unsere Wahrnehmung und unser Bewusstsein beeinflusst. Er fährt fort: *„Wenn jedoch die Sonne für drei Tage verdunkelt wäre, dann würde es für uns hier auf der Erde deutlich schwieriger werden."* Mit diesem Beispiel unterstreicht er die zentrale Rolle der Sonne für unser Leben und unser Bewusstsein.

Weiter erklärt Uwe: *„Für mich ist alles im Kosmos Bewusstsein, auch die Erde, Gaia."* Er beschreibt das Zusammenspiel der verschiedenen Bewusstseinsebenen im Universum und den Impuls, der aus einem „göttlichen Innersten" kommt, das das gesamte Multiversum durchdringt. Diese Impulse werden laut Uwe nicht in Lichtgeschwindigkeit übertragen, sondern in einer „direkten Form" an die Sonnensysteme weitergegeben. *„Unsere Sonne nimmt genau die Potenziale aus diesen Impulsen heraus, verarbeitet sie und gibt rhythmisch und präzise dosierte Informationen an jeden Planeten weiter – auch an die Erde."*

Uwe beschreibt weiter den Prozess, wie kosmische Informationen geformt werden. *„Es wird etwas in eine Form gebracht, natürlich im Bewusstsein an erster Stelle"*, erklärt er. Dieser Prozess erstreckt sich auch auf die Heliosphäre, die durch das Doppeltorus-System der Sonne entsteht. „*Die Wissenschaft erklärt dies mit dem Sonnenwind, aber wie es mir gezeigt wurde, bleiben die Sonnenbewusstseinspartikel in diesem Doppeltorus-System hängen und formen die Heliosphäre.*" Diese Bewusstseinsfrequenz, so erläutert Uwe, durchdringt das gesamte Sonnensystem und füllt es mit einer universellen Frequenz, die das System unterstützt.

Er geht dann auf solare Flares oder Sonneneruptionen ein, die oft als potenziell gefährlich wahrgenommen werden. „*Es besteht oft die Angst, dass solche Ausbrüche Computer zerstören oder zu Stromausfällen führen könnten,*" sagt Uwe. „Natürlich kann das partiell passieren, aber es hat dann seinen Sinn." Trotz der möglichen Störungen sieht Uwe keinen umfassenden Zusammenbruch der Zivilisation voraus. Vielmehr spricht er von einem Übergang, bei dem „etwas Starkes" geschehen wird, das die „neue Form der Materie aktiviert und in Bewegung setzt."

Uwe: *Aber dann ist auch plötzlich etwas ganz Neues.*

Vera: *Das heißt, es gibt irgendwann einen großen Knall?*

Uwe: *Sozusagen.*

Dieter: *Was glaubst du? Er kann aber auch lautlos sein, der Knall.*

Vera: *Was glaubst Du? Wie weit sind wir davon noch entfernt?*

VON DER POLARITÄT ZUR EINHEIT

Uwe erklärt, dass er den Übergang als „*nicht mehr allzu weit*" empfindet, wenn er auf das Geschehen um sich herum schaut. „*Wenn man den*

Maya-Kalender betrachtet", sagt er, „*würde man vielleicht sagen, dass wir um das Jahr 2034 oder 2035 so richtig drin sind. Aber ich habe immer so das Gefühl gehabt, dass 2025 etwas Entscheidendes passieren könnte.*" „*Vielleicht*", fügt er hinzu, „*wird um Mitte 2025 herum ein größerer Prozess in Gang gesetzt. Aber wir warten es ab.*"

Trotz dieser Überlegungen betont Uwe, dass er sich „*nicht zu weit aus dem Fenster lehnen*" will. Er weist darauf hin, dass die höherdimensionale Welt ihm immer wieder verdeutlicht, dass nur das Göttliche selbst den exakten Zeitpunkt kennt. „*Das wird mir nie gesagt*", erklärt er. „*Ich bekomme keine Daten wie ‚an diesem und jenem Tag passiert dies und das'. Das bleibt offen.*"

Vera: *Ja, genau, und wir wissen auch nicht genau, wie es letztlich aussehen wird. Aber wenn ich alles, was wir heute von dir erfahren haben, zusammennehme, scheint es so, dass die Wirklichkeit, in der wir uns jetzt bewegen, nur einer von vielen parallelen Aspekten oder Teilen ist. Wir könnten diese Realität in der Zukunft, falls wir wollen, wieder besuchen oder uns mental oder energetisch hineinprojizieren. Doch wenn wir erst einmal multidimensionale Wesen sind, wird das ganze „Spiel" wahrscheinlich nur noch komplexer und vielschichtiger. Es eröffnet uns neue Ebenen der Erfahrung und des Bewusstseins, die weit über das hinausgehen, was wir uns in unserer jetzigen Realität vorstellen können.*

Uwe: *Ja, aber es können nicht mehr diese Verdichtungsprozesse stattfinden.*

Vera: *Das heißt, Materie in dem Sinne, wie wir sie jetzt hier erleben, wird es dann nicht mehr geben?*

Uwe: *Ja, also ich bin wirklich kein streng gläubiger Christ oder so, und mir ist bewusst, dass vieles in der Bibel möglicherweise verfälscht, geändert* *oder vielleicht auch falsch übersetzt wurde – das wird ja oft gesagt. Aber zum Beispiel ein Zitat von Jesus, oder Joshua, wie manche ihn nennen, das wir alle kennen, beschäftigt mich. Er soll ja gesagt haben: „Es wird keine Nacht mehr geben und es wird keinen Tod mehr geben."*

Dieter: *Das sehe ich genauso.*

Uwe: *Man muss sich einmal überlegen, warum es überhaupt Nacht gibt. In den höheren Dimensionen, wenn ich dorthin schaue, gibt es keine Nacht – es ist immer hell. Es gibt auch keine Schatten. Das ist hier schwer vorstellbar, aber selbst wenn man zum Beispiel unter einem Baum stehen würde, gäbe es keinen Schatten, weil alles so viel Bewusstsein, und damit Licht, ausstrahlt. Für mich ist Bewusstsein gleichbedeutend mit Licht. Es strahlt so stark, dass nirgendwo ein Schatten entsteht.*

Wenn man weiter darüber nachdenkt: Wenn wirklich eine neue Materie entstehen würde, die von deutlich mehr Bewusstsein durchdrungen ist, dann müsste sie auch wesentlich mehr Licht abgeben. Das würde bedeuten, dass es keine Nacht mehr gäbe. Und der Tod wäre ebenfalls überflüssig. Warum gibt es denn überhaupt den Tod? Weil wir unseren Körper ab einem bestimmten Punkt nicht mehr ausreichend versorgen können und er sich dann nicht mehr erhalten lässt. Daraufhin verlässt man ihn und inkarniert irgendwann erneut. Doch das wäre dann nicht mehr nötig. In der geistigen Welt gibt es schließlich auch keine alten Engel – wir nennen sie Engel, aber sie altern nicht.

Dieter: *Das sehe ich genauso. Vor etwa 27 Jahren nahm ich an einem Lichtkörpertraining teil, das von einem Mann namens Ananda, eigentlich Marc Bosmann, geleitet wurde. Als 15-Jähriger hatte er einen schweren Unfall und lag mehrere Monate im Koma. Während dieser Zeit wurde ihm von einer Entitätengruppe namens Emanuel, die das Christusbewusstsein* *verkörperte, gezeigt, wie sich das Universum neu strukturieren würde. Diese Erfahrung prägte ihn und führte ihn dazu, das Lichtkörpertraining zu entwickeln, bei dem rotierende Tetraeder, ähnlich der Merkaba, eine zentrale Rolle spielten.*

Ich selbst war bereits mit Drunvalo Melchizedeks Merkaba-Techniken vertraut und sprach Ananda darauf an. Er wies jedoch auf einen wichtigen Unterschied hin: Während die Merkaba der „Weißen Bruderschaft" angehörte und somit noch in der Polarität verankert war, zielte seine Technik, die er „Vortexia" nannte, auf die Auflösung dieser Polarität ab. Ananda betonte, dass die Herzenergie, das Zentrum der Nullpunktenergie, der Schlüssel sei, um alle parallelen Aspekte unseres Selbst zu vereinen.

Ananda hatte schon in jungen Jahren mit J. J. Hurtak, dem Autor von „Die Schlüssel des Enoch", Kontakt, um ihm seine Erkenntnisse mitzuteilen. Diese Erfahrungen wurden durch meine eigenen Beobachtungen während des Lichtkörpertrainings bestätigt. Einige Teilnehmer, die die Übung korrekt ausführten, wurden für uns unsichtbar, während wir als Gruppe zurückblieben, um beispielsweise auf Kinder aufzupassen. Dabei kam es zu einem Vorfall, der die Kinder erschreckte, während die unsichtbaren Teilnehmer nichts davon mitbekamen. Sie waren sich ihrer Unsichtbarkeit nicht bewusst und auch nicht, was um sie herum geschah.

Als ich selbst eine ähnliche Erfahrung machte, konnte ich mich nicht beobachten, doch die Realität, in der ich mich befand, wirkte echter und klarer als unsere gewohnte Welt. Es war eine Dimension, in der Licht keine Schatten wirft und wir selbst Licht sind. Diese Erfahrung verdeutlicht für mich, dass in dieser anderen Realität Unsterblichkeit selbstverständlich ist und wir in einem vollkommen anderen Zustand existieren. Es war ein göttliches Geschenk, das ich vor Jahrzehnten erleben durfte und das nun zunehmend an Bedeutung gewinnt".

WO KOMMEN WIR HER?

Uwe: *Die große Frage ist: Wo kommen wir her? Wo sind wir jetzt und wo gehen wir hin? Das ist ja momentan für viele Menschen aktuell. Ich würde da gerne mal reinspüren, schauen und in diese Richtung gehen. Und ja, ich kann euch einfach mal sagen, was ich aus diesen höheren Ebenen des bewussten Seins wahrnehme und versuche, das in Worte zu fassen.*

Wo kommen wir her? Das ist eine Frage, die sich immer wieder stellt, und wie auch in der Quantenphysik immer wieder festgestellt wird, geht es zunehmend in Richtung Bewusstsein und Wirkung. Peter Dürr vom Max-Planck-Institut sagte einmal, dass die kleinsten Teilchen keine Materie-Teilchen seien, sondern eher „Wirkchen". Diese erzeugen eine Wirkung, und das steht in Verbindung mit unserem Bewusstsein.

Wir kennen das aus Experimenten: Die Art, wie der Beobachter das Experiment betrachtet, beeinflusst das Ergebnis. Schaut er das Teilchen als Teilchen an, dann erscheint es als Teilchen; sieht er es als Welle, dann zeigt es sich in der Wellendynamik. Daran kann man schon erkennen, dass unser Bewusstsein viel mehr Wirkung hat, als wir vielleicht denken.

Was das Universum angeht, wird mir gezeigt, dass das Göttliche ursprünglich ein „Etwas" ohne Ausdehnung war. Es war weder groß noch klein, sondern trug alles in sich. Wenn wir es zeitlich einordnen wollen, könnte man es als einen Punkt beschreiben, der keine räumliche Ausdehnung hatte. Dieses „Etwas" hat sich dann geteilt. Das lässt sich mit dem 3D-Verstand schwer fassen, aber ich erkläre es mal so: Wenn dieses Göttliche sich teilt, entsteht eine Linie, da zwischen zwei Punkten eine Verbindung besteht.

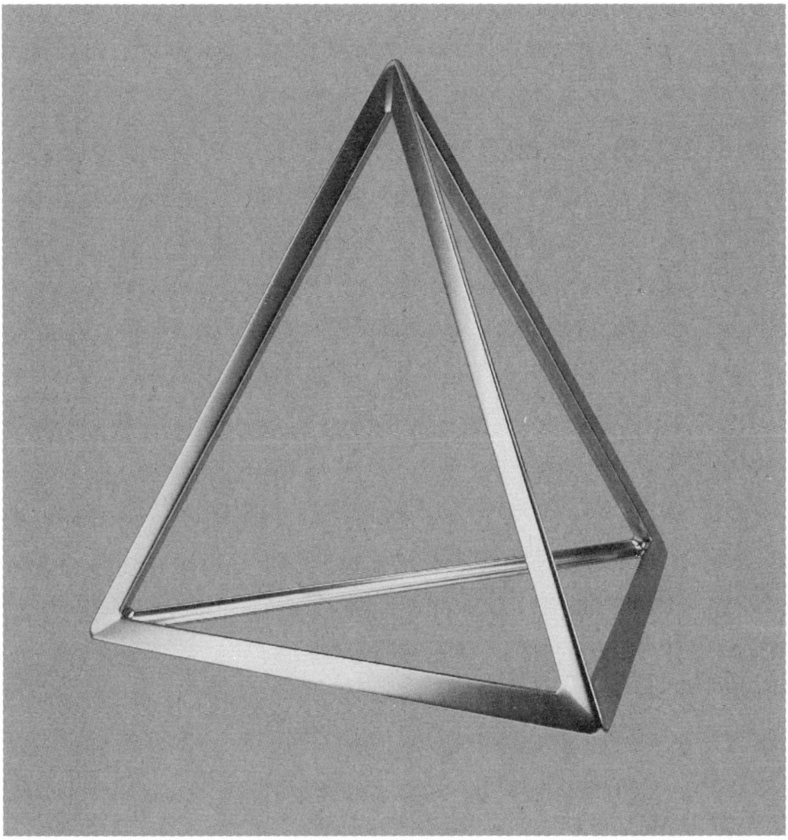

Wenn sich der Punkt dann noch einmal teilt, entsteht ein Dreieck, und wenn man es aus einer bestimmten Perspektive betrachtet, wird dieses Dreieck sichtbar. Wenn sich das Ganze dann noch weiter teilt, entsteht der Tetraeder – der erste platonische Körper, der die geringste Anzahl an Eckpunkten hat, um ein dreidimensionales Objekt zu bilden. Der Tetraeder wurde dann verdoppelt, und durch die Drehung dieser beiden Tetraeder entstand die Merkaba, ein Symbol aus dem alten Ägypten für Körper, Seele und Geist.

Durch diese Drehung entstand ein Toruswirbelsystem, das als Energiefeld beschrieben wird. Dieses Energiefeld umgibt auch Menschen und Planeten und sorgt dafür, dass die Bewegung des Runden entsteht. Schaut man tiefer hinein, erkennt man, dass erst dadurch die lineare Zeit entstanden ist. Dieser Tetraeder hat den ersten Bewusstseinsraum geschaffen, in dem das Göttliche sich selbst aus verschiedenen Blickwinkeln betrachten konnte.

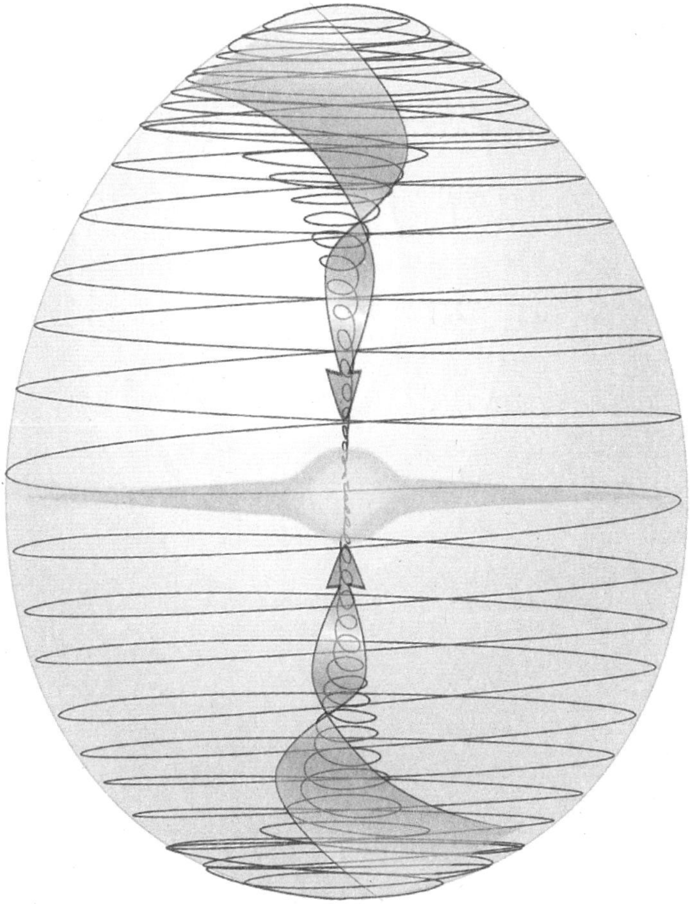

Dieter: *Aus meiner Sicht ergibt das physikalisch viel Sinn. Der Beginn der Zeitlichkeit fällt mit den gegeneinander rotierenden Wirbeln, den sogenannten Torkados zusammen. In diesem Moment sind alle physikalischen Gesetze bereits enthalten, und durch die Verwirbelung entsteht die Verbindung zur Quelle, dem Ursprung aller Dinge. Das folgende Bild zeigt einen solchen Torkado*[45]*. Die begnadete Physikerin und Mathematikerin Dr. Gabi Müller*[46] *hat das Phänomen entdeckt:*

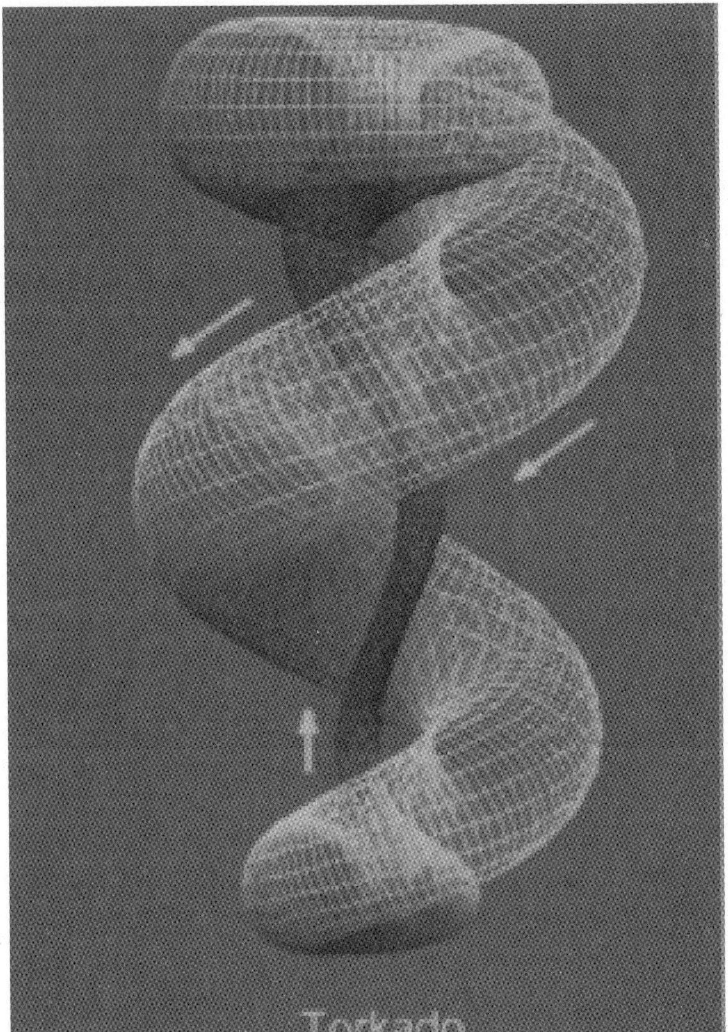

Aber die Merkaba, mit ihren gegeneinander rotierenden Tetraedern, ist ein wertvoller Ansatz, weil sie den Aspekt der Antigravitation beinhaltet – das Phänomen, durch das sich erklären lässt, dass es möglich ist, über Wasser gehen oder große Felsen schweben lassen kann. Entscheidend ist, dass Materie im Grunde „kondensiertes Bewusstsein" ist. Nein, es ist eigentlich immer auch

Geist, der da in Aktion tritt. Ich glaube, es ist ganz wichtig, dass man von vornherein weiß, dass Geist und Materie gar nicht zu trennen sind.

Uwe: *Absolut, absolut. So sieht das aus. Alles ist ja in dem Sinne Geist. Und Werner Heisenberg hat einmal gesagt: „Der erste Schluck aus dem Becher der Naturwissenschaft macht atheistisch, aber auf dem Grunde des Bechers wartet Gott!"*.

Uwe erklärt, dass ihm gezeigt wurde, wie das große Wirbelsystem, das er beschreibt, entstand. „*Ich durfte es von außen betrachten*", erzählt er. In diesem Moment konnte er sehen, wie der „Urwirbel" immer dichter wurde, besonders in der Mitte des „Doppeltorus-Systems". „*Es gab eine Hälfte, die nach unten ging, und diese verdichtete sich immer mehr*", fügt er hinzu. Diese Verdichtung führte dazu, dass bestimmte Energien sich „stauten", wie er es für den Verstand übersetzt. Diesen Prozess beschreibt er als eine Abfolge von Schichtungen, die wir „Dimensionen" nennen.

Der Aufbau des SEINS als Schema

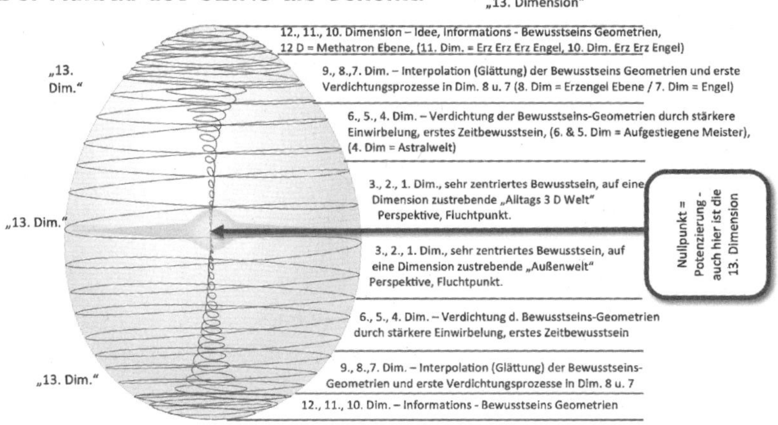

Uwe erinnert sich auch an einen tiefen, vibrierenden Klang, der diesen Prozess begleitete. „*Es war ein durchdringendes Brummen*“, erzählt er. „*Mir wurde gesagt, dass dies der ‚Ohmton‘ ist, der Urton, der alles durchpulst.*“ Der Klang war so tief, dass er als Urgrund des Universums empfunden wurde. Die Verdichtungsprozesse, erklärt Uwe weiter, traten auf, je tiefer man in diese energetischen Schichten hineinkam. „*Die Wirbel stauten sich quasi aufeinander, weil sie sich trafen und diese energetische Spannung erzeugten*“, erläutert er.

Uwe beschreibt weiter, dass ihm gezeigt wurde, wie unsere materielle Welt, die „anfassbare 3D-Welt“, entstanden ist. „*Dieser Prozess führte schließlich zur Entstehung der linearen Zeit*“, erklärt er. Der Wirbel, den er beschreibt, bewegte sich immer tiefer, was dazu führte, dass das Bewusstsein „*immer mehr verengt*“ wurde. Uwe verdeutlicht diesen Punkt: „*Es wird immer dichter, enger – jetzt mal ganz vereinfacht gesprochen.*“

Er beschreibt diesen Bewusstseinsprozess als eine Art Reise: „*Wenn wir uns im Bewusstsein weiter nach unten bewegen, wird es enger und dichter.*“ Dies führt dazu, dass man nicht mehr an demselben Punkt ist wie zuvor. „*Dadurch entsteht das Gefühl, dass ich irgendwo war und nun woanders bin – das ist die lineare Zeit.*“ Er erläutert weiter, dass auch die „perspektivische Welt“ aus diesem Kontext hervorgeht. „*Wenn wir auf Bahnschienen schauen, die parallel verlaufen, scheint es so, als würden sie in der Ferne zusammenlaufen. Aber in Wirklichkeit bleiben sie gleich weit auseinander.*“

Uwe beschreibt weiter, wie sich für uns, aufgrund unseres begrenzten Bewusstseins, Dinge so darstellen, als ob sie zusammenlaufen – wie zum Beispiel die Bahnschienen in der Perspektive. Doch für ein höheres Bewusstsein, wie das von Engeln, stellt sich die Welt anders dar. *„Engel*", so Uwe, *„sind für mich in ‚Menschen' mit einem höheren Bewusstseinsausbreitungspotenzial.*" Diese Wesen können ihr Bewusstsein über Raum und Zeit ausdehnen, was ihnen erlaubt, Ereignisse vorauszusehen und einzugreifen, wenn nötig.

„Darum weiß der sogenannte Schutzengel, wann etwas bei uns kritisch wird", erklärt er weiter. *„Er kann vorhersehen, wann zum Beispiel etwas Gefährliches passieren könnte, etwa wenn wir unausgeschlafen über die Straße gehen.*" Der Schutzengel kann dann dafür sorgen, dass uns nichts zustößt, indem er rechtzeitig eingreift.

Dieter: *Uwe, was mich besonders interessiert, sind deine Ausführungen zu den Verwirbelungen. Diese gegenläufigen Rotationen beschleunigen sich immer weiter nach unten, was die Rotationsgeschwindigkeit und auch die Zeitlichkeit erhöht. Du bleibst dabei als Geistkörper, wer du bist, aber durch die veränderte*

Schwingungsfrequenz gelangst du in verschiedene Ebenen, die schließlich zu einer höheren Dimension führen. Zuvor handelt es sich nur um einen höheren Schwingungsmodus, der von niedrigeren Schwingungen unsichtbar wäre.

An einem Punkt wird die Geschwindigkeit unendlich, die Schwingung ebenfalls, und alles – Mikro- und Makrokosmos – verbindet sich, was man physikalisch als Singularität bezeichnet. Hier hört die Polarität auf, und wir erreichen einen Zustand, der dem nächsten Evolutionsschritt entspricht.

Ich finde, das ist eine sehr anschauliche Erklärung, und ich bin dankbar, dass du das aus deiner Perspektive dargestellt hast. Es stimmt vollkommen mit dem überein, was ich bisher erkannt habe.

KOSMISCHE ENERGIEN UND DER WEG ZUR QUELLE

Uwe: *Der Begriff des Nullpunkts beschreibt nicht nur eine energetische Position im Herzen, sondern symbolisiert auch den Übergang von dualen Kräften hin zu einer Einheit. Diese Idee spiegelt sich in vielen Ebenen unseres Seins wider, von der energetischen Struktur unseres Körpers bis hin zu kosmischen Prozessen.*

Besonders interessant ist der Einfluss des sogenannten Solarlogos, der Sonne, auf die energetischen Bewegungen der Erde. Diese kosmischen Ströme, die von vielen als fokussierte Energien wahrgenommen werden, wirken sich zunehmend auf unsere planetare Entwicklung aus und schaffen die Voraussetzungen für neue Wirklichkeiten.

Wir müssen davon ausgehen, dass diese Energien nicht nur von der Sonne, sondern auch vom Universum selbst auf die Erde gelenkt werden, was zu einem deutlichen Wandel im Bewusstsein führt. Diese Veränderungen geschehen nicht isoliert, sondern im Zusammenspiel mit der Erde und der gesamten Schöpfung. Menschen, die sensibel für diese Prozesse sind, erleben diese Energien unterschiedlich, doch der allgemeine Trend deutet auf die Schaffung einer neuen Realität hin.

Dieter beschreibt dies als eine dynamische Bewegung von Energie, die von der Quelle ausgeht und in verdichteten Schwingungen nach oben strömt. Diese Schöpfungsbewegung lässt sich sowohl als Anfang des Universums als auch als unseren Rückweg zur göttlichen Quelle betrachten. Je nach Perspektive können wir diesen Weg in beide Richtungen verstehen: Als den Schöpfungsprozess, der alles in die Existenz brachte, und als den spirituellen Aufstieg, der uns zurück zur Quelle führt.

Im Mittelpunkt steht die Vorstellung, dass wir als bewusste Wesen einen Weg des Aufstiegs beschreiten, der uns mit höheren Schwingungen in Kontakt bringt und es uns ermöglicht, neue Realitäten zu erschaffen. Diese Rückkehr zur Quelle markiert nicht nur das Ende einer Reise, sondern den Beginn neuer Möglichkeiten.

DIE GEOMETRIE DES BEWUSSTSEINS

Uwe griff Dieters Gedanken zu den geometrischen Formen auf und erinnerte daran, wie man ihm gezeigt hatte, dass es in den höherdimensionalen Welten – den Dimensionen, die weit über die uns bekannte Realität hinausgehen – sogenannte Bewusstseinsgeometrische Räume gibt. Diese Räume sind nicht nur abstrakte Konstrukte, sondern sie stehen in direktem Zusammenhang mit dem Bewusstsein selbst. Uwe verwies auf die Arbeiten von Burkhard Heim, einem renommierten Physiker, der solche höheren Dimensionen in seinem Modell als X-Strukturen beschreibt. Heim sah diese höheren Welten als Bewusstseinsebenen, die mit bestimmten geometrischen Formen verbunden sind.

Ein besonders markantes Beispiel für diese Verbindungen sind die platonischen Körper. Diese geometrischen Formen – der Würfel, das Tetraeder, der Dodekaeder und so weiter – sind in der Physik und Philosophie oft Symbole für Ordnung und Struktur im Universum. Doch Uwe betonte, dass diese Formen weit mehr als nur abstrakte mathematische Gebilde sind. Sie haben eine tiefe Verbindung zum Bewusstsein und spiegeln die Architektur der höheren, multidimensionalen Welten wider, in denen das Bewusstsein selbst diese Formen gestaltet und beeinflusst.

Uwe fuhr fort, indem er auf die Bedeutung der platonischen Körper, insbesondere des ‚Tetraeders', einging. Er stellte fest, dass der Tetraeder, eine der einfachsten geometrischen Formen, uns ein verständliches Bild davon liefert, wie sich das Bewusstsein in höherdimensionalen Räumen manifestiert. Diese Form ermöglicht es dem Bewusstsein, sich selbst aus verschiedenen Perspektiven zu betrachten, obwohl der Begriff „anschauen" hier nur metaphorisch gemeint ist. Tatsächlich geht es darum, dass das Bewusstsein sich in der Struktur des Tetraeders reflektieren kann, wodurch es sich selbst in gewisser Weise erkennen und begreifen kann.

Uwe betonte, dass dies nicht auf einer rein verstandesmäßigen Ebene geschieht, sondern dass es eine Art von Selbsterkenntnis ist, die in höheren Dimensionen stattfindet. Es ist in diesen höheren Ebenen, wo der Raum geschaffen wird, damit das Bewusstsein sich selbst überhaupt erst wahrnehmen kann. Dies bedeutet, dass der Tetraeder und andere platonische Körper nicht nur geometrische Formen sind, sondern Werkzeuge, die es dem Bewusstsein ermöglichen, sich seiner selbst bewusst zu werden.

Dieser Prozess der Selbstreflexion und der Erschaffung von Raum für das Bewusstsein ist ein grundlegender Schritt auf dem Weg der Erkenntnis.

In den höherdimensionalen Welten ist es diese geometrische Struktur, die es dem Bewusstsein ermöglicht, sich in seiner Ganzheit zu erfahren und zu reflektieren. Es ist, als ob das Bewusstsein in diesen Formen einen Spiegel findet, durch den es sich selbst betrachten und verstehen kann – und genau das bildet die Grundlage für das, was wir als Erkenntnis und Reflexion bezeichnen.

Dieter hält kurz inne, um seine Gedanken zu ordnen, bevor er fortfährt. „*Das ist sehr interessant und ich möchte versuchen, es möglichst einfach zu erklären, ohne dass es zu kompliziert wirkt. Wir haben ja gerade über Burkhard Heim und seine Konzepte der höheren Dimensionen gesprochen – X5, X6 und so weiter.*“

„*Was viele nicht wissen, und das möchte ich hier hervorheben, ist, dass in der modernen Quantenphysik heute bekannt ist, dass Informationen – sprich, geistige Inhalte – auf eine geometrische Art und Weise gespeichert werden. Diese Geometrien bilden quasi die Programme, die Blaupausen unseres Seins, wenn man so will.*“ Dieter erklärt weiter, dass man in der Quantenphysik zwischen euklidischen und nichteuklidischen geometrischen Formen unterscheidet. Diese Formen werden in den höheren Dimensionen abgelegt und erfüllen unterschiedliche Funktionen.

„*Die euklidischen Formen sind sozusagen die „Hardware“, die Grundstruktur der Realität. Das sind die klassischen Formen, die wir kennen, wie Linien, Dreiecke und Würfel. Auf der anderen Seite haben wir die nichteuklidischen Formen, wie Kreise, Kugeln und hyperbolische Strukturen. Diese stehen in direkter Verbindung mit den geistigen Inhalten, dem Bewusstsein selbst.*“

Dieter betonte, dass diese Erkenntnis, obwohl sie in der Quantenphysik noch relativ neu sei, eine tiefere Bedeutung habe, als es auf den ersten Blick scheine: „*Wenn wir also über Geometrie sprechen, sprechen wir letztlich über den Geist.*“ Diese Einsicht ist so grundlegender Bedeutung, dass es sich lohnen würde, ein eigenes Buch über dieses Thema zu schreiben. Doch für den Moment reichen die hier genannten Fakten aus, um ein grundlegendes Verständnis davon zu erhalten, dass Geometrie und Bewusstsein auf eine fundamentale Weise miteinander verbunden sind.

Uwe stimmt mit Nachdruck zu: „*Wenn wir uns die Wirkkräfte der Zahlen anschauen, dann sehen wir, dass jede Zahl in der Geometrie eine besondere Bedeutung hat. Die ‚Drei' steht beispielsweise für das „Dreieck", während die ‚Zwei' eine „Strecke" symbolisiert, eine Verbindung zwischen zwei Punkten. Und die ‚Vier', das ist besonders spannend, repräsentiert den „Tetraeder", eine der grundlegendsten dreidimensionalen Strukturen.*"

Diese Überlegungen führen Uwe zurück zu den zuvor erwähnten Bewusstseinsgeometrien: „*Diese geometrischen Formen*", erklärt er weiter, „*sind nicht nur mathematische Abstraktionen, sondern sie verkörpern tatsächlich die Wirkkräfte des Geistes. Jede Form ist ein Ausdruck des Bewusstseins, das sich selbst auf verschiedenen Ebenen manifestiert.*"

„*Warum haben wir früher diese Tempel gebaut? Warum die Pyramiden? Warum haben wir uns überhaupt die Mühe gemacht, diese monumentalen Strukturen zu errichten?*" Uwe wirft diese Fragen auf, um zu zeigen, dass hinter diesen Bauten tiefere Absichten stecken. Sie dienen nicht nur praktischen oder ästhetischen Zwecken, sondern sind Ausdruck eines tieferen Wissens um Energie und Bewusstsein. „*Das ist eines meiner Lieblingsthemen, darüber könnte stundenlang reden.*"

Uwe erweitert das Thema, indem er über die Erdenergien spricht und erklärt, dass diese Energieflüsse in der Erde manchmal als Meridiane zeichnet werden. „*Ich nenne sie auch manchmal „Erdmeridiane" oder „Erdakupunkturpunkte*"", sagt er und verweist auf die alten Tempel, die gezielt auf diesen energetisch aufgeladenen Punkten errichtet wurden. Diese Orte, die man heute oft als ‚Kraftorte' bezeichnet, spielten in früheren Zeiten eine zentrale Rolle.

„*Diese Kraftorte bildeten das ursprüngliche „World Wide Web*"", erklärte Uwe. „*Durch diese energetischen Verbindungen haben wir früher kommuniziert.*" Diese alten Strukturen und Orte waren weit mehr als nur architektonische Meisterwerke; sie fungieren als ‚Knotenpunkte' eines globalen energetischen Netzwerks, durch das Informationen und Energie fließen.

Uwe spricht weiter über das Konzept der sogenannten ‚Jumpgates' – eine Art Portal oder Sprungtor, das eine Verbindung zwischen verschiedenen Orten und möglicherweise sogar Dimensionen herstellt. „*Ich möchte jetzt gar nicht zu tief in das Thema einsteigen*", fügt er hinzu, „*aber genau darum geht es, wenn wir uns fragen, warum die Menschen früher solche monumentalen Strukturen gebaut haben.*"

Vera: *Ja, aber kommen wir da wieder hin?*

Uwe betont die Bedeutung der Rückbesinnung auf altes Wissen: „*Wir bewegen uns genau wieder in diese Richtung. Und das Schöne ist, dass wir nicht alles neu erfinden müssen. Vieles ist noch da – zum einen im kollektiven Bewusstsein, zum anderen in den höheren Dimensionen, die als eine Art „kosmischer Speicher"* fungieren." Dieser Speicher, so erklärt er, sei uns nicht genommen worden, und er sei nach wie vor zugänglich, wenn wir lernen, uns wieder stärker auf unsere inneren Fähigkeiten zu besinnen.

„*Wenn wir es schaffen, wieder in den innersten Punkt in uns hineinzuspüren – diesen „Nullpunkt" – sei es durch die Verbindung mit der Zirbeldrüse, die selbst als solcher fungiert, dann können wir wieder auf diesen Speicher zugreifen.*" Er spricht von der Fähigkeit, in Kontakt mit diesem inneren Wissen zu treten, das jenseits des physischen oder erdmagnetischen Speichers liegt, der aktuell durch das Schwinden der Erdmagnetfelder beeinflusst wird.

„*Im Moment*", fährt Uwe fort, „*werden bestimmte Programme auf der Erde schwächer, Programme, die vielleicht dazu dienten, uns immer wieder in Verbindung mit dem Göttlichen zu bringen.*" Dennoch sei dies nur der Anfang. „*Wenn wir es schaffen, uns wieder stärker mit dem wahren inneren Wissen zu verbinden, dann können wir dieses Wissen – im wahrsten Sinne des Wortes – „downloaden". Und plötzlich haben wir eine ganz neue Möglichkeit, eine Erinnerung, die wieder aktiviert wird.*"

Vera: *Ja, und ich glaube, es ist essentiell wichtig, dass wir verstehen, dass wir dieses Wissen in uns aufnehmen und verinnerlichen und wirklich begreifen, wie das vonstatten geht. Was ich weiß, ist, dass wir auf diesem Planeten insofern ein erstes einmaliges Experiment wagen, weil normalerweise diese Entwicklung, die auf der einen Seite ein Fortschritt, eine Evolution ist, auf der anderen Seite aber auch ein Zurückkehren zu einem Ursprung, dass das normalerweise damit einhergeht, dass wir von dieser physikalischen Verdichtung wieder zurückgehen in eine geistige, nicht physische Existenz, aber dass wir hier zum ersten Mal das Experiment wagen, in beiden Dimensionen gleichzeitig zu leben, existent zu sein. Das heißt, wir sind gleichzeitig im Vollbesitz unserer geistigen Kräfte, unseres nichtmateriellen, geistigen, alles umfassenden Potenzials, sind aber gleichzeitig eben in dieser physikalischen Dimension, in der viele Dinge möglich sind, die in der anderen, in der geistigen nichtmateriellen Dimension nicht möglich sind. Und wir können die ganze Zeit hin und her switchen, sodass das nun auch von außen manchmal gar nicht sichtbar ist, wo wir gerade sind oder nicht sind. Für uns ist es auch ein fließender Übergang zwischen den geistigen und den materiellen Aspekten des Seins. Da gibt es dann ja gar kein so deutlich spürbares Hin-und-Her-Switchen mehr, weil es für uns ein einziger Erlebnisraum ist, der beide Aspekte in sich vereint.*

Und das ist bisher anscheinend anderen Zivilisationen noch nicht gelungen. Und das ist das Potenzial, was wir jetzt tatsächlich hier vorfinden. Deswegen haben wir diesen Raum aufgesucht, weil es eben hier ausprobiert wird, ob das funktioniert. Und das ist auch der Grund, warum – du hast es schon angesprochen – so viele Wesen aus anderen Welten, aus anderen Dimensionen, sich hier einmischen. Die wollen alle in der ersten Reihe sitzen, wenn es losgeht.

Uwe: *Ja, genau! Selbst die Tiere sind Teil dieses unglaublichen Zusammenspiels. Es ist faszinierend, was alles auf der Erde lebt. Wenn ich im Geist auf anderen Planetensystemen unterwegs bin, sehe ich auch dort viele verschiedene Wesen. Einige sehen aus wie Menschen, aber eher wie Hundemenschen oder Katzenmenschen. Es gibt aber auch hochintelligente Wesen, die wie Seesterne aussehen, Ameisen oder riesige Amöben, die ebenfalls extrem intelligent sind. All diese Lebewesen finden hier auf der Erde einen Platz, obwohl sie immer noch mit ihren Heimatplaneten verbunden sind. Sie können hier nicht einfach in menschlicher Form herumlaufen, so wurde es mir auch gezeigt.*

Es passiert so viel mehr auf der Erde, als wir uns bewusst sind – so vieles schwingt mit, das wir kaum wahrnehmen. Es ist wirklich erstaunlich, was hier alles stattfindet. Und die Zukunft, auf die wir zugehen, wird viel fantastischer sein, als wir uns vorstellen können. In den Einblicken, die ich manchmal in die Zukunft erhalte, zeigt sich, dass wir wieder eine unglaubliche Schönheit erschaffen werden. Die alten Tempel, die beeindruckenden Gebäude und die wunderschönen, parkähnlichen Landschaften, die wir aus der Vergangenheit kennen, werden wieder Realität werden – wenn das eintritt, was mir gezeigt wird.

AUFSTIEG ALS EVOLUTIONÄRER PROZESS: WAS ERWARTET UNS?

Immer wieder wird in Gesprächen und durch Rückmeldungen die Frage aufgeworfen, nach welchen Kriterien der „Aufstieg" verläuft. Reicht das, was wir tun, aus, oder gibt es Bereiche, in denen wir noch nachbessern sollten? Vor allem jedoch interessiert: Was genau erwartet mich dabei, und welchen Nutzen habe ich davon? Diese Gedanken möchte ich hier zusammenfassen:

Der Aufstieg ist Teil eines evolutionären Entwicklungsprozesses. Evolution bedeutet, dass sich alles auf natürliche Weise weiterentwickelt – das einzig Konstante ist der fortlaufende Wandel, nicht der Stillstand. Stillstand ist gleichbedeutend mit Rückschritt oder gar Tod, während Bewegung das Wesen des Lebendigen ausmacht. Doch es geht nicht um ziellose Bewegung, sondern um eine Weiterentwicklung, die zu einer stetigen Verbesserung der Qualität führt.

Wir sind als Seelen mit einem bestimmten Auftrag in diese Welt inkarniert. „Auftrag" mag hochtrabend klingen, doch es beschreibt präzise das Wesentliche: Unsere Seele folgt einem Entwicklungsplan. Es ist nicht unser Verstand, der diesen Weg der Erfahrungen wählt, sondern unsere Seele, die den menschlichen Körper nutzt, um diesen Pfad zu beschreiten. Der eigentliche Anstoß zur Weiterentwicklung kommt aus dem innersten Kern unseres Wesens – dem höheren Selbst. Bestimmte Erlebnisse sind notwendig, um den nächsten Schritt in unserer Evolution zu machen und die Weichen für den weiteren Fortschritt zu stellen. Niemand wird plötzlich „zwangserleuchtet", ohne dass er selbst dazu beigetragen hat.

Dieser Zustand ist das Ergebnis bereits vollbrachter Leistungen. Doch es geht hierbei nicht um Leistungen im herkömmlichen Sinne, wie wir sie aus unserer Gesellschaft kennen – mit Bewertungen und Noten – sondern darum, wie wir uns in der Welt verhalten, wie wir handeln und wie wir mit anderen umgehen. Es reicht nicht aus, nur zu denken „Ich bin ein soziales Wesen"; unsere Handlungen müssen dies widerspiegeln. Es ist, wie ich oft sage: „Es genügt nicht zu sagen ‚Schatz, ich liebe dich', wenn du gleichzeitig wütend wirst, weil der Müll nicht rausgebracht wurde." Wahre Liebe und echte soziale Verantwortung sind bedingungslos.

Im Verlauf dieses natürlichen Entwicklungsprozesses erwartet uns, und das ist der entscheidende Punkt, der nächste Evolutionsschritt. Dieser Schritt führt uns in eine neue Erfahrungswelt, in der es möglich ist, die Dualität zu überwinden – die Gegenüberstellung von „Gut" und „Böse", die unser Denken und Handeln bisher bestimmt hat. Diese Konzepte waren in der Welt, die wir als „Erde 1.0" bezeichnen könnten, notwendig, um bestimmte Erfahrungen zu machen. Doch der nächste Schritt eröffnet uns Möglichkeiten, die jenseits dieser Dualität liegen.

Es ist wichtig zu verstehen, dass es in diesem Entwicklungsprozess keine Rolle spielt, ob wir glauben, „zu wenig" zu tun oder ob wir „aufholen" müssten. Jeder von uns hat bereits unzählige Inkarnationen durchlebt, in denen er wertvolle Erfahrungen gesammelt hat. Diese sind in einem zeitlosen und raumübergreifenden Feld gespeichert und akkumulieren sich im Laufe der Zeit.

Sobald ein bestimmter Schwellenwert erreicht ist, kann der Fortschritt schnell erfolgen. Einige Seelen, die heute inkarniert sind, haben in früheren Zyklen bereits viele soziale und spirituelle Leistungen vollbracht, wahre Liebe gelebt und mit Hingabe gehandelt – nicht aus Egoismus. Sie stehen nun kurz davor, den letzten Schritt zu tun, sei es durch eine neue Erkenntnis oder einen weiteren Akt der Liebe. Diese Transformation kann dann sehr rasch geschehen.

So lässt sich der Aufstieg – in vereinfachter Form – verstehen. Natürlich ist dies nur eine Annäherung an ein sehr komplexes Konzept, doch es kommt dem Kern des Aufstiegsprozesses sehr nahe.

SIEBEN GEWOHNHEITEN, DIE UNSERE MANIFESTATIONSFÄHIGKEIT BEHINDERN – EINE HERMETISCHE PERSPEKTIVE

Die Lehren des **Kybalion**, basierend auf den hermetischen Prinzipien des Hermes Trismegistos, bieten wertvolle Einsichten in die Wechselwirkungen von Geist und Materie. In Verbindung mit modernen Erkenntnissen zur Manifestation können wir verstehen, dass bestimmte Gewohnheiten tiefgreifende Auswirkungen auf unsere Fähigkeit haben, die gewünschte Realität zu erschaffen. Dieses Kapitel untersucht sieben zentrale Gewohnheiten, die unsere Manifestationsfähigkeit blockieren, und zeigt, wie die hermetischen Prinzipien uns dabei helfen können, diese Hindernisse zu überwinden.

GEWOHNHEIT EINS: NEGATIVES DENKEN

Das **Prinzip der Mentalität** aus dem Kybalion besagt: „Das All ist Geist; das Universum ist mental.“ Das bedeutet, dass unser Denken die Grundlage für unsere Realität bildet. Negatives Denken ist wie ein dunkler Schleier, der den Geist blockiert und uns auf Mangel statt Fülle ausrichtet. Wenn wir uns in einem Zustand von Angst, Stress und Begrenzung befinden, manifestieren wir zwangsläufig diese Zustände in unserer Realität.

Lösung: Um diese Gewohnheit zu durchbrechen, müssen wir unsere Gedanken bewusst steuern und positive, aufbauende Gedanken kultivieren. Dies geschieht durch Dankbarkeit, positive Affirmationen und das bewusste Ersetzen negativer Gedankengänge. Indem wir das „Ich kann nicht" durch „Ich kann" und das „Ich werde nicht" durch „Ich werde" ersetzen, öffnen wir uns für die Möglichkeiten, die uns das Universum bietet.

GEWOHNHEIT ZWEI: FEHLENDE KLARHEIT

Das **Prinzip der Entsprechung** – „Wie oben, so unten; wie unten, so oben" – erinnert uns daran, dass klare Absichten auf allen Ebenen des Seins wichtig sind. Fehlende Klarheit ist wie ein Schiff ohne Kompass. Wenn unsere Ziele vage oder ungenau sind, senden wir widersprüchliche Signale an das Universum, und die Ergebnisse bleiben verschwommen.

Lösung: Präzision ist der Schlüssel zur erfolgreichen Manifestation. Setze Dir klare, spezifische Ziele, die Deine wahren Wünsche und Träume widerspiegeln. Definiere, was Erfolg für Dich bedeutet, und gestalte eine klare Vision, die das Universum als Orientierung nutzen kann.

GEWOHNHEIT DREI: INKONSEQUENZ

Das **Prinzip des Rhythmus** besagt: „Alles fließt ein und aus; alles hat seine Gezeiten." Dies verdeutlicht die Bedeutung von Beständigkeit in unseren Handlungen. Inkonsequenz gleicht dem Versuch, gleichzeitig Gas und Bremse zu betätigen. Ohne stetige Anstrengung und Fokussierung bleibt der Manifestationsprozess ins Stocken geraten.

Lösung: Entwickle eine regelmäßige Praxis, die Deine Manifestationsziele unterstützt. Dies kann Meditation, Visualisierung oder das Führen eines Tagebuchs umfassen. Kontinuität und Beharrlichkeit sind die Schlüssel, um den Fluss der Manifestation zu gewährleisten.

GEWOHNHEIT VIER: IN DER VERGANGENHEIT LEBEN

Das **Prinzip der Polarität** erinnert uns daran, dass Gegensätze zwei Seiten derselben Medaille sind. Die Vergangenheit kann uns entweder lehren und voranbringen oder uns festhalten und unsere Zukunft blockieren. Das Festhalten an vergangenen Fehlern und Misserfolgen führt zu Selbstzweifeln und behindert den Manifestationsprozess.

Lösung: Achtsamkeit und Dankbarkeit sind mächtige Werkzeuge, um sich von der Vergangenheit zu lösen und im gegenwärtigen Moment zu leben. Wenn wir uns auf das Hier und Jetzt konzentrieren, öffnen wir den Raum für positive Veränderungen in der Zukunft.

GEWOHNHEIT FÜNF: ANGST VOR DEM SCHEITERN

Das **Prinzip der Ursache und Wirkung** zeigt, dass jede Handlung eine Konsequenz hat. Angst vor dem Scheitern hält uns jedoch davon ab, notwendige Schritte zu unternehmen, und verhindert somit den Fortschritt. Oft interpretieren wir Misserfolge als das Ende eines Traums, statt als Möglichkeit, daraus zu lernen.

Lösung: Ändere Deine Perspektive auf das Scheitern. Sieh Misserfolge als wertvolle Lektionen auf dem Weg zum Erfolg. Entwickle eine Resilienz gegenüber Rückschlägen und gehe mit Entschlossenheit weiter, selbst wenn die Angst präsent ist.

GEWOHNHEIT SECHS: FEHLENDE DANKBARKEIT

Das **Prinzip des Geschlechts** verweist auf das Zusammenspiel zwischen dem aktiven und passiven Prinzip im Universum. Dankbarkeit ist der passive Aspekt, der uns empfänglich für das macht, was wir bereits haben, und uns auf die Fülle ausrichtet. Ein Mangel an Dankbarkeit hingegen führt zu einem Gefühl der Unzufriedenheit und behindert die Manifestation.

Lösung: Übe täglich Dankbarkeit. Erkenne die kleinen und großen Segnungen in Deinem Leben und entwickle eine tiefe Wertschätzung für das, was bereits vorhanden ist. Diese Einstellung zieht automatisch mehr Positives in Dein Leben.

GEWOHNHEIT SIEBEN: INTUITION IGNORIEREN

Das **Prinzip der Schwingung** besagt, dass alles im Universum schwingt und dass unsere Intuition eine feine Resonanz mit den höheren Frequenzen des Universums darstellt. Wenn wir diese innere Führung ignorieren, verlieren wir die Verbindung zu unserem wahren Weg und zu den Botschaften, die uns das Universum sendet.

Lösung: Intuition ist Dein stärkster Verbündeter auf der Manifestationsreise. Nimm Dir regelmäßig Zeit für Stille, Meditation oder Spaziergänge in der Natur, um die innere Stimme klarer wahrzunehmen. Vertraue auf Deine Intuition und folge ihren Impulsen, um Deine Manifestationen erfolgreich zu realisieren.

SCHLUSSGEDANKEN: DIE MACHT DES GEISTES IN DER MANIFESTATION

Die Lehren des **Kybalion** basieren ebenfalls auf der Grundlage, dass unserer Realität ihren Ursprung in unserem Geist hat. Auch sie bestätigen, dass es darum geht, negativen Gewohnheiten aufzulösen und sich bewusst auf Positives, Klarheit und Beständigkeit auszurichten. Dadurch schaffen wir einen Raum für unsere Wünsche und Träume, um sie zu manifestieren. Der US-amerikanische Psychologe Wayne Dyer sagte treffend: „You'll see it when you believe it" – Du wirst es sehen, wenn Du daran glaubst. Diese tiefe Wahrheit erinnert uns daran, dass wir nur das manifestieren können, wovon wir überzeugt sind.

INNERE FÜHRUNG: DER WEG ZU HÖHEREM BEWUSSTSEIN

In Meditation und Gebet eröffnet sich uns die wundervolle Möglichkeit, eine sanfte telepathische Verbindung zu höheren Bewusstseinsebenen aufzubauen. Der Geist besitzt eine unendliche Kraft, die sich auf so subtile Weise äußert, dass wir sie nur wahrnehmen können, wenn wir unser oft ruheloses Alltagsbewusstsein zur Ruhe bringen. Spirituelle Wesen erscheinen nicht physisch vor uns, um Anweisungen zu geben. Stattdessen zeigt sich ihre Präsenz als innere Eingebung, ein intuitives Wissen, das sich manchmal so anfühlt, als hätten wir die Antworten selbst gefunden.

Es ist nicht notwendig, die genauen Mechanismen dieser höheren Ebenen vollständig zu verstehen – diese schützenden Kräfte, sei es in Form eines Schutzengels oder eines geistigen Führers, sind immer für uns da und stehen uns durch unsere Gedanken zur Verfügung.

Der Zugang zu höheren Ebenen des Seins

Der Weg zu höheren Bewusstseinsebenen kann nicht durch Zwang oder Drängen erlangt werden. Stattdessen öffnet sich dieses Tor durch innere Stille, Geduld und die Fähigkeit, mit einem offenen Herzen auf das Unbekannte zuzugehen. Wir sollten uns von übermäßigen Versuchen, parapsychologische Phänomene zu kontrollieren oder zu erforschen, fernhalten, da diese oft mehr Verwirrung als Klarheit bringen. Der Schlüssel zu dieser Art von spiritueller Erfahrung liegt in tiefen Qualitäten wie Liebe zur Schöpfung, Demut, Vertrauen in das Göttliche und einer tiefen Dankbarkeit für das Leben selbst. Indem wir diese Eigenschaften in unser tägliches Leben integrieren, öffnen wir uns sanft für die Möglichkeiten, die uns das Universum bietet.

Es ist wichtig, dass wir uns unserer eigenen Grenzen bewusst sind, ohne uns jedoch durch Unsicherheiten oder Zweifel zurückzuhalten. Nur durch ein klares und starkes Inneres können wir uns für die tieferen Realitäten öffnen, die jenseits unserer alltäglichen Wahrnehmungen existieren. Um die Wunder der Ewigkeit und der grenzenlosen Möglichkeiten zu erleben, braucht es Mut, innere Stärke und ein offenes Herz, bereit, das Unbekannte zu umarmen.

Die Rolle des Heilers

Als Heiler tragen wir eine besondere Verantwortung. Alles, was wir weitergeben, muss aus einem Platz der Klarheit, Liebe und Dankbarkeit kommen. Die spirituellen Kräfte, die durch uns wirken, sind keine Ausrede, die Verantwortung für unser Handeln abzugeben. Vielmehr müssen wir mit größter Sorgfalt und Dankbarkeit die Aufgaben annehmen, die uns gegeben werden. Unser Vertrauen in die Führung der spirituellen Welt wächst mit jeder bewussten Handlung, die wir ausführen, und in der Art, wie wir uns dem Leben und den Menschen um uns herum widmen.

Geistige Heilung ist keine schnelle oder einfache Antwort auf die Probleme des Lebens. Sie erfordert Geduld, Hingabe und das bewusste Arbeiten an unseren eigenen Seelenkräften. Auf diesem Weg werden wir von liebevollen, höheren Kräften unterstützt, die uns sicher auf dem Pfad führen, auch wenn wir manchmal in unbekannte Dimensionen eintauchen.

Geistige Heilung und energetische Ebenen

Die Heilung hängt von vielen Faktoren ab, insbesondere davon, wie tief wir Zugang zu den feinstofflichen Schichten eines Menschen erlangen. Wenn unser Bewusstsein sich mit den verschiedenen Ebenen eines anderen verbindet und wir uns darauf fokussieren, kann die universelle Energie heilend wirken. Dies geschieht nicht unbedingt durch bewusste Anstrengung, sondern oft intuitiv während einer Heilungssitzung. Die feineren Ebenen des Seins sind nicht immer direkt wahrnehmbar, aber sie spielen eine zentrale Rolle bei der Unterstützung des Heilungsprozesses.

Falls dein Alltagsbewusstsein diese Verbindung blockiert, könnte es ein Zeichen dafür sein, dass persönliche Gedanken oder Vorstellungen den Fluss der Heilenergie stören. Unser „Ich" versucht oft, die Führung zu übernehmen, und das kann dazu führen, dass wir die heilenden Energien nicht vollständig zulassen. Um solche Hindernisse zu überwinden, ist es hilfreich, durch Schulungen oder Austausch mit Gleichgesinnten das Bewusstsein zu schärfen und die Verbindung zur spirituellen Welt zu vertiefen. So können wir lernen, uns auf die feineren, heilenden Schwingungen einzulassen.

Verantwortung in der spirituellen Heilung

Es kommt vor, dass Heilungsversuche keine sofortige Wirkung zeigen. Diese Blockaden können auf tiefer liegende energetische Störungen hinweisen, besonders im Bereich der Energiezentren wie dem Stirnchakra. Die Verbindungen zwischen den Chakren – insbesondere zum Scheitelchakra – sind von entscheidender Bedeutung, da sie den Fluss der Energie bestimmen. Wenn diese Verbindungen gestört sind, kann es zu lang anhaltenden gesundheitlichen Problemen kommen.

In meiner Arbeit habe ich herausgefunden, dass Heilung oft erst dann wirksam wird, wenn eine tiefere Erkenntnis über die Blockaden erlangt wurde. Dies kann durch Erfahrung oder durch klare Kommunikation mit spirituellen Führern geschehen. Solche Blockaden können auch als karmische Prozesse verstanden werden, wobei der Heilungsweg nicht immer linear verläuft.

Die Rolle des göttlichen Willens in der Heilung

Alle Einsichten, die ich durch eigene Erfahrung oder durch die Kommunikation mit geistigen Helfern erlangt habe, weisen auf eine zentrale Wahrheit hin: Der göttliche Wille steht im ständigen Dialog mit dem Bewusstsein der menschlichen Seele. Jede Herausforderung, die wir erleben, passt sich unserem inneren Zustand an. Das bedeutet, dass ähnliche energetische Blockaden für verschiedene Menschen unterschiedliche Auswirkungen haben können. Die Lösungen für diese Blockaden liegen oft jenseits unseres bewussten Denkens und erfordern eine Veränderung in der inneren Einstellung.

Es ist wichtig zu verstehen, dass wir die Probleme, die in einer bestimmten Bewusstseinsebene entstehen, nicht auf derselben

Ebene lösen können. Es braucht ein höheres Verständnis und eine tiefere Verbindung zur göttlichen Weisheit, um die Heilung zu unterstützen.

Gebetsheilung: Eine christliche Tradition?

Die Gebetsheilung gehört zu den ältesten spirituellen Praktiken, deren Wurzeln tief im Christentum verankert sind. In Fällen, in denen Heilungsversuche nach zwei oder drei Sitzungen nicht den gewünschten Erfolg brachten, bietet die Fürbitte oft einen letzten Hoffnungsschimmer. Eine solche Form der Heilung erfordert jedoch eine bewusste und innere Ausrichtung – sowohl auf Seiten des Heilers als auch des Patienten. Ein schnelles Stoßgebet wie „Lieber Gott, hilf!" reicht oft nicht aus, um tiefgreifende Veränderungen zu bewirken. Vielmehr müssen klare, aus dem Herzen kommende Bitten und eine enge Verbindung zum göttlichen Willen vorhanden sein, um den Heilungsprozess zu unterstützen.

Manchmal, wenn weder das bewusste Denken noch die unbewussten Prozesse des Patienten in der Lage sind, die Quelle des Problems zu erkennen, kann eine gut formulierte Fürbitte helfen, den göttlichen Segen zu erlangen. Eine meiner bevorzugten Gebete lautet etwa: „Lieber Gott, unendliche Weisheit und Güte, ich bitte um Deine Hilfe für meinen Patienten. Ich erkenne, dass weder er noch seine Seele derzeit in der Lage sind, die gegenwärtige Herausforderung zu bewältigen. Ich bitte um Heilung und einen Aufschub, bis das Bewusstsein des Patienten sich so weit entwickelt hat, dass er seine Aufgabe annehmen kann."

Fallbeispiel: Heilung durch Gebet

Ein besonders eindrucksvolles Beispiel für die Kraft des Gebets in der Heilung ist der Fall einer Frau, die unter schweren Schlafstörungen litt. Keiner der bisherigen Therapieversuche hatte ihr helfen können. Bei der Untersuchung stellte sich heraus, dass sie ihre kranke Mutter liebevoll pflegte, was sie jedoch körperlich und seelisch stark belastete. Die intensive Sorge um ihre Mutter hatte zu einer Überlastung ihrer energetischen Zentren geführt, insbesondere des Herz- und Halschakras.

Drei Heilversuche brachten nur vorübergehende Linderung. Schließlich entschied ich mich für eine Fürbitte und bat darum, dass der göttliche Wille ihr die Erkenntnis schenke, um eine Lösung für ihre Situation zu finden. Zwei Tage später berichtete sie mir von einer Veränderung: Ihre Schwester hatte angeboten, einen Teil der Pflege zu übernehmen, was der Patientin die dringend benötigte Ruhe verschaffte und ihr ermöglichte, wieder durchzuschlafen.

Fazit: Die Bedeutung der Fürbitte in der Heilung

Obwohl die Fürbitte oft nicht die Krankheit selbst heilt, kann sie die Lebensumstände des Patienten so verändern, dass der Patient in die Lage versetzt wird, seine eigene Heilungskraft zu aktivieren. Bevor jedoch diese Form der Heilung in Betracht gezogen wird, sollten andere Methoden ausgeschöpft sein. Wenn die Heilung durch eine Fürbitte geschieht, liegt das oft daran, dass das Stirnchakra des Patienten eine starke Verbindung zum Scheitelchakra – dem Zentrum des göttlichen Willens – hat.

Die Bedeutung von Licht im Heilungsprozess

Der Mensch ist ein multidimensionales Wesen, und unsere energetischen Systeme – das Nervensystem, die Meridiane und die Chakren – sind eng miteinander verbunden. Diese Systeme basieren auf subtilen energetischen Prinzipien wie Bioelektrizität, Biomagnetismus und Biophotonen, die in unserem Körper vielfältige Funktionen erfüllen. Ein besonders wichtiger Aspekt ist das langwellige infrarote Licht, das eine zentrale Rolle für unser Wohlbefinden spielt. Es unterstützt uns nicht nur dabei, unsere Körpertemperatur zu regulieren, sondern fördert auch die Durchblutung und kann heilende Effekte haben, wie wir es durch Wärmeanwendungen wie Rotlicht oder Saunagänge erleben.

Wärme ist dabei nicht nur auf der körperlichen Ebene wohltuend. Heiler können auch die wärmende Strahlung gezielt einsetzen, um den Energiefluss bei ihren Patienten zu harmonisieren. Dies wurde durch Wärmebildfotografie nachgewiesen, die zeigt, wie sich die Infrarotstrahlung positiv auf die Energieströme im Körper auswirkt. Auch das sichtbare Lichtspektrum spielt eine wichtige Rolle in der Heilung, da es etwa für die Vitaminproduktion notwendig ist und in der Farbtherapie gezielt eingesetzt wird.

Auf einer feineren Ebene spielt das unsichtbare ultraviolette Licht eine noch größere Rolle. Forschungen haben gezeigt, dass unsere Zellen in diesem Bereich miteinander kommunizieren und dass Biophotonen – winzige Lichtpartikel – unser ganzes Wesen durchdringen und das energetische Feld positiv beeinflussen können. Heiler, die mit diesen Biophotonen arbeiten, können das energetische System ihrer Patienten tiefgehend unterstützen, indem sie das Licht gezielt einsetzen, um den natürlichen Heilungsprozess anzuregen.

Die Chakren, auch bekannt als „Lichträder", nehmen in der Lichtheilung eine zentrale Rolle ein. Es gibt Hinweise darauf, dass Frequenzen über das ultraviolette Spektrum hinaus existieren, die zur Übertragung von Informationen aus der geistigen Welt genutzt werden. Diese Schwingungen sind vermutlich in den Chakren angesiedelt, was erklärt, warum Chakrenarbeit so tiefgreifende heilende Wirkung entfalten kann.

Höhere Schwingungen und göttliche Energie

Die Frage nach den höheren Schwingungsfrequenzen führt uns in den Bereich der spirituellen Erfahrungen. Wissenschaftliche Daten sind in diesem Bereich begrenzt, doch Berichte von medialen Menschen und Erlebnisse aus grenzwissenschaftlichen Bereichen wie Astralreisen geben uns wertvolle Hinweise.

In meinen eigenen Erfahrungen, insbesondere bei Astralreisen, habe ich erkannt, dass es eine höhere Intelligenz gibt, die wir nicht vollständig begreifen können. Diese Intelligenz sendet Botschaften an die, die sich für sie öffnen können, aber unser auf die physische Welt fokussiertes Bewusstsein hat oft Schwierigkeiten, diese Signale zu entschlüsseln.

Ein Prinzip der Harmonie, das ich während meiner Reisen entdeckt habe, besagt, dass jede Schwingung Obertöne bildet und sich von Oktave zu Oktave verdoppelt, bis sie sich schließlich in Raum und Zeit auflöst. Bei sehr hohen Schwingungen stoßen wir an die Grenzen unseres Verstandes. Diese Ebene, in der Schwingungen als „unendlich schnell" beschrieben werden können, markiert den Übergang zwischen der physischen Welt und dem höheren Bewusstsein.

Wenn wir erkennen, dass alle Informationen in dieser „unendlichen Schwingung" vorhanden sind, wird deutlich, warum Begriffe wie Unendlichkeit und Ewigkeit für unser menschliches Bewusstsein schwer fassbar sind. Diese Schwingung repräsentiert das ewige Jetzt – das Göttliche, das allwissend und allgegenwärtig ist.

Astralreisen und Heilung auf der Astralebene

Du hast gefragt, ob Astralreisen erlernt werden können und ob es möglich ist, auf der astralen Ebene Heilung zu bewirken. Traditionell wurde oft angenommen, dass nur besonders talentierte Menschen in der Lage seien, außerkörperliche Erfahrungen zu machen. Doch neuere Forschungen, insbesondere aus Australien, haben gezeigt, dass ein erheblicher Anteil der Menschen – etwa ein Viertel – durch bestimmte Techniken, die auf bewusster Energieübertragung und mentaler Fokussierung basieren, Astralreisen erlernen kann.

Wie es z.B. auch in den Ausbildungen in der von Horst Krohne gegenründeten Schule für Geistheilung <www.schule-der-geistheilung.de> vermittelt wird, habe ich selbst erfahren dürfen, dass Astralreisen nicht nur erlernbar sind, sondern dass sich dabei auch bemerkenswerte Heilmethoden auf der astralen Ebene anwenden lassen. Ich persönlich bevorzuge den Begriff Seelenreisen, denn er beschreibt besser, wie sich der Seelenanteil eines Menschen in bestimmten Zuständen – etwa nach Schocks, Operationen oder in tiefer Meditation – vom physischen Körper lösen kann.

Auf der Astralebene sind die Sinneswahrnehmungen weiterhin aktiv, besonders das Sehen und Hören, und das Denken bleibt teilweise erhalten. Jedoch werden Raum und Zeit in diesem Zustand überwunden, und die Seele kann mühelos materielle Barrieren durchdringen. Der anspruchsvollste Aspekt bei dieser Erfahrung ist die Zeitlosigkeit, da jeder Gedanke unmittelbar in die Tat umgesetzt wird. Mit zunehmender Übung wird es möglich, diese Fähigkeit gezielt zu steuern und Heilungen auf der Astralebene vorzunehmen, die sich auch auf den physischen Körper auswirken können.

Ein großer Vorteil dieser Methode ist die Fähigkeit, den energetischen Zustand eines anderen Menschen klar wahrzunehmen – so, als wäre dieser transparent. Dadurch ist es möglich, Leiden und energetische Störungen zu erkennen und gezielt zu behandeln. Diese Form der Heilung ist genauso wirksam wie die physische Heilung, da sie die Selbstheilungskräfte des Körpers aktiviert.

Quellen des Wissens über Heilmethoden

Zwischen 1970 und 1985 hatte ich in meinem Zentrum für Lebenshilfe die Gelegenheit, zahlreiche Heiler, Schamanen und Hypnotiseure bei ihrer Arbeit zu beobachten. Gleichzeitig forschte ich intensiv im Bereich der Bioenergien. Durch die Zusammenarbeit mit einer engagierten Arbeitsgruppe konnten wir viele dieser Heilmethoden auf die bioenergetischen Felder des Menschen anwenden und herausfinden, wie sich energetische Störungen auf die körperliche Gesundheit auswirken.

Ein besonderer Schwerpunkt unserer Arbeit lag darin, schulmedizinische und naturheilkundliche Ansätze zu unterstützen, anstatt sie zu ersetzen. Es wurde deutlich, dass viele chronische oder schwer behandelbare Krankheiten auf tieferen, oft seelischen Ebenen wurzeln, die mit herkömmlichen Methoden allein nicht erreicht werden können. Diese Erkenntnisse halfen uns, die Bedeutung der energetischen und spirituellen Arbeit als Ergänzung zur klassischen Medizin besser zu verstehen.

Fallbeispiel: Behandlung einer Pilzerkrankung

Ein beeindruckender Fall in meiner Praxis war der einer sechzigjährigen Frau, die seit Jahren unter hartnäckigen Pilzinfektionen litt. Trotz intensiver schulmedizinischer Behandlung kam es immer wieder zu

Rückfällen. Eine detaillierte energetische Analyse zeigte, dass ihr Sakralchakra blockiert war und die Verbindung zu den oberen Chakren gestört war, insbesondere zum Stirnchakra. Nachdem wir uns gemeinsam auf die Arbeit mit ihrem Sakralchakra konzentrierten, begannen sich die Blockaden langsam zu lösen.

Durch diese gezielte energetische Arbeit, unterstützt durch die Kraft der geistigen Helfer, konnte die Frau ihre Infektion schließlich dauerhaft überwinden. Dies ist ein weiteres Beispiel dafür, wie tief verwurzelte emotionale Konflikte sich auf die körperliche Gesundheit auswirken können und wie wichtig es ist, den Heilungsprozess ganzheitlich zu betrachten.

Zellregeneration und Heilung

Die Zellregeneration spielt eine wesentliche Rolle im Heilungsprozess, da sie eng mit der Seele verbunden ist. Während die naturwissenschaftlichen Erkenntnisse über Zellregeneration noch in den Anfängen stehen, haben sensible und mediale Menschen bereits Wege gefunden, Informationen über die Zellregeneration mithilfe von Werkzeugen wie dem Biotensor zu erfassen. Durch außersinnliche Wahrnehmungen kann ein Heiler tiefere Einblicke in den Zustand der Zellen gewinnen und gezielt die seelischen und physischen Ursachen für Störungen in der Zellregeneration behandeln.

Ein gestörter Regenerationsprozess kann auf verschiedenen Ebenen stattfinden – sei es körperlich, seelisch oder geistig. Es ist die Aufgabe des Heilers, die Quelle dieser Störung zu identifizieren und daraufhin gezielt mit den entsprechenden energetischen Systemen zu arbeiten. Oftmals konzentriert sich diese Arbeit auf Schlüsselbereiche wie das Herzchakra, die Verbindung zwischen Herz- und Milzchakra oder die

Meridiane, die eine besondere Rolle in der Regeneration der Gelenke und Organe spielen.

Häufig liegt der Grund für eine unzureichende Zellregeneration darin, dass die Seele mit den äußeren Lebensumständen nicht zurechtkommt. Sorgen, Ängste und Verzweiflung können die Energie der Seele so sehr erschöpfen, dass nicht mehr genügend Kraft bleibt, um die Billionen von Körperzellen angemessen zu überwachen und zu regenerieren. In solchen Fällen ist eine intensive seelische Arbeit nötig, um die Lebenskräfte wieder in Einklang zu bringen und die Zellen zur Regeneration zu motivieren.

Kann jede Krankheit durch geistige Heilung behandelt werden?

Die Frage, ob jede Krankheit mit geistigen Heilweisen behandelt werden kann, wurde in einer umfassenden Langzeitstudie mit englischen Heilern untersucht. Diese Untersuchung, die über einen Zeitraum von mehr als drei Jahrzehnten durchgeführt wurde, zeigte, dass fast jede Krankheit durch geistige Heilung potenziell beeinflussbar ist. Das Fazit der Studie war jedoch differenzierter: Während jede Krankheit heilbar ist, bedeutet dies nicht, dass jeder Mensch geheilt werden kann.

Es stellte sich heraus, dass der Heilungserfolg maßgeblich davon abhängt, inwieweit der Patient bereit ist, sich der Heilung zu öffnen und die notwendigen Veränderungen in seinem Leben anzunehmen. Die geistige Heilung kann als eine Art Gnade oder Geschenk betrachtet werden, das durch den Heiler übermittelt wird. Doch dieses Geschenk kann nur dann seine volle Wirkung entfalten, wenn der Empfänger bereit ist, es zu empfangen und die nötigen Schritte zur Selbstverwirklichung zu unternehmen.

Viele Menschen scheitern an ihrer eigenen Heilung, weil sie innere Widerstände haben. Diese Widerstände sind oft tief verwurzelte

Glaubensmuster oder Ängste, die Veränderungen verhindern. Deshalb ist es so wichtig, dass der Patient aktiv am Heilungsprozess teilnimmt und bereit ist, sich auf einen neuen Weg einzulassen – sei es durch geistige Heilmethoden oder schulmedizinische Maßnahmen.

Heilung bei Tieren und Pflanzen

Auch Tiere und Pflanzen können durch geistige Heilung unterstützt werden. Obwohl ihre Aufgaben im Lebensnetzwerk der Erde andere sind als die des Menschen, unterliegen auch sie denselben geistigen Gesetzen. Viele erfahrene Heiler berichten, dass Tiere und Pflanzen oft schneller auf Heilungsenergien ansprechen als Menschen. Tatsächlich erlebte ich meine ersten bemerkenswerten Heilerfolge bei Tieren und Pflanzen, die besonders empfänglich für die feinen Schwingungen der Heilenergie sind.

Ansteckende Gesundheit: Was bedeutet das?

In einer Welt der Gegensätze, in der es ansteckende Krankheiten gibt, muss es auch das Gegenstück geben: ansteckende Gesundheit. Während wir wissen, dass Mikroorganismen Krankheiten verbreiten können, ist der Mechanismus, durch den Gesundheit „übertragen" wird, weniger greifbar, aber genauso real. Es gibt keine „gesundheitsfördernden Keime", die auf physische Weise übertragen werden, aber es gibt andere subtile Mechanismen, durch die Heilung von einem Menschen auf den anderen übertragen werden kann – sei es durch Lachen, positives Denken oder die Kraft der Heilhypnose.

Darüber hinaus gibt es auch eine subtilere Form von ansteckender Gesundheit, die ich in meinem Heilzentrum häufig beobachtet habe. Einige Menschen besitzen eine natürliche, heilende Ausstrahlung, die bereits durch ihre bloße Anwesenheit positive Veränderungen bei anderen auslöst. In mehreren Fällen konnte ich beobachten, dass sich die Gesundheitswerte von Patienten verbesserten, sobald ein Heiler das Gebäude betrat – noch bevor er direkt mit dem Patienten in Kontakt trat. Diese heilende Energie scheint von einigen Menschen intuitiv ausgestrahlt und von anderen empfangen zu werden.

Die Rolle der Einstimmung und geistigen Verbindung

Heiler, die sich intensiv auf ihre Arbeit vorbereiten, sei es durch Meditation, Gebet oder andere Formen der „geistigen Einstimmung", erzielen häufig beeindruckendere Ergebnisse. Diese innere Vorbereitung stärkt die Verbindung des Heilers zu seinen geistigen Helfern und erhöht die Schwingung seiner eigenen Energiezentren. Alle Chakren des Heilers werden harmonisiert und aufgeladen, sodass der Heiler seine eigenen energetischen Defizite während einer Sitzung nicht auf den Patienten überträgt. Stattdessen wird sichergestellt, dass nur heilende und gesunde Energien fließen.

In meiner Arbeit erlebe ich häufig, dass ich bereits vor dem eigentlichen Treffen mit einem Patienten eine Ahnung davon habe, welche Beschwerden er haben könnte. Diese intuitive Wahrnehmung tritt nur dann auf, wenn ich mich auf den Heilungsprozess bewusst einstimme. Meine geistigen Führer unterstützen mich dabei, diesen Prozess zu verstehen und optimal zu lenken, sodass die Heilung in der bestmöglichen Weise erfolgen kann.

Materielle Veränderungen während der Heilung

In seltenen Fällen treten während der Heilung „physische Veränderungen“ auf, die sich mit den bekannten Naturgesetzen nur schwer erklären lassen. Ein Phänomen, das in der „Geistchirurgie“ auftritt, ist die scheinbare temporäre Auflösung von Gewebe, das anschließend wieder „materialisiert“ wird. Diese erstaunlichen Prozesse werden oft als sichtbarer Beweis für den Patienten zugelassen, um die Heilwirkung zu demonstrieren.

Auch ich habe bei meinen Heilungen bereits „Entmaterialisierungen“ erlebt, die mit rationalen Mitteln nicht erklärbar sind. Meine geistigen Führer erklärten mir, dass solche materiellen Veränderungen stets von höheren Ebenen geprüft werden, bevor sie zugelassen werden.

Die geistigen Ebenen, die diesen Prozess kontrollieren, sind oft als „Karmafürsten“ bekannt.

Sie sind dafür verantwortlich, ob eine Heilung auf dieser Ebene geschehen darf.

Die Erkenntnis: Für Gott ist alles möglich

Die tiefe Einsicht, die ich aus meinen Erfahrungen gewonnen habe, lautet: „Für Gott ist alles möglich“. Das göttliche Bewusstsein kennt keine Grenzen, und es liegt in unserer Fähigkeit, uns diesem Bewusstsein zu öffnen, um uns von den Begrenzungen unseres physischen Daseins zu befreien. Wenn wir dies erkennen, wird deutlich, dass die Heilung auf allen Ebenen – körperlich, geistig und seelisch – möglich ist, solange wir bereit sind, den göttlichen Willen in unser Leben zu integrieren und uns seiner Führung anzuvertrauen.

ANHANG

VERBINDE DICH MIT DER QUELLE ALLEN SEINS UND WERDE ZUM SCHÖPFER DEINER REALITÄT

Die Dieter Broers Masterclass bietet Dir eine transformative Reise in die Tiefen Deines Bewusstseins und führt Dich zu einem höheren Verständnis Deiner eigenen Schöpferkraft. In einer Zeit, in der immer mehr Menschen nach einem bewussteren und erfüllteren Leben suchen, kombiniert dieses 8-teilige Programm wissenschaftliche Erkenntnisse mit spirituellen Weisheiten, um Dir dabei zu helfen, Deine Realität aktiv und bewusst zu gestalten.

Was ist die Dieter Broers Masterclass?

Die Masterclass ist darauf ausgelegt, Dich Schritt für Schritt zu begleiten und Dir zu zeigen, wie Du Dich mit der Quelle allen Seins verbindest. Durch diese Verbindung wirst Du in die Lage versetzt, Deine Schwingungsfrequenz zu erhöhen, Deine Wünsche mühelos zu manifestieren und aus einer tiefen inneren Harmonie heraus zu leben. Die Masterclass verbindet dabei auf einzigartige Weise wissenschaftliche und spirituelle Ansätze, um Dich in Deiner persönlichen Transformation zu unterstützen.

Die 4 Schritte zur Verwirklichung Deiner Träume

1. Fesseln der Vergangenheit ablegen
   Der erste Schritt ist das Loslassen falscher Selbstbilder und Überzeugungen, die Dich daran hindern, Dein volles Potenzial zu entfalten.

Indem Du Deine alten Muster erkennst und auflöst, entsteht Raum für ein neues Bewusstsein.

2. Selbstermächtigung erlangen
Durch die Verbindung von Spiritualität und naturwissenschaftlichen Prinzipien kannst Du Deine innere Kraft entdecken und entfalten. Diese Energie erlaubt es Dir, Deine Herzenswünsche umzusetzen und Deine Realität aktiv zu gestalten.

3. Klarheit über Deine Herzenswünsche
Visualisiere Deine Träume und Wünsche so, als wären sie bereits real. Durch gezielte Übungen und Meditationen lernst Du, wie Du Deine Herzenswünsche klar formulierst und sie in die Realität bringst.

4. Andere unterstützen
Schließlich lernst Du, wie Du durch Dein eigenes Vorbild und Deine Erfahrungen anderen Menschen dabei hilfst, ihr Bewusstsein zu erweitern und ihre eigene Realität zu erschaffen.

Der Weg zur Selbstermächtigung

Das Ziel der Dieter Broers Masterclass ist es, Dich zu einem selbstbestimmten, freien und bewussten Menschen zu machen. Mit jedem Modul näherst Du Dich nicht nur Deinem wahren Selbst, sondern findest auch Deine Bestimmung. Du erlangst die Fähigkeit, Deine Realität nach Deinen eigenen Vorstellungen zu formen – und das aus einer Position der inneren Ruhe und Klarheit heraus. Du wirst zum Schöpfer, zum Regisseur Deiner eigenen Realität.

Wissenschaft trifft Spiritualität

Was die Masterclass besonders macht, ist die enge Verknüpfung von Naturwissenschaft und Spiritualität. Dieter Broers, ein Pionier auf dem Gebiet der Bewusstseinsforschung, zeigt, wie die beiden Disziplinen zusammenwirken, um eine kraftvolle und transformative Wirkung zu erzielen. Seine Erkenntnisse zu kosmischen Phänomenen und ihrer Verbindung zum menschlichen Bewusstsein bieten Dir tiefgreifende Einblicke in die Mechanismen der Manifestation und Bewusstseinserweiterung.

Der nächste Evolutionsschritt: Erde 2.0

Ein zentrales Thema der Masterclass ist der Übergang zu Erde 2.0, einer neuen Bewusstseinsebene, die durch eine Erhöhung der Schwingungsfrequenz erreicht wird. Durch gezielte Übungen und Visualisierungen lernst Du, wie Du diesen Aufstieg für Dich selbst und für die Menschheit bewirken kannst. Es geht darum, die Transformation der Erde aktiv mitzugestalten und eine Welt zu schaffen, die auf Liebe, Harmonie und Bewusstsein basiert.

https://dieter-broers-masterclass.com

DIE DIGITALE DIKTATUR UND DER ZUKUNFTSPAKT – EINE ANALYSE VON ERNST WOLFF

Im folgenden Kapitel geht es um die von Ernst Wolffs Analyse der gegenwärtigen Entwicklungen und bietet einen tiefgehenden Einblick in seine kritische Sichtweise auf die digitale Transformation und deren globalen Einfluss.

Ernst Wolff ist ein deutscher Journalist, Autor und Wirtschaftsexperte, der sich vor allem durch seine kritischen Analysen globaler Finanz- und Wirtschaftssysteme einen Namen gemacht hat. Er ist bekannt für seine scharfsinnige Kritik an den internationalen Finanzmärkten, insbesondere an Institutionen wie dem Internationalen Währungsfonds (IWF) und der Weltbank. Wolff befasst sich intensiv mit der Rolle von Finanzakteuren und -eliten in der Steuerung globaler Prozesse und wirft diesen vor, Krisen wie die Finanzkrise von 2008 oder die globale COVID-19-Pandemie für ihre eigenen wirtschaftlichen Interessen zu nutzen.

Wolff ist Autor mehrerer Bücher, darunter „*Weltmacht IWF – Chronik eines Raubzugs*", in dem er den Einfluss und die Macht des IWF kritisch hinterfragt. In seinen Vorträgen und Schriften plädiert er für ein wachsendes Bewusstsein über die Abhängigkeit der Politik von der Finanzwelt und warnt vor den Gefahren der zunehmenden digitalen Kontrolle und der Verschiebung von Machtverhältnissen zugunsten globaler Finanzkonzerne.

Ernst Wolff wird oft als scharfer Kritiker der Globalisierung und der Machtkonzentration in den Händen weniger Finanzinstitutionen wahrgenommen.

Die fortschreitende digitale Transformation wird nicht mehr

ausschließlich als technologische Innovation betrachtet, sondern als gefährlicher Hebel, der zur Kontrolle der Weltbevölkerung genutzt wird. Ernst Wolff, ein Kritiker der globalen Machtstrukturen, hebt die ernsthaften Risiken hervor, die mit der digitalen Diktatur und den Zentralbank-Digitalwährungen (CBDCs) einhergehen. In diesem Kapitel beleuchten wir die zentrale Kritik Wolffs an der Agenda der Mächtigen, die uns Schritt für Schritt in ein digitales Gefängnis führen.

Die Rolle der CBDCs: Finanzielle Versklavung

Wolff bezeichnet die CBDCs als das ultimative Werkzeug zur totalen Kontrolle. Sobald diese flächendeckend eingeführt werden, verliert der Einzelne jegliche finanzielle Unabhängigkeit. Jede Transaktion kann verfolgt, überwacht und im Zweifelsfall blockiert werden. Dieses digitale Geld sei nicht nur ein Mittel zur Vereinfachung von Finanzgeschäften, sondern ein perfides System, das darauf abzielt, Macht in den Händen weniger globaler Akteure zu konzentrieren.

„Wir leben bereits in einer digitalen Diktatur," so Wolff, „doch mit den CBDCs wird diese Kontrolle auf ein neues Level gehoben." Laut seiner Einschätzung ist die Einführung dieser Währungen kein Zufall, sondern eine geplante Maßnahme, die gezielt eingeführt wird, um den Bürgern jegliche Freiheit zu nehmen.

Die Manipulation durch Big Tech und Medien

In den USA hat die Übernahme von mehr als 200 Radiosendern durch George Soros erneut gezeigt, wie weitreichend die Kontrolle über Informationen mittlerweile ist. „Die großen Medien sind längst in der Hand der IT-Konzerne," so Wolff. Er betont, dass nicht mehr nur Unternehmen wieAmazon, BlackRock oder Vanguard die Fäden ziehen, sondern auch eine immer engere Zusammenarbeit zwischen diesen Konzernen und Regierungen besteht.

„Es hat in der Geschichte der Menschheit noch nie so viel Macht in so wenigen Händen gegeben," warnt Wolff. Besonders beunruhigend sei der Einsatz von künstlicher Intelligenz (KI), die nicht nur spezifische Begriffe blockiert, sondern auch in der Lage ist, Zusammenhänge zu erkennen und ganze Inhalte zu zensieren. Dies führt zu einer unsichtbaren, aber extrem effektiven Form der Kontrolle. Wolff spricht auch über die zunehmende Verbreitung von Deep Fakes, die die Realität auf eine gefährliche Weise verzerren und manipulieren können, ohne dass es klare internationale Regelungen zur Eindämmung dieser Technologie gibt.

Der Zukunftspakt: Eine neue Form der Unterwerfung

Ein zentraler Punkt in Wolffs Analyse ist der Zukunftspakt, der auf einem UN-Gipfel beschlossen wurde. Er sieht diesen Pakt als Werkzeug, das dazu dient, den Ländern die nationale Souveränität zu entziehen und sie den globalen Institutionen zu unterstellen. „Es ist eine Tendenz, die wir schon lange beobachten," erklärt Wolff. Staaten geben ihre Souveränität nicht nur an die EU oder Brüssel ab, sondern zunehmend an internationale Organisationen wie die UNO und ihre Unterorganisationen.

Dieser Pakt ist eng mit der Agenda 2030 verknüpft, die Wolff als „ein digitales Gefängnis für die Menschheit" beschreibt. Biometrische Erfassung, digitale IDs und die Einführung der CBDCs sind alles Maßnahmen, um die Menschheit in eine Ära totaler Überwachung und Kontrolle zu führen.

Die Rolle der BRICS-Staaten

Wolff entkräftet die Vorstellung, dass die BRICS-Staaten (Brasilien, Russland, Indien, China und Südafrika) keine echte Alternative zu den westlichen Machtstrukturen darstellen. Auch in diesen Ländern werde die gleiche Agenda verfolgt, insbesondere die Einführung digitaler Währungen und biometrischer Erkennung. Die Rhetorik mag unterschiedlich erscheinen, aber die zugrunde liegende Strategie ist dieselbe.

Atomenergie und die Agenda 2030

Ein weiteres Thema, das Wolff anspricht, ist die zukünftige Rolle der Atomenergie. Er prognostiziert, dass viele frühere Atomkraftgegner die Technologie letztlich als notwendige Lösung akzeptieren werden, da die zunehmende Digitalisierung und der Einsatz von KI enorme Mengen an Energie erfordern werden. Dies sei ebenfalls ein Teil der Agenda 2030, die darauf abzielt, eine vollständig überwachte und kontrollierte Welt zu schaffen, in der jede Handlung eines Individuums erfasst wird.

Der Einfluss von Bill Gates und großen Konzernen

Besondere Kritik übt Wolff an der Rolle von Bill Gates. Gates nutze seinen Reichtum und seinen Einfluss, um globale Entwicklungen zu steuern, insbesondere im Bereich der KI und der digitalen Infrastruktur. Firmen wie Microsoft, Nvidia und Open AI spielen eine zentrale Rolle in der Gestaltung dieser neuen technologischen Ära, wobei Gates eine Schlüsselrolle in diesem Prozess einnimmt. Wolff hebt hervor, dass Gates und andere Großkonzerne zunehmend Einfluss auf internationale Politik und die Ausrichtung globaler Projekte nehmen.

Widerstand gegen die digitale Diktatur

Trotz der düsteren Prognosen glaubt Wolff an das wachsende Bewusstsein in der Bevölkerung. Weltweit erkennen immer mehr Menschen, dass „etwas nicht stimmt," auch wenn sie oft nicht genau wissen, woran es liegt. Diese Entwicklung könnte den Widerstand gegen die digitale Diktatur stärken.

Wolff warnt jedoch davor, dass die Eliten diese Krisen ausnutzen könnten, um ihre Agenda weiter voranzutreiben. Er betont, dass die digitale Transformation nicht nur als technologische Entwicklung verstanden werden darf, sondern als eine Bewegung zur vollständigen Kontrolle über das Leben der Menschen.

In persönlichen Gesprächen mit Ernst Wolff unterstrich er uns gegenüber, wie wichtig ist, dass wir uns untereinander besser vernetzen und unsere Versorgung soweit wie möglich durch eigene Initiative abzusichern.

EINE REALISIERBARE VISION:

SYNTHESIS – „INNOVATIVE ECO DEVELOPMENT INITIATIVE“: EIN MODELL FÜR NACHHALTIGEN WANDEL

Gemeinsam mit engagierten Mitgliedern und Unterstützern arbeitet SYNTHESIS daran, innovative Konzepte zu entwickeln, die den Weg zu einem nachhaltigen und bewussten Leben ebnen. Die Umsetzung dieser wunderbaren Vision steckt zwar in Teilen noch in den Kinderschuhen, wird aber Schritt für Schritt manifestiert. Die Initiative bietet konkrete Lösungen für die drängendsten Probleme unserer Zeit, in der der Klimawandel und die Degradierung natürlicher Ressourcen zu den dringendsten globalen Herausforderungen zählen. Wir setzen uns dafür ein, ökologische, wissenschaftliche und künstlerische Ansätze zu verbinden, um nicht nur kurzfristige Lösungen zu schaffen, sondern eine ganzheitliche und nachhaltige Zukunft zu gestalten, die das Bewusstsein der Menschen für die natürlichen Kreisläufe schärft und ein zukunftsfähiges Miteinander ermöglicht.

Pionierarbeit für eine bewusste Landwirtschaft

Seit der Gründung fördern wir Projekte, die sich mit zukunftsorientierter Entwicklung befassen. Ein Beispiel dafür ist der geplante Aufbau einer Akademie für ökologisch-dynamischen Anbau, die eine Brücke zwischen Wissenschaft, Landwirtschaft und interessierten Laien bauen soll. Der Fokus dieser Akademie wird auf innovativen landwirtschaftlichen Techniken, darunter die Produktion von biozyklischer

Humuserde[47] und die gezielte Förderung der Bodenfruchtbarkeit liegen. Unsere Ansätze sind innovativ und umweltfreundlich, da sie die Bodenqualität verbessern und gleichzeitig den Einsatz chemischer Dünger und Pestizide überflüssig machen. Durch eine engere Verbindung zur Natur lernen unsere Besucher schon jetzt, wie sie ökologische und regenerative Landwirtschaft betreiben können, die nicht nur die Umwelt schont, sondern auch die Lebensgrundlage zukünftiger Generationen sichert.

Versuchsgelände als lebende Labore der Zukunft

Ein Herzstück der SYNTHESIS-Initiative[48] ist das Versuchsgelände **Kampus Velika** in Griechenland, wo die Prinzipien des biozyklisch-veganen Anbaus erfolgreich angewendet werden. Dieser Kampus dient als Versuchsfeld für neue landwirtschaftliche Methoden, die sich auf den Erhalt und die Wiederherstellung der Bodenfruchtbarkeit konzentrieren. Besonders beeindruckend ist der Einsatz innovativer Anbauverfahren bei der Kultivierung von Olivenplantagen und Feldfrüchten. Hier soll demonstriert werden, wie die Anwendung nachhaltiger Praktiken die Böden regeneriert und die Artenvielfalt fördert.

Durch gezielte Schulungsprogramme und Fortbildungen wird Landwirten, Wissenschaftlern und Interessierten die Möglichkeit geboten, dieses wertvolle Wissen zu erlernen und in ihre eigenen Betriebe zu integrieren.1 Diese Programme dienen als Multiplikatoren, die das Bewusstsein für eine umweltschonende Landwirtschaft weltweit verbreiten und den Übergang von schädlichen, industriellen Anbaumethoden zu regenerativen Alternativen erleichtern.

Eine Gemeinschaft für Veränderung

Doch SYNTHESIS versteht sich nicht nur als Träger eines Bildungsinstituts. Es ist Beginn einer lebendigen Gemeinschaft[49], in der alle Mitglieder die Möglichkeit haben, aktiv an den Projekten mitzuwirken.

Ob durch die Teilnahme an Fortbildungen, die vor Ort oder online angeboten werden, oder durch direkte Mitarbeit an den verschiedenen Initiativen: SYNTHESIS schafft eine Plattform, die Menschen zusammenbringt. Dies geschieht nicht nur durch die Anwendung ökologischer Methoden, sondern auch durch die Förderung eines respektvollen und achtsamen Miteinanders und dem Aufbau einer Dorfgemeinschaft.

Mitglieder von SYNTHESIS werden Teil einer Bewegung, die aktiv daran arbeitet, Kulturoasen und innovative ökologische Konzepte zu entwickeln und zu verbreiten. Hierzu zählt auch die Zusammenarbeit mit der Genossenschaft „Menschlich Wirtschaften"[50]. SYNTHESIS setzt dabei auf die Stärkung der individuellen Fähigkeiten sowie auf ein verantwortungsvolles Zusammenleben.

Das Potenzial für globale Veränderung

Das übergeordnete Ziel des Vereins ist es, ein globales Bewusstsein für die Zusammenhänge zwischen Umwelt, Wirtschaft und menschlichem Verhalten zu schaffen.

Dabei spielen auch künstlerische Ansätze eine zentrale Rolle: Kunst wird bei SYNTHESIS als Mittel betrachtet, um das Bewusstsein der Menschen zu öffnen und emotionale Zugänge zu ökologischen Themen zu schaffen. Kreative Projekte und interdisziplinäre Kooperationen mit Künstlern sollen dazu beitragen, eine Kultur des Wandels zu fördern und die Menschen auf emotionaler Ebene für die Dringlichkeit des ökologischen Handelns zu sensibilisieren.

Gemeinsam für eine bewusste Zukunft

SYNTHESIS lädt Menschen aus aller Welt ein, Teil dieser transformativen Bewegung zu werden. Durch ihre Mitgliedschaft in der Initiative können Einzelpersonen und Organisationen aktiv an der Gestaltung einer besseren Zukunft mitwirken. Dies geschieht nicht nur durch den Einsatz nachhaltiger Methoden, sondern auch durch die bewusste Förderung eines neuen Verständnisses von Gemeinschaft und Verantwortung.

Die Projekte und Initiativen von SYNTHESIS bieten einen Ausblick auf eine Welt, in der wirtschaftlicher Erfolg und ökologische Verantwortung miteinander verbunden sind, anstatt sich gegenseitig auszuschließen. Die Initiative ist bestrebt, nicht nur die Erde, sondern auch das Bewusstsein der Menschen zu verändern, indem sie zeigt, dass nachhaltiges Handeln nicht nur möglich, sondern unverzichtbar ist.

Die Reise hat bereits begonnen – und jeder ist eingeladen, Teil dieser Zukunft zu werden!

Kontakt: Synthesis e. V. (ZVR 130320606) mail: dieterschliwa@gmail.com

QUELLENANGABEN

1 https://www.ingenieur.de/technik/fachbereiche/elektronik/laser-projiziert-beruehrbare-hologramme-in-luft/

2 https://www.heartmath.org/

3 Als Herzfrequenzvariabilität oder Herzratenvariabilität wird die Variation der Zeiten zwischen aufeinanderfolgenden regulären Herzschlägen bezeichnet. Die Herzfrequenzvariabilität ist ein Indikator für die Fähigkeit, die Herzfrequenz den körperlichen und mentalen Anforderungen anzupassen.

4 https://www.organism.earth/library/document/participatory-universe

5 Michael Strzempa-Depré, Die Physik der Erleuchtung, ISBN 3-442-14045-5, S. 25

6 Becker, Richard: Theorie der Wärme. Springer, Berlin/Heidelberg 1985.

7 Higher Mind – Gesetze des Bewusstseins von Andreas Schwarz, 2022 Knaur Balance, ISBN 978-3-426-762-2, Seite 203-204

8 Dieser Satz besagt, dass die Entropie in einem physikalischen System die Tendenz hat, zuzunehmen.

9 Michael Strzempa-Depré, Die Physik der Erleuchtung, ISBN 3-442-14045-5, S. 39

10 Higher Mind – Gesetze des Bewusstseins von Andreas Schwarz, 2022 Knaur Balance, ISBN 978-3-426-762-2, Seite 204-205

11 Jedes Ereignis lässt sich durch Angabe der drei Raumkoordinaten und des Zeitpunktes charakterisieren. Diese vier Größen bilden einen sogenannten Vierervektor. Jeder Vierervektor zeigt auf einen bestimmten Ort im Raum, zu einem bestimmten Zeitpunkt.

12 Michael Strzempa-Depré, Die Physik der Erleuchtung, ISBN 3-442-14045-5, S. 26-28

13 John A. Wheeler, C.W. Misner, K.S. Thorne, Gravitation, San Francisco (1973) (II.2.3)

14 Jean E. Charon, L'Esprit et la Relativite complexe, Paris (1983) (II.1, II.2.3)

15 A. Sandage, Astrophysical Journal, 178, 1-24 (1972) (II.2.3)

16 Die starke Wechselwirkung ist die anziehende Kraft, die die Protonen und

Neutronen im Atomkern zusammenhält. Sie wirkt nur über eine sehr kleine Distanz und ist für die Stabilität der Atomkerne verantwortlich.

17 Michael Strzempa-Depré, Die Physik der Erleuchtung, ISBN 3-442-14045-5, S. 36-40

18 T liegt in der Größenordnung von 10-23 Sekunden!

19 Genaueres über diese Äquivalenz zwischen negativer Entropie (oder Negentropie) und Information findet der interessierte Leser in dem ausgezeichneten Werk von O. Costa de Beauregard, Le Second Principe de la science de temps, Paris 1963

20 Natürlich vereint oder integriert mit

21 Jean E. Charon, Der Geist der Materie, ISBN 3-548-34074-1, S. 34-39

22 Michael Strzempa-Depré, Die Physik der Erleuchtung, ISBN 3-442-14045-5, S. 30-35

23 und beträgt 4.9 x 10-24 s (10-24 = 1/1 000 000 000 000 000 000 000 000)

24 Die Beträge der Radien der Elektronen und Positronen liegen größenordnungsmäßig bei 10-15 cm (10-15 = 1/1 000 000 000 000 000)

25 Michael Strzempa-Depré, Die Physik der Erleuchtung, ISBN 3-442-14045-5, S. 43-44

26 Michael Strzempa-Depré, Die Physik der Erleuchtung, ISBN 3-442-14045-5, S. 91-92

27 Michael Strzempa-Depré, Die Physik der Erleuchtung, ISBN 3-442-14045-5, S. 43-44

28 Michael Strzempa-Depré, Die Physik der Erleuchtung, ISBN 3-442-14045-5, S. 93-95

29 Michael Strzempa-Depré, Die Physik der Erleuchtung, ISBN 3-442-14045-5, S. 75-79

30 Michael Strzempa-Depré, Die Physik der Erleuchtung, ISBN 3-442-14045-5, S. 95-97, 100-105

31 Michael Strzempa-Depré, Die Physik der Erleuchtung, ISBN 3-442-14045-5, S. 113

32 Michael Strzempa-Depré, Die Physik der Erleuchtung, ISBN 3-442-14045-5, S. 132-138

33 Michael Strzempa-Depré, Die Physik der Erleuchtung, ISBN 3-442-14045-5, S. 132

34 Michael Strzempa-Depré, Die Physik der Erleuchtung, ISBN 3-442-14045-5, S. 125-131

35 Eddy, J. A.: A new sun. The solar results from skylab. Washington, D. C., NASA, 1979

36 Persinger M A, 1987. Geopsychology and Geopsychopathology, Experientia 43: 92-104.

37 Friedman H, Becker R O, Bachman C H, 1965. Psychiatric ward behavior and geophysical parameters. Nature 205: 1050-1052.
38 Kay R, 2004. Schizophrenia and season of birth: relationship to geomagnetic storms. Schizophr. Res, 66: 7-20.
39 Zhadin M N, Novikov V V, Barnes F S, Pergola N F, 1998. Combined action of static and alternating magnetic fields on ionic current in aqueous glutamic acid solution. Bioelectromagnetics 19: 41-45.
40 Zhadin M N, Novikov V V, Barnes F S, Pergola N F, 1998. Combined action of static and alternating magnetic fields on ionic current in aqueous glutamic acid solution. Bioelectromagnetics 19: 41-45.
41 Erklärung: Die linke Gehirnhälfte ist mit analytischem Denken, Sprache und logischen Fähigkeiten verbunden, während die rechte Gehirnhälfte mit Kreativität, Emotionen und ganzheitlichem Denken assoziiert wird.
42 Was speziell die Zirbeldrüse betrifft. Sie schwingt mit gleicher Frequenz wie die Grundfrequenz der Erde.
43 Persinger nannte hier 7hz. Die Frequenz des Erdmagnetfeldes wird gewöhnlich mit durchschnittlich 7,83 hz angegeben. Sie schwankt aber tatsächlich zwischen 7 und 8hz.
44 Das bedeutet, dass die Möglichkeit, Informationen aus anderen Dimensionen zu erfassen, tatsächlich vom Aufenthaltsort abhängt.
45 https://www.bod.de/booksample?json=http%3A%2F%2Fwww.bod.de%2Fgetjson.php%3Fobjk_id%3D1809315%26hash%3D3d8e2a6433249952f5766eb35043b308
46 http://viva-vortex.de
47 https://biozyklisch-vegan.org
48 https://www.synthesis-greecefull-peace.org (in Arbeit)
49 https://t.me/GREECEFULL_PEACE - Chat: https://t.me/+Jw9EJ_FAJ6BlMGJi)
50 https://menschlich-werte-schaffen.de/easysocial/569-polilimnio-wir-beleben-ein-griechisches-dorf

OCTAVIA - Im Zentrum des Seins

Eine revolutionäre Klangmeditation zur Aktivierung und Synchronisation von Zirbeldrüse und Hippocampus

OCTAVIA ist eine revolutionäre Klangreise, die Selbsterkenntnis und tiefgreifendes Erwachen ermöglicht. Sie kombiniert 432-Hz-Musik, fraktales Rauschen, Naturklänge und Gehirnwellensynchronisation zu einem einzigartigen Hörerlebnis.

Mit einem völlig neuen Ansatz, der die Wechselwirkung von fraktalem Rauschen und Gehirnwellensynchronisation bei 8 Hz nutzt, eröffnet OCTAVIA bisher unerreichte Schwingungszustände für gesteigerte Klarheit und mentale Ruhe.

Dies geschieht in Verbindung mit dem Hippocampus, einem zentralen Bereich im Gehirn, der mit dem Locus Caeruleus in Wechselwirkung steht. Durch bestimmte Schallwellen entsteht eine "stehende Welle" zwischen den Hippocampi, die die Signalverstärkung und das Empfinden der Einheit mit dem Universum fördert.

OCTAVIA basiert auf Quanten- und Naturwissenschaft, Spiritualität und Bewusstseinsforschung. Vor dem Hintergrund der chaotisch erscheinenden Weltlage, entfaltet sich in dieser Klangreise eine ordnende Struktur, in der Chaos und Ordnung in einem wechselseitigen Zusammenspiel höhere Ordnungszustände erreichen, die die Grundlage dafür sind, dass wir uns mit unserer tiefsten Essenz verbinden können.

Weitere Informationen erhaltet ihr bei: https://dieterbroers.com/octavia/

TRANSITION

An der Schwelle zu höheren Dimensionen – eine transformative Klangmeditation für tiefe Bewusstseinszustände und kosmische Verbundenheit

Die CD TRANSITION wurde inspiriert von Erfahrungen, die den Meditierenden an die „Schwelle des Seins" führen – einen Raum, der die Grenzen des physischen Universums überschreitet und es ermöglicht, das reine Potenzial des NICHT-SEINS zu erfahren. Hier werden festgefahrene Muster und vergangene Blockaden aufgelöst, was Raum für Transformation und tiefgreifende innere Veränderung schafft.

TRANSITION versetz Dich in den Zustand innere Ruhe und Gelassenheit. Sie lässt Dich schnell und nachhaltig tiefe Entspannung finden.

Das Hörren dieses Klangwerks befreit Deine Gedanken und hinterlässt in Dir das Gefühl von gegenwärtigem Frieden.

Du erreichst **mentale Klarheit** und erfährst eine **Erweiterung Deines Bewusstseinserweiterung**. So kann das Ego überwunden und der Zugang zum wahren Selbst geöffnen werden.

TRANSITION nutzt gezielte Frequenzen, darunter eine 8-Hz-Gehirnwellen-Stimulation, sanftes Rauschen und spezielle Klänge, um über die gewohnten Wahrnehmungsgrenzen hinaus tiefe meditative Zustände zu erreichen.

Bereit für Deine Reise? Betrete mit TRANSITION einen heiligen Raum, in dem Du eins bist mit Deinem höheren Selbst.

Weitere Informationen erhaltet ihr unter: https://transition-experience.com

Der verratene Himmel

Dieter Broers erklärt in diesem Buch, wie es gelungen ist, die Menschheit in ein System zu zwängen, das wir für die einzige Realität halten. Dieter Broers leuchtet die Hintergründe der Hintergründe aus, und geht dabei auch dem nach, was erst vor wenigen Jahren durch die vollständige Übersetzung lange verschollener Schriften entschlüsselt werden konnte. Auch wenn sie bereits mehr wissen als die meisten Menschen, werden Ihnen verschiedene 'Lichter' aufgehen, um zu verstehen, was wirklich auf diesem Planeten gespielt wird. Broers zeigt auf, welche Kräfte dafür verantwortlich sind und wie wir mit diesen Kräften umgehen können, um uns ihrer Macht zu entziehen und endlich zu den freien Menschen werden, die wir sein können, wenn wir unser Denken an der Intelligenz unserer Herzen ausrichten.

https://shop.dieterbroers.com/produkt/der-verratene-himmel/

Das Ego im Dienste des Herzens

Das Ego im Dienste des Herzens ist die mit Spannung erwartete Fortsetzung von Der verratene Himmel. Wenn das Ego wirklich im Dienst des Herzens steht, folgt wie von selbst ein Neues Eden . Der Schlüssel dazu ist die Freude. Echte Freude ist Liebe in Aktion. Die Leser durchwandern unterschiedlichste geistige Landschaften und sind aufgefordert, das Gelesene mit ihrem Herzen abzugleichen . Jeder kann die eigene innere Macht erkennen und sich kreativ für ein wahrhaft göttliches Leben hier und jetzt einsetzen. Das Buch spannt inhaltlich einen weiten Bogen von der Gnostik bis zur Quantenphysik, von den Veden zur aktuellen Gehirnforschung, von der Veränderung der Erdmagnetfelder zur Zirbeldrüse, von Platons Höhlengleichnis zur Virtuellen Realität. Es verbindet Mythos und Wissenschaft, Theorie und Praxis zu einem innerlich aufbauenden Leseabenteuer. Dieses Buch gibt uns wertvolle Anregungen, wie wir den Zustand eines Neuen Edens erreichen können.

https://shop.dieterbroers.com/produkt/das-ego-im-dienste-des-herzens/

Metamorphose der Menschheit

„Metamorphose der Menschheit“ ist der Höhepunkt und Abschluss der Trilogie von Dieter Broers. Nach „Der verratene Himmel“ und „Das Ego im Dienste des Herzens“ besticht dieses Buch durch seinen klaren Auftrag an die Menschen: „Warum wir immer noch nicht erleuchtet sind“ ist die sich darauf ergebene Frage, der Dieter Broers in detaillierter und doch auch praxisnaher Weise nachzugehen versucht. Dabei versteht es der Autor den Leser sowohl durch seine besondere wissenschaftliche Fachkenntnis, als auch durch sein tiefes Verständnis für die großen philosophischen Zusammenhänge mit auf eine faszinierende Reise zu einer der brennendsten Probleme der Menschheit mitzunehmen. Doch der Leser wird nicht mit einer reinen Analyse des Ist-Zustandes allein gelassen, denn dieses Buch möchte Lösungsansätze aufzeigen. Dieter Broers ist überzeugt, dass wenn der Mensch zu einem Bewusstsein gelangt, das ihm sein Leben aus dem Herzen auszudeuten vermag, die Menschheit endlich in eine fried- und liebevollere Zukunft überzugehen vermag.

https://shop.dieterbroers.com/produkt/metamorphose-der-menschheit/

EVOLUTION 2021/22

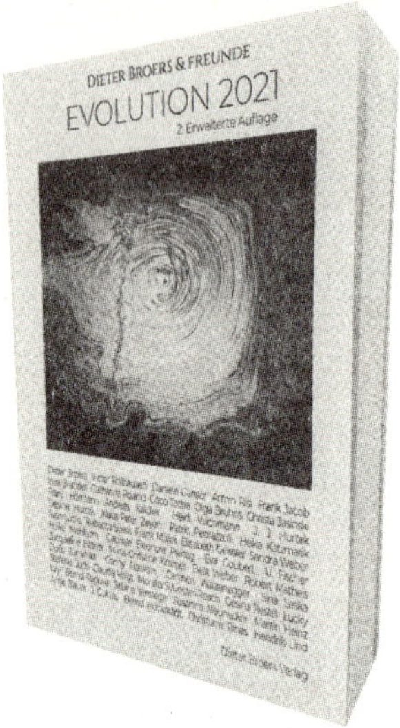

Corona forever? Was kommt nach dem Ende des größten Betrugs seit Beginn unserer Zivilisation? Wie verhält sich eine Gesellschaft, die all das zugelassen hat, was in dieser Zeit passiert ist? Und was konnten die Menschen dabei erfahren und erkennen, was sie sonst vielleicht nie erlebt und verstanden hätten? Es wird einen Neuanfang geben und der Wertewandel, auf dem er aufsetzen wird, wird so rasant und schnell stattfinden, dass einige nicht mehr mitkommen werden.

Es braucht Visionen für eine bessere Welt. Wie wir sie nennen, spielt dabei keine Rolle. Erde 2.0 ist eine Metapher für den Willen und die Entschiedenheit mit der wir bereit sind, Neuland zu betreten, unsere vermeidlichen Komfortzonen zu verlassen, die Dinge selber in die Hand zu nehmen und es radikal besser zu machen, als die bisher praktizierten Lebenskonzepte, die sich alle überlebt haben.

https://shop.dieterbroers.com/produkt/evolution-2021/

Garten Eden ruft – ein Geheimnis wird offenbart

Mit erstaunlichen Erkenntnissen führt Heike Katzmarzik uns auf spannende Weise in eine Welt der Kommunikation mit der Natur. Die Autorin offenbart uns die Kommunikationsangebote zwischen Menschen, Tieren und Mutter Natur. Die Feinfühligkeit von naturverbundenen Menschen zeigt, wozu jeder fähig sein kann. Unzählige Menschen leiden an Störungen und Krankheiten, weil sie nicht mit der Natur verbunden sind und keine ausreichenden Erkenntnisse über sie besitzen. Leider nimmt der Mensch seine Naturverbundenheit zu selten wahr und lässt nur seinen Verstand entscheiden. Dieses Buch macht uns wach und reich an neuem und altem Wissen. Denn die Natur scheint sogar individuelle Botschaften für uns zu haben, sie kommuniziert mit jedem einzelnen von uns! Wie das vonstattengeht, zeigt die Autorin in diesem Buch eindrucksvoll auf.

https://shop.dieterbroers.com/produkt/garten-eden-ruft-ein-geheimnis-wird-offenbart/

AUMEGA – die VISION

Das Klangprojekt AUMEGA schöpft aus der Wirkkraft des Wahren.

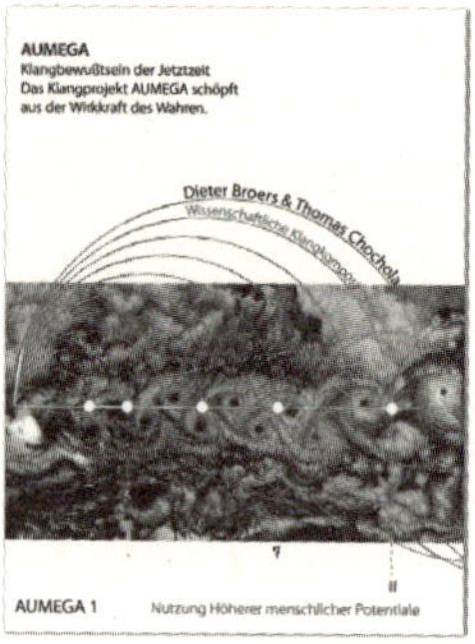

Die Einwirkung der Klangkomposition **AUMEGA 1** zeigt eine auffällig ähnliche Gehirnaktivität, die Meditierende nach einer mehrjährigen Meditationspraxis aufweisen. Ein deutlich ausgeprägter Delta-Wellen-Bereich mit gleichzeitiger Beta-Wellen-Aktivität weist auf eine voll bewusste Wahrnehmung des Unterbewusstseins hin – die naturgemäss im Tagebewusstsein verborgen bleibt. Diese Erfahrungen werden als ein Zustand der „absoluten inneren Ruhe“ beschrieben.

https://shop.dieterbroers.com/produkt/aumega-die-vision/

THETAIOS

Wissenschaftliches Klangwerk zur Manifestation höherer Resonanzpotenziale unter Verwendung von chronobiologischen 8Hz Gitterschwingungen.

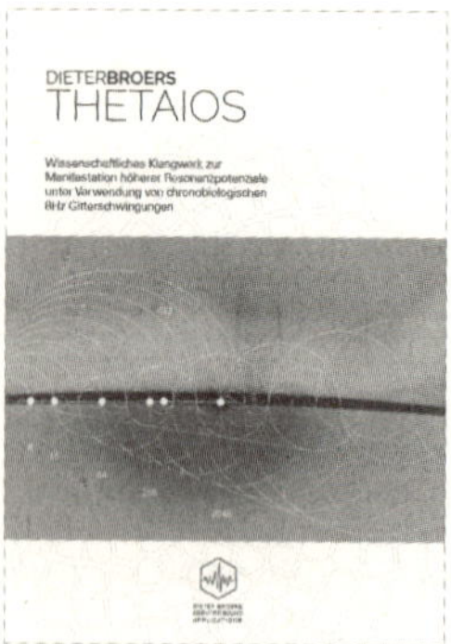

Der Mensch ist im Kosmos eingebettet und kommuniziert mit ihm ständig auf allen Ebenen. Ohne, dass wir dies bewusst wahrnehmen können, synchronisiert sich unser Gehirn dabei mit dem Erdmagnetfeld, welches man als wichtigsten Taktgeber (Resonanzfrequenz) für das biologische Leben und seine organischen Abläufe bezeichnen kann. Im Idealfall befinden wir uns im Gleichklang mit der Natur und erfahren dabei eine optimale Synchronisation aller aufeinander abgestimmten Prozesse, die unser Leben erfordert.

https://shop.dieterbroers.com/produkt/thetaios/

POSSIBLE FUTURES

Die Quantenphysik lehrt uns, dass das Ergebnis eines beobachteten Ereignisses nur vom Beobachter selbst und seinen Erwartungen abhängt. Was bedeutet diese Feststellung in Bezug auf unsere heutige Zeit, die mit ihren fast täglichen, unerwarteten Wendungen und unglaublichen Gegebenheiten die größte Herausforderung an die Menschheit darstellt, der wir in unserer gesamten Geschichte wahrscheinlich je ereignet hat? In seinem neuen Webinar geht **Dieter Broers** mit **Frank Jacob** und anderen Experten dieser Frage auf den Grund, tief und kompetent recherchiert und brandaktuell. Mit den folgenden Themen wirft er Licht auf die wichtigen Fragen

- Welche möglichen „Zukünfte" (Zukunftsszenarien) werden der Menschheit heute und seit langer Zeit gezeigt?
- Gibt es wirklich ernstzunehmende „Vorausschauen" und Zukunftsseher?
- Was ist „Transkommunikation" und wie funktioniert sie?
- Wie hängen diese Zukunftsschauen und Prognosen mit der aktuellen Weltlage zusammen?
- Welche weiteren Hinweise gibt es zu den Voraussagen zu Zeitlinien und Multiwelten?
- Ist unsere menschliche Zukunft auf dem Planeten Erde ein „in Stein gemeißeltes" Schicksal oder ist alles beeinflussbar und änderbar, wie es uns die Quantenphysik zeigt?
- Wie helfen uns die Voraussagen, eine Erde 2.0 zu erschaffen?

https://possiblefutures.dieterbroers.com/

DIETER BROERS
SHIFT

In seiner Serie SHIFT geht Dieter Broers aus einer ganzen Reihe von neuen Perspektiven der Frage nach, wie sich der Shift in die nächste Dimension vollziehen wird und was wir tun können und wissen sollten, um darauf vorbereitet zu sein.

Broers erklärt aus der Sicht der Biophysik, wie sich auch unsere Wahrnehmung und unser Empfinden ändern wird und wie wir diesen Veränderungen begegnen können.

Zusätzlich vermitteln Vera Brandes und viele prominente Gäste und Gesprächspartnern Dir weitere tiefe Einblicke und stellen praktische Übungen vor, mit denen Du über eine Vielzahl wirksamer Mittel und Werkzeuge verfügst, die Dir dabei helfen, Dich auf den Shift optimal vorzubereiten.

Eine einzigartige Erfahrung, die in die Tiefe geht – eine cinematische Reise, untermalt mit Bildern und meditativer Musik – produziert von Frank Jacob und Tonia Madenford, den Machern des Ausnahmefilms SOLAR REVOLUTION.

https://dieterbroers.com/shift

Zeit der Entscheidungen (Online Kurs)

Im Leben geht es um das Wachstum der Seelen in der Evolution, damit sie zu produktiven Trägern der Liebe werden, zu Trägern einer umfassenden Wertschätzung der Vielfalt, zu Würdigern all der Schönheit und Liebe, die in die gesamte Schöpfung investiert wurde, und zu effektiven Trägern des Wachstums.

Liebe ist keine überschwängliche, undefinierte mystische Energie, sie ist eine fokussierende, schöpferische, transformierende Energie mit physischer Konsequenz.

Das einzig wirklich Wichtige, was im Moment passiert, ist, dass die Menschheit versucht, das menschliche Herz zu vergrößern, individuell und kollektiv, um mehr Liebe zu empfangen und auszustrahlen. Alle anderen Komplikationen sind eine List und ein Tanz, um diese eine vielversprechende Singularität der menschlichen Evolution und ihres Schicksals zu verzögern.

Auf der Seite des Lebens, wo sich die Seelen sammeln, für die die Möglichkeiten der freien Entfaltung und die schöpferischen Kräfte des Individuums das Kostbarste sind, wird sich das Lebendige in seine nächste Entwicklungsstufe transformieren.

Die Zeit der Entscheidungen ist gekommen und sie öffnet uns die Türen zu neuen Formen des Miteinanders in Frieden und in Liebe für unseren Planeten.

Sie sind eingeladen, an diesem wegweisenden Seminar von Dieter Broers teilzunehmen. Informationen dazu erscheinen demnächst auf seiner Webseite www.dieterbroers.com

Dieter Broers Community

viele Leser meiner Bücher und Teilnehmer meiner Online-Seminare melden sich mit Fragen und Anliegen bei mir und oft sind es die gleichen Fragen, die mich erreichen. Aus meinen Antworten und der Kommunikation der Teilnehmer untereinander hat sich im Laufe der Zeit die Dieter Broers Community entwickelt, der ihr beitreten könnt und auf der ihr euch untereinander austauschen und vernetzen könnt. Als Mitglieder der Dieter Broers Community erhaltet Ihr:

- Jeden Monat einen Zoom-Call mit Dieter Broers
- Interessante Beiträge und hilfreiche Tipps
- Updates bei allen aktuellen Ereignissen
- Ein Forum für euren Austausch und eure Vernetzung und Diskussion untereinander (In einem gesicherten Raum mit der Möglichkeit, sich mit einem selbstgewählten Namen zu bewegen)
- Die Möglichkeit Fragen an Dieter zu stellen, die er selbst beantwortet.

Wenn Du Mitglied der Dieter Broers Community werden möchtest, sende uns bitte eine eMail an: community@dieterbroers.com

Dein Geschenk:

Das dritte Buch von Dieter Broers erschien 2006 unter dem Titel TRANSFORMATION DER ERDE

Damals wie heute sprengt es die Grenzen dessen, was man über die kosmischen Hintergründe unserer Zivilisation und über unser Dasein auf diesem Planeten offiziell weiß bzw. wissen darf.

Dieses Buch wurde zu einem Kultbuch, denn es öffnete vielen Menschen Augen für den Bick hinter die Kulissen, aber es wurde in seiner ursprünglichen Fassung nie wieder aufgelegt.

Für alle, die noch nicht Bezieher des **Newsletters von Dieter Broers** sind und für alle, die ihn schon lange beziehen, das Buch aber noch nicht kennen bzw. haben, halten wir es im PDF-Format zum Download bereit:

Newsletter

Wenn Du den Newsletter von Dieter Broers noch nicht abonniert hast, ihn aber ab sofort beziehen möchtest, trage Dich bitte mit Deiner eMail-Adresse ein auf:

https://dieterbroers.com/transformation-der-erde/

Hinweis: Wenn Du den Newsletter bereits abonniert hast und die PDF-Datei des Buches gerne downloaden möchtest, gilt für Dich der gleiche Link.